W0040437

Kohlhammer
Kunst-und
Reiseführer

Autobahnen Süd- und Westrußland

Ingrid Parigi

Südrußland

Kiew Transkaukasien Schwarzmeerküste

Kunst- und Reiseführer

*Mit 12 Fotos, 20 Textplänen
und zwei mehrfarbigen Übersichtskarten*

Zweite, durchgesehene Auflage

*Verlag W. Kohlhammer
Stuttgart Berlin Köln Mainz*

CIP-Kurztitelaufnahme der Deutschen Bibliothek

Parigi, Ingrid:

*Südrußland : Kiew, Transkaukasien, Schwarzmeerküste ; Kunst- u. Reiseführer /
Ingrid Parigi. – 2., durchges. Aufl. –
Stuttgart ; Berlin ; Köln ; Mainz : Kohlhammer, 1983.
  (Kohlhammer-Kunst- und Reiseführer)
  ISBN 3-17-008174-8*

Zweite Auflage 1983
Alle Rechte vorbehalten
© 1980 Verlag W. Kohlhammer GmbH
Stuttgart Berlin Köln Mainz
Verlagsort: Stuttgart
Umschlag: hace
Umschlagmotiv: Kirchen Astwazazin und Arakeloz am Sewan-See/
Krammisch / Bildarchiv Kinkelin, Worms
Fotos: Bildarchiv Jürgens, Köln
Übersichtskarten: Johanna Dittmar
Gesamtherstellung:
W. Kohlhammer Druckerei GmbH + Co. Stuttgart
Printed in Germany

Inhalt

Vorwort

Immer neue Gebiete der Sowjetunion wurden in den vergangenen Jahren für den westlichen Touristen geöffnet. Praktisch ist es heute möglich, in fast jede Ecke des Riesenreiches zu fahren oder zu fliegen. Während in Südrußland das Schwarzmeergebiet mit den Badeorten der Krim und der Hafenstadt *Odessa* schon seit längerer Zeit besucht oder bei Kreuzfahrten angelaufen wird, gehören nun auch die drei *Transkaukasischen Republiken – Aserbeidschan, Armenien* und *Georgien –* zu einem sorgfältig aufgebauten Besucherprogramm, das über *Kiew* führt und als Abschluß einen Kurzaufenthalt in Moskau vorsieht.

Wir haben im vorliegenden Band versucht, auf die Besonderheit der geschichtlichen und kulturellen Entwicklung so verschiedenartiger Völker, wie dies die Ukrainer, Aserbeidschaner, Armenier und Georgier sind, einzugehen. Jedes dieser Länder, vor allem Armenien und Georgien, verdiente eigentlich einen langen gesonderten Studienaufenthalt, wenn man seiner Kultur und Eigenart gerecht werden will. Mögen die vorliegenden Zeilen auch einem bedingt flüchtigen Besucher dazu verhelfen, die fremden Völker und Kulturen besser zu verstehen und die Lust erwecken, wiederzukommen, um ... mehr zu sehen.

Der Band möchte verschiedenen Reisekombinationen dienen: Oft ist ein Badeaufenthalt am Schwarzen Meer mit dem Besuch von *Kiew* und *Odessa* verbunden. Es gibt zwei Wochen umfassende Reisen von *Kiew* nach *Baku–Eriwan–Tbilissi.* Dabei ist besonders interessant, daß die Strecke *Eriwan–Tbilissi* – oder umgekehrt – im Sommer per Bus über die alte Heerstraße durch den Kleinen Kaukasus zurückgelegt wird, die am *Sewan-See* (2000 m ü. d. M.) vorbei und durch landschaftlich besonders reizvolle Gegenden führt. Am Anfang oder am Ende dieser Reisen ist ein Kurzaufenthalt in *Moskau* vorgesehen. Wir verweisen auf den im selben Verlag erschienen Band »Moskau«. Eine Großtour (23 Tage) sieht außer *Kiew–Tbilissi–Eriwan–Baku* anschließend noch Zentralasien mit Taschkent, Buchará und Samarkand vor.

Hier verweisen wir auf »Sibirien und Zentralasien«. Neuerdings werden auch immer häufiger reine Studienreisen, vor allem nach *Georgien* und *Armenien*, geplant für jene, die an der Besonderheit der altgeorgischen und alt-armenischen Architektur und Kunst interessiert sind. Für diese kann dieser Band notgedrungen nur eine »Einführung« sein. Am Ende des Buches werden sie eine Anzahl internationaler Studienwerke angeführt finden.

Dem vorliegenden Band wurde eine *Autokarte* beigegeben für jene Touristen, die beabsichtigen, mit einem eigenen oder einem Leihwagen die von uns beschriebenen Gegenden zu besuchen. Wir weisen für diese Reisenden auch auf den Abschnitt »Einzelreisen« im Kapitel »Was man vor der Reise wissen muß« hin. Kleine Karten der Städte *Kiew*, *Odessa*, *Eriwan* und *Tbilissi* erleichtern die Fahrt durch die Großstädte und geben zugleich Reparaturwerkstätten, Benzinpumpen und Cafés an.

Wir haben auch in dem vorliegenden Band vermieden, in den Großstädten »Führungsrouten« vorzulegen, weil erfahrungsgemäß die Ausgangspunkte für die einzelnen Besucher verschieden liegen. Jeder Stadtbeschreibung wurde ein Stadtplan beigegeben, dessen fette Numerierung die Sehenswürdigkeiten ausweist. Unter diesen Ziffern findet man die jeweiligen Objekte im Text beschrieben. Für Kiew wurden außerdem noch Detailzeichnungen der verschiedenen Stadtteile sowie für Tbilissi eine Rekonstruktionszeichnung der alten Stadt zugefügt, um die Orientierung zu erleichtern. Hier sind die Nummern mager gedruckt. Es können daher für ein und dieselbe Kirche oder ein und dasselbe Museum zwei Ziffern gelten.

Georgien und *Armenien* haben eine vieltausendjährige Geschichte. Beide Länder entschieden sich nach der Annahme des Christentums im frühen 4. Jh. für das Abendland und Europa und haben für diesen Entschluß Verfolgungen erduldet und einen großen Blutzoll gezahlt. Wir können heute dort das bewundern, was sie an alten Denkmälern und an alten Kulturen gerettet haben. In den letzten zwanzig Jahren wurden von sowjetrussischen und einheimischen Archäologen interessante Ausgrabungen mit so überraschenden Erkenntnissen unternommen, daß diese Reise, vor allem auch vom kunsthistorischen Gesichtspunkt aus, zu einem besonderen Erlebnis wird.

Was man vor der Reise wissen muß

Anreise allgemein

Alle Reisen in die Sowjetunion werden durch das staatliche Reisebüro *Intourist* bzw. seine Vertragspartner in den einzelnen Ländern vermittelt. Dank dem ständig zunehmenden Touristenverkehr ist heute jedes Reisebüro in der Bundesrepublik, in Österreich oder in der Schweiz in der Lage, seinen Kunden eine große Anzahl von Einzel- oder Gesellschaftsreisen vorzuschlagen.

Anreise mit dem Auto

Bei einer Anreise mit dem eigenen Auto muß die Reiseroute zuvor mit *Intourist* vereinbart werden, da die Fahrt nur über Orte zulässig ist, wo Intourist-Zweigstellen bestehen, die die Gesamtbetreuung übernehmen und Hotel-, Verpflegungs-, Camping-, Benzin- und sonstige Bons ausgeben. Ein Abweichen von der einmal festgelegten Route ist nicht zulässig, weil es noch nicht auf allen Straßen Möglichkeiten zum Tanken sowie Reparaturwerkstätten gibt.

Es gibt *fünf Grenzübertrittsstellen* für den Autoverkehr aus Mitteleuropa: Bei *Brest* über Minsk-Smolensk (1045 km); von der Tschechoslowakei aus über *Tschop*-Uschgorod-Lwow (Lemberg)–Kiew–Charkow–Tula–Moskau (2013 km); von Rumänien über *Porubnoje* –Tschérnowzy–Winniza–Kiew–Charkow–Tula–Moskau (1805 km) oder, ebenfalls von Rumänien, über *Leuscheni*–Kischinew–Odessa –Kiew–Charkow–Tula–Moskau (1964 km); die kürzeste Anfahrt ist die von Finnland über *Julivipula*–Wiborg–Leningrad–Nowgorod–Moskau.

Alle 200 bis 250 km findet man auf den vorgesehenen Straßen Tankstellen, Reparaturwerkstätten jedoch hauptsächlich in den Großstädten. Es ist daher ratsam, sich einige Ersatzteile mitzunehmen, denn es ist fraglich, ob Ersatzteile für ausländische Wagen vorhanden sind.

Für den Autofahrer gelten alle in Deutschland, Österreich und der Schweiz gültigen Regeln. Die Vorfahrt hat der von rechts Kommende, überholt wird auf der linken Seite. Bei der Einreise sind erforderlich: Zulassung, Führerschein, Nationalitätsschild. Die grüne *Internationale Versicherungskarte* wird von der Sowjetunion hingegen nicht anerkannt. Versicherung ist nicht obligatorisch. Es ist aber ratsam, an der Grenze eine Versicherung abzuschließen. Die russischen Autostraßen sind gut asphaltiert und sehr breit; in der Stadt darf die 60 km/h-Geschwindigkeit nicht überschritten werden.

Anreise mit der Bahn

Von den in dem vorliegenden Band besprochenen Städten kommt nur *Kiew* als Ziel für eine Bahnfahrt in Frage. Mit sieben europäischen Hauptstädten (darunter Berlin, Wien und Frankfurt) gibt es direkte Verbindung ohne Umsteigen.

Anreise mit dem Flugzeug

Die bequemste und schnellste Verbindung bleibt jedoch nach wie vor das Flugzeug. Von Hamburg, Köln, Frankfurt, München, Wien, Zürich gibt es Direktflüge, entweder mit Flugzeugen ausländischer Luftfahrtgesellschaften oder mit der sowjetischen Aeroflot. Jeden Freitag fliegt auch Lufthansa regelmäßig nach Kiew. Kinder bis zu 2 Jahren zahlen 10% des Flugpreises, von 2 bis 12 Jahren 50%. Für Gruppen ab 10 Personen gibt es 5%, für solche ab 15 Personen 10% Ermäßigung. Außerdem bestehen noch Sondertarife für Affinitätsgruppen (Interessenverbände und Vereine) ab 9 Personen und Einzelreisende, die mindestens 7 Tage im Lande bleiben.

Anreise per Schiff

Die Anreise per Schiff kommt für jene Touristen in Frage, die Odessa und das Schwarzmeergebiet (Jalta, Sotschi, Suchumi, und Batumi) besuchen wollen. Von dort aus sind mit jedem beliebigen Verkehrsmittel *Kiew, Moskau, Baku, Eriwan* oder *Tbilissi* zu erreichen.

Camping, Motels, Jugendherbergen

Entlang den offiziellen Autoreiserouten sind in den letzten Jahren Campingplätze entstanden, die 150–200 Reisende und ca. 50–60

Wagen und Omnibusse aufnehmen können. Sie haben Kalt- und Warmwasseranschluß, Licht, Duschen und sogar Waschkabinen und Küchen. Meist befinden sich dort auch Lebensmittelläden und ein Post- und Telegrafenbüro. Auch Motels und vor allem Jugendherbergen sind schon fast überall anzutreffen.

Einkäufe in der Sowjetunion

Jeder, der in die Sowjetunion reist, möchte ein Andenken mitnehmen. Die beliebtesten Souvenirs sind die Matrjóschkas, buntbemalte Holzpuppen, die ineinandergeschachtelte, immer kleiner werdende Püppchen enthalten, die aus Choloma stammenden rot, gold und schwarz bemalten Löffel, Schalen, Pokale, die in Paléch hergestellten schwarzlackierten und mit Märchen- oder historischen Motiven bemalten Schatullen, ferner Bernsteinschmuck aus Litauen, Schallplatten, die besonders preiswert sind und von denen es ein reiches Repertoire gibt, daneben Balalaikas, Kaviar, Wodka, Krimsekt oder für Anspruchsvolle (vor allem in Moskau oder Kiew) Pelze, Smaragde, Schmuck, Antiquitäten, Porzellane. Gegen Valuta können Ausländer auch in den Berjóska-Läden einkaufen, die es in jedem großen Hotel gibt. Außerdem gehen wir in den verschiedenen Kapiteln auf die besonderen Erzeugnisse der Lokalindustrie und vor allem des lokalen Kunsthandwerkes ein.

Einzelreisen

Es ist für die Sowjetunion durchaus möglich, auch Einzelreisen (mit oder ohne Auto) zu organisieren. Sie sind erheblich teurer als die weiter unten beschriebenen Gesellschaftsreisen und setzen eine, wenn auch oberflächliche, Kenntnis der russischen Sprache, aber vor allem der russischen Gewohnheiten voraus. Es ist außerdem geraten, die Reise doch mindestens zu zweit oder zu dritt zu unternehmen. Diese Reisen sind immer vorher mit der Intourist-Filiale des eigenen Landes bis ins kleinste Detail zu organisieren. Sollte man z. B. wünschen, von Moskau aus nach Sagorsk oder Archangelskoje oder von Odessa nach einem Badeort an der Küste zu fahren, ist dies vorher festzulegen, und zwar unabhängig davon, ob man mit dem Flugzeug,

per Bahn oder Auto reist. Wir haben diesem Band eine 1979 veröffent-
lichte Autobahnkarte beigefügt. Eingezeichnet sind dort die für den
ausländischen Autoverkehr freigegebenen Straßen, weil an diesen
Reperaturwerkstätten, Benzinstationen, Motels und Verkehrspolizei-
posten liegen und auch die Orts-, Fluß- und sonstigen Namen in
lateinischen Buchstaben angegeben sind. Für die Mehrzahl der Einzelreisenden kommt jedoch nach wie vor das Flugzeug in Frage. Im
Pauschalpreis sind inbegriffen: Flug, Auto von und zum Flughafen
bzw. Hotel; man wird stets von einer Hostess des Intourist erwartet,
die Englisch spricht und für den Gepäcktransport sorgt. Außerdem
hat man das Recht auf einen Privatwagen mit Chauffeur und Führer
für zwei Stunden in jeder Stadt. Vor einigen Jahren war im Preis
Frühstück inbegriffen, heute nur noch die Übernachtung. In den
meisten Ausländerhotels (»Leningrad« – Leningrad, »Intourist«,
»Rossija«, »Ukraine«– Moskau) gibt es fast auf jeder Etage sogenannte
Kaffeestuben, wo man für Rubel billig und gut essen kann. Die »Bars«
sind sehr viel teurer, und dort zahlt man in ausländischer Valuta. In
den kleineren Hotels wie in Odessa oder Eriwan frühstückt und ißt
man im gemeinsamen Speisesaal. Die Menükarten sind zwei-, manchmal sogar dreisprachig, und das Essen kostet in der Sowjetunion sehr
wenig. In einigen Hotels ist man außerdem in der letzten Zeit dazu
übergegangen, das Essen auch im Zimmer zu servieren, allerdings
nur in kleineren Hotels (»Schwarzes Meer«–Hotel in Odessa z. B.).
Es ist kein Aufpreis dafür zu zahlen, nur muß man sich das Menü
vorher im Speisesaal aussuchen und bestellen. Tee und Getränke
kann man zudem stets auch auf der Etage erhalten. Außerdem kann
man, wie dies vornehmlich die russischen Einzelreisenden machen,
das Essen in der Etagenkaffeestube kaufen und mit ins Zimmer
nehmen.

Festtage

Als offizielle Festtage gelten in der Sowjetunion: 1. Januar, Neujahr;
8. März, Frauentag; 1. Mai, Tag der Arbeit; 9. Mai, Siegestag; 7. Oktober, Tag der Konstitution; 7./8. November, Tag der Oktoberrevolution. Am Sonntag sind die Geschäfte für Industriewaren geschlossen
mit Ausnahme der Kioske in Flughäfen, Bahnhöfen, Hotels und Parks.

fly and drive

ist neuerdings auch für die Sowjetunion organisierbar. Dies kommt
vor allem für Reisende in Frage, die nach *Kiew* fliegen, um von dort
das Schwarzmeergebiet zu besuchen. Auch hier arbeitet man mit
Avis und Hertz zusammen. Die Leihwagen ohne Chauffeur – es
werden meistens »Wolga« oder »Moskowitsch« zur Verfügung gestellt – können auch über »Diner's Club« oder »American Express«
bezahlt werden.

Fotografieren

Fotografieren und Filmen ist überall gestattet. Nur Grenzgebiete,
Militär-, Industrie- und Verkehrsanlagen sowie Rundfunkstationen
dürfen nicht aufgenommen werden. Ebenso ist es untersagt, aus dem
fahrenden Zug zu fotografieren. Es ist geraten, sich genügend Film-
material mitzunehmen, weil man bei der Beschaffung in der UdSSR
manchmal auf Schwierigkeiten stößt und es z. B. Polaroid-Filme noch
nicht gibt.

Fußgänger

sollten wenigstens ein russisches Wort lesen lernen, nämlich **переход**
(sprich perechód), das »Übergang« bedeutet und überall da angebracht
ist, wo weder Verkehrsampel noch Zebrastreifen das Überqueren an-
zeigen. Man findet das Wort auf einem richtunggebenden Pfeil. Ein
anderes wichtiges Wort ist **стоп** (sprich stop) für die Autofahrer.

Geld (siehe auch Valuta und Zollvorschriften)

Die sowjetische Währung ist der Rubel (Rbl) zu 100 Kopeken. Im
Verkehr sind Metallmünzen im Wert von 1, 2, 3, 5, 10, 15, 20, 50
Kopeken und 1 Rubel, Geldscheine zu 1, 3, 5, 10, 25, 50 und 100
Rubel.

Gesellschaftsreisen

Die unkomplizierteste und preiswerteste Methode, die Sowjetunion
zu besuchen – vornehmlich für jene, die die Sprache nicht beherrschen

oder zum ersten Mal nach der UdSSR reisen –, ist, sich einer der
unzähligen Gesellschaftsreisen anzuschließen, die jedes Reisebüro
heute in verschiedenen Preisklassen für seine Kunden bereithält.

Gottesdienste

In *Kiew* sind im Zentrum der Stadt, nicht weit von der Oper, noch die
große *Wladimir-Kathedrale* und einige kleinere Gotteshäuser an der
Peripherie geöffnet, außerdem eine katholische Kirche und eine Synagoge. In *Eriwan* und in Armenien wird in allen Kirchen Gottesdienst
gehalten, in *Tbilissi* und Georgien in fast allen, in *Baku* in zwei ortho-
doxen und zwei armenischen Kirchen, außerdem in zwei Moscheen
und zwei Synagogen. In Odessa sind außer der Kathedrale noch eine
weitere orthodoxe Kirche im Zentrum, eine griechisch-orthodoxe,
eine katholische und eine Synagoge geöffnet. Die Friedhofskirchen
sind in allen Orten »im Betrieb«.

Hotels

Für die zahlreichen Hotels aller Preisklassen in Moskau siehe »Moskau«. Die Hotels in Kiew, Transkaukasien und der Krim sind jeweils
in den einzelnen Kapiteln angegeben.

Intourist-Büros

In jedem Ausländerhotel gibt es auch eine Intourist-Zweigstelle, der
man seine Wünsche vortragen kann. Das Personal ist mehrsprachig
ausgebildet. Man kann dort Fahrkarten, Theaterkarten, Tischplätze
für die bekannten Restaurants (besonders in der Hochsaison) etc.
buchen oder sich für eine zusätzliche Stadtrundfahrt anmelden. Auch
alle Änderungen der Reiserouten müssen für die Einzelreisenden über
diese Intourist-Büros laufen. Einzelreisende müssen für einen Dolmetscher zahlen; bei Gesellschaftsreisen ist die Bezahlung der Dolmetscher und Fremdenführer im Pauschalpreis inbegriffen. Sollte
der Reisende nach seiner Ankunft in der UdSSR wünschen, von der
Touristenklasse in die I. Klasse oder in die Luxuskategorie überzu-

wechseln, kann er das auch unter Bezahlung der Differenz durch Intourist im Hotel machen lassen, wenn Platz vorhanden ist. Dagegen ist es nicht möglich, sich in eine billigere Kategorie versetzen zu lassen.

Konsularvertretung

Bundesrepublik:
Moskau, Grusinskaja Uliza 17
Leningrad, Wassiljewski Ostrow, Linija, Dom 12

Medizinische Betreuung

Nur die Medikamente sind zu bezahlen. Die ärztliche Betreuung in der UdSSR ist kostenlos. In Krankheitsfällen wird das Bedienungsbüro einen Arzt verständigen.

Paß und Visa

Einzelreisende müssen von den Konsularvertretungen der UdSSR die Visumerteilung anfordern (die kostenlos erfolgt), vor Reiseantritt die Zustimmung des Intourist zu dem von ihnen gewählten Programm besitzen und die damit zusammenhängenden Dienstleistungen im voraus bezahlen.
Bei *Gesellschaftsreisen* besorgt das Reisebüro das erforderliche Visum. Dazu sind nötig: ein gültiger Reisepaß für Bürger der BRD und Ausländer oder der Personalausweis für Westberliner, drei Lichtbilder (Format 4 × 4 cm, schwarz-weiß) und zwei vollständig ausgefüllte Visaanträge der UdSSR. Da mindestens zwei Wochen vor Reiseantritt alle Unterlagen bei der Visabeantragungsstelle vorliegen müssen, ist frühzeitige Anmeldung bei einem Reisebüro zu empfehlen.

Post, Telegraf, Telefon

In jedem Hotel gibt es entweder ein Postamt, oder man kann die Briefmarken am Stand für Zeitungen und Postkarten kaufen.

Wer Adressen auf russisch beschriftete Karten oder Briefumschläge setzen oder Post in der Sowjetunion selbst verschicken will, muß hinter das vorgedruckte Wort »**Куда**« (Kudá = wohin?) zuerst das Land bzw. in der Sowjetunion die Republik, dann den Bestimmungsort und die Straße setzen, hinter das Wort »**Кому**«(Komú = an wen?) den Namen des Empfängers. Die Adresse des Absenders wird am Fuß des Umschlags unter »**Адрес**« (Adres = Adresse) geschrieben. Heute ist man in der Sowjetunion dazu übergegangen, die Postkarten der Einfachheit halber schon frankiert zu verkaufen mit einer eingedruckten Marke, in manchen Ausländerhotels sogar auch Briefumschläge, vor allem, wenn sie das Olympia-Bärchen, einen Blumenstrauß oder sonstige Symbole aufgedruckt haben.

Rauchen

In den sowjetrussischen Untergrundbahnen, Kinos und Museen wird nicht geraucht. Der Tourist ist daher gut beraten, wenn er dieser Regel folgt.

Reisekleidung und Reisezeiten

Wer seine Reise nur auf *Odessa* und die *Schwarzmeerküste* beschränkt, wird den Hochsommer dafür wählen, um baden zu können, oder den Winter, um in ein mildes Klima zu fahren. Er wird dafür dieselbe Reisekleidung wie für einen Aufenthalt am Mittelmeer mitbringen. Für Transkaukasien und Baku ist es geraten, nur im Sommer zu fahren und möglichst den Juli und August auszusparen, denn in *Eriwan* und *Tbilissi* herrscht eine feuchte Hitze. Mai, Juni und September sind für dort die besten Reisezeiten. Für Baku ist es immer geraten, auch eine Wolljacke mitzunehmen, da dort ununterbrochen ein starker Wind weht. In Kiew unterscheidet sich das Klima nur wenig von dem unsrigen.

Restaurants – Speisen und Getränke

Der Gruppenreisende wird in seinem Hotel gut, reichlich und zuvorkommend, aber leider mit jedem Jahr »westlicher« verköstigt. Wenn hier trotzdem ein Abschnitt über die russische Küche folgt, so geschieht dies aus zwei Gründen: einmal, um die Aufmerksamkeit auf *russische Spezialitäten* zu lenken, die für Feinschmecker wohl »eine Reise wert« sind, und dann, weil ein Abendessen in einem Restaurant für den westlichen Reisenden Gelegenheit bietet, etwas Kontakt mit dem russischen Menschen zu bekommen.

Meistens speist man nämlich in seinem Hotel zu einer festgesetzten Zeit und in einem anderen Raum als die Russen. Eine Ausnahme davon machen jedoch mehr und mehr die transkaukasischen Orte und jene an der Schwarzmeerküste, die – vor allem im Sommer – zu den in der Sowjetunion beliebtesten Ferienorte gehören.

In den beiden Führern »Moskau« und »Leningrad« haben wir eine Liste der bekanntesten Restaurants mit ihren Spezialitäten gegeben; es sei hier nochmals darauf aufmerksam gemacht, daß eine Tischreservierung am besten durch den Intourist-Dienst vorzunehmen ist.

Im Hotel werden zum *Frühstück* serviert: Kaffee, Tee, nach Wunsch auch Kakao, Marmelade und Butter sowie zweierlei Brot (das weiße und das schwarze, das typisch russisch ist und ganz frisch leicht säuerlich schmeckt); dann auch schon eine kräftige Speise: Omeletts, Fleischklößchen oder ein Fischgericht. Hotels mit amerikanischem Besuch reichen auch Fruchtsäfte. Das Frühstück wird immer im Speisesaal eingenommen und kann nicht im Zimmer serviert werden.

Einzelreisende, die Übernachtung und Frühstück gebucht haben, erhalten für dieses meistens einen Bon. Ihnen sei in den großen Hotels geraten, ihr Frühstück in den meist auf den Etagen befindlichen Imbißstuben einzunehmen, wo sie ebenfalls eine große Auswahl von Getränken, Kuchen, Eierspeisen etc .vorfinden und wo ihnen, sollten sie weniger verspeisen als ihr Bon wert ist, der Rest in Rubel herausgegeben wird, der dann meist zu einem Nachmittagstee reicht.

Die *Hauptmahlzeit* besteht, mittags wie abends, aus drei bis vier Gängen. Als *Vorspeise*: Eiergerichte, Fleisch- oder Wurstaufschnitt, Krabben-, Gurken- und Fischsalate, roter oder schwarzer Kaviar. Nur selten werden noch die ausgezeichneten Piroggen serviert: Hefe-

oder Blätterteigtaschen, mit Fleisch, Fisch, Eiern oder Geflügel gefüllt, in Schmalz rösch gebacken und heiß serviert. Dann folgt oft eine *Suppe*. Die Russen sind Suppenspezialisten, und es gibt unzählige Varianten. Am bekanntesten ist der Borstsch – eine ukrainische Spezialität (eine Rote-Rüben-Fleischsuppe mit saurem Rahm), der aber nicht jedermanns Geschmack ist. Allgemeinen Beifall findet die Soljánka (eine Suppe mit Geräuchertem, Schinken oder Wurst), der Rassólnik (Nierensuppe mit sauren Gurken), dann Hühnersuppen, Fleischklößchensuppen etc. Hingegen wird man selten die Okróschka, eine typisch russische Sommersuppe, die kalt serviert wird, zu essen bekommen. Sie wird aus allerlei leckeren Fleischresten wie Zunge oder Schinken, auch harten Eiern zusammengesetzt, mit Dill, Estragon und Lauch gewürzt und mit Sauerrahm oder »Kwas« übergossen. Das *Hauptgericht* besteht aus Rinder- oder Schweinebraten, Geflügel, Wild oder Fisch (hauptsächlich Stör, Zander, und Sterlett) mit Kartoffeln, seltener Reis. Zum *Nachtisch* gibt es meist Speiseeis, das in Rußland ausgezeichnet und sehr abwechslungsreich ist, Kuchen und Kekse.

Getränke: Es gibt eine große Anzahl von Weinen (u. a. georgische Trockenbeerenauslese, ukrainische Dessert-Weine). Ausgezeichnet sind die Champagnersorten, trocken, halbtrocken, halbsüß, süß; doch auch die trockenen Sorten sind sehr viel süßer als bei uns. Bier ist selten gekühlt. Und selbstverständlich gibt es überall Wodka. Von den russischen Limonaden sei eher abgeraten. Es gibt jedoch sehr gute Fruchtsäfte. Wer im Sommer Durst verspürt, sollte wenigstens einmal den russischen Kwas versuchen, der überall auf den Straßen feilgeboten wird. Sicher wird er es nicht bereuen, auch wenn zunächst die wenig anziehenden Bütten, aus denen er abgelassen wird, kein Vertrauen einflößen. Kwas wird aus Roggen, Buchweizen und Malz hergestellt. Es ist ein säuerlich schmeckendes, außerordentlich erfrischendes Getränk. Für zwei Kopeken bekommt man schon ein großes Glas.

Trinkgeld

Trinkgelder sind vor 50 Jahren offiziell abgeschafft worden. Doch werden kleine Aufmerksamkeiten, vor allem, wenn sie *diskret* überreicht werden, gern angenommen. Es ist angebracht, vor einer Reise an ein paar kleine Geschenke wie Nylonstrümpfe, Kugelschreiber oder andere Kleinigkeiten zu denken, mit denen man den Etagenfrauen, dem Zimmermädchen, dem Hoteldiener danken kann. Dolmetscher und Fremdenführer, nach ihren Wünschen gefragt, werden oft um Bücher bitten, die in den Berjóska-Läden ausgestellt sind. Bei Gesellschaftsreisen einigt man sich meistens auf ein gemeinsames Geschenk dieser Art, um ihnen zu danken.

Valuta und Zollvorschriften

Die Einfuhr von Valuta in die UdSSR ist in jeder Höhe gestattet, hingegen ist die Ausführ von Rubeln untersagt. Bei der Einreise muß ein Formular (es gibt sie in allen Sprachen) ausgefüllt und unterzeichnet werden, in welchem die Summe der mitgenommenen Valuta anzugeben ist. Dieses Dokument ist von größter Wichtigkeit, denn ohne es wird kein Geld eingewechselt. Es ist ratsam, dies am Anfang nur mit kleinen Summen zu tun, da Ausländer in vielen Läden, vor allem den erwähnten Berjóska-Geschäften ihre Andenken in eigener Valuta bezahlen können und die Waren dort billiger als in den anderen Läden angeboten werden. Auch ist die Auswahl dort meist sehr viel größer.

Verwaltung

Die UdSSR ist ein Bundesstaat mit 15 sozialistischen Sowjetrepubliken. Höchstes Staatsorgan und einziger Gesetzgeber ist der *Oberste Sowjet;* er besteht aus Unionsrat und Nationalitätenrat. Oberstes Organ der Vollzugsgewalt und Verwaltung ist der *Ministerrat.* Eigentliche Trägerin der politischen Macht, auch im Staate, ist die KPdSU.

Sie trug bis zum Jahre 1952 den Zusatz »Bolschewikij«. Hauptorgan der Partei ist der mindestens alle 5 Jahre tagende *Parteikongreß :* das von diesem gewählte Zentralkomitee (ZK) wählt als engsten Führungskreis sein Präsidium, dem die Mitglieder des Ministerrats-Präsidiums angehören, das sog. *Politbüro*, und sein Generalsekretariat, dessen 1. Sekretär die ausschlaggebende Rolle spielt. Staatsoberhaupt ist der Vorsitzende des Präsidiums des Obersten Sowjet.

Zeitrechnung und Zeitunterschied

Die UdSSR übernahm 1923 den *Gregorianischen Kalender*. Aus diesem Grunde gibt es bei gewissen historischen Ereignissen ein »altes« und ein »neues« Datum. Der Unterschied beträgt in unserem Jahrhundert 13 Tage. Die Oktoberrevolution fand nach dem »alten«, dem *Julianischen Kalender*, am 25. Oktober 1917 statt, nach dem »neuen« aber am 7. November. Zu diesem Datum werden auch heute die Jahresfeiern der Revolution begangen. Zwischen unserer mitteleuropäischen Zeit (MEZ) und der *Moskauer Zeit* beträgt der Unterschied zwei Stunden, d.h. wenn es in Mitteleuropa 12 Uhr mittags ist, entspricht dies 14 Uhr der Moskauer Zeit.

Reisen ohne Vorurteile

In den Reiseführern »Moskau«, »Leningrad und die Schlösser der Umgebung«, »Der goldene Ring und Nowgorod« haben wir an dieser Stelle stets ein kurzes Kapitel über die *Geduld* – nach wie vor für jeden Rußlandfahrer groß geschrieben – und den *Zeitbegriff* folgen lassen, der im Osten etwas ganz anderes bedeutet als unser »time is money«. Als die Reise dann in »Sibirien und Zentralasien« neue unbekanntere Landstriche des Riesenreiches berührte, meinten wir, daß solche Reisen vor allem *ohne Vorurteile* unternommen werden sollten und denken, daß dies auch diesmal der wichtigste Bestandteil unserer Vorbereitung darauf ist. Denn ohne daß wir uns darüber klar sind, leben wir mit festen Begriffen, die wir aus unserer Kindheit übernommen haben, also aus einer Zeit, wo wir sie noch keinem eigenen Urteil unterziehen konnten, oder die wir uns durch Lektüre, Rundfunk, Zeitungen aneigneten. Der vorliegende Band möchte helfen, sich ein eigenes Urteil zu bilden über so verschiedene Landstriche und Völker, wie es Ukrainer, Georgier, Armenier etc. sind. Er möchte Fremdes und Unverständliches der Geschichte, der Landschaft, der neuesten Forschungen und der dort lebenden Menschen erklären, vor allem aber dem Reisenden Lust machen, sich über einen notgedrungen begrenzten Reiseführer hinaus mit der Kultur, den Kunstschätzen und den Lebensbedingungen einer ihm fremden Welt zu befassen.

Reisen ist heute kein Privileg mehr. Sommerset Maugham meinte einmal, Reisen sei ein Handwerk, und wer es am besten beherrsche, den erfreue es am meisten. Wir möchten auch diesmal wieder hinzufügen, wer seine Reise *ohne Vorurteile* unternimmt, der hat auch am meisten davon.

Kiew

Geschichte

Der Sage nach soll Kiew schon vor unserer Zeitrechnung von Griechen oder Skyten gegründet worden sein; nachweislich aber wurde es im Jahre 559 zum ersten Male in einer alten Chronik erwähnt. Wahrscheinlich haben sich slawische Stämme – nach den meisten Geschichtsforschern vom Nordhang der Karpaten, nach anderen, z. B. dem russischen Historiker Wernadsky, aus Asien kommend – längs der Flußläufe angesiedelt und waren schon in der Frühzeit zu seßhaften Ackerbauern geworden. Die Wasserstraßen, an denen sie sich niederließen, waren die Hauptwege, die zum Schwarzen Meer und zu den Hochkulturen des Mittelmeeres führten, und wahrscheinlich haben Händler und Krieger – vor allem Normannen – längs dieser Wege ihre Stapelplätze angelegt, die in Zeiten der Not, wenn Überfälle drohten, auch der Bevölkerung Sicherheit boten. Hans von Rimscha schreibt in seiner »Russischen Geschichte«: »Das Vorhandensein dieser Städte war eine wichtige Voraussetzung für die Entwicklung des Kiewer Staates, dessen besondere Eigenart darin bestand, daß hier im Wald- und Sumpfgebiet, weit entfernt vom alten Kulturboden, ein neues geschichtliches Leben nicht aus ländlicher Primitivität erwuchs, sondern durch bereits vorhandene Städte charakterisiert wurde.« Es war vornehmlich das Werk des Warägerrussen Olég (879–912), durch Zusammenfassung der Herrschaften zahlreicher Fürsten unter *einem* Großfürsten, den Kiewer Staat zu gründen. Als er 882 seine Residenz von Nowgorod nach Kiew verlegte, soll er ausgerufen haben: »Sie soll die Mutter der russischen Städte werden«! Vor allem gelang es ihm, die Bevölkerung von den Tributzahlungen an die Chasaren zu befreien. Die Chasaren, ein türkisch-tatarisches Volk auf einer verhältnismäßig hohen Kulturstufe, hatten etwa um 600 n. Chr. ein mächtiges Reich an der unteren Wolga und am Don errichtet. Die regierende Oberschicht nahm am Ende des 6. Jh. den jüdischen Glauben an. Die Chasaren unterhielten außerdem auch lebhafte Handelsbeziehungen zu Byzanz. Den Nachfolgern Olégs gelang es, sie am Ausgang des 10. Jh. vernichtend zu schlagen. Nachdem Olég die meisten der slawischen Stämme unter seine Herrschaft gebracht hatte, schloß er 911 einen außerordentlich günstigen Handelsvertrag mit Byzanz ab, der unter anderem freien Handel für die Kiewer Kaufleute und Nichtbesteuerung durch Byzanz vorsah.

Den Ostslawen, über die er nun herrschte, war jede staatliche Organisation fremd. Sie lebten in kleinen Marktgenossenschaften, »nicht nur auf Grund des privaten, sondern des kollektiven Eigentums« (v. Rimscha). Der berühmten Nestorchronik zufolge sollen nun diese Gemeinschaften »im Jahre 6370 nach Erschaffung der Welt« – nach unserer Zeitrechnung 862 – die Waräger »gerufen« haben. Es ist dies der Teil der Chronik, der nicht nur von Lomonossow und der russischen Geschichtsschreibung, sondern auch von nahmhaften deutschen Gelehrten (von Rimscha, Dr. Wiessner u. a.) angegriffen wird. Die Normannen kamen gewiß ungerufen. Doch bald identifizierten sich die Waräger mit dem Land, und ihre Nachfolger vermischten sich mit der slawischen Bevölkerung. Die weitverbreitete Kollektivbezeichnung »Rus« wurde später zum Namen der geeinten ostslawischen Völker

Olég selbst stand dem Christentum noch abweisend gegenüber, trotzdem soll schon zu seiner Regierungszeit eine byzantinische Missionskirche in Kiew gestanden haben: die Kirche des Propheten Elias. Offiziell wurde das Christentum von Wladimir I., dem »Heiligen«, eingeführt, der die alten Idole in den Fluß werfen ließ und im Jahre 988 eine Massentaufe im Dnepr veranstaltete. Damit war er »mit seinem Volk« zum Christentum übergetreten. Seine Stellung Byzanz gegenüber festigte sich dadurch, so daß er mit Erfolg um die Hand einer griechischen Prinzessin anhalten konnte. Doch erst unter seinem Sohn, Jaroslaw dem Weisen (1019–1054), wurde Kiew zur »Goldenen Stadt«, die es an Schönheit und Pracht mit den europäischen Hauptstädten aufnehmen konnte. Unter seiner Regierung wurde auch die berühmte Sophien-Kathedrale gebaut und Kiew geriet recht eigentlich zur geistigen Metropole Rußlands.

Jaroslaw war zuerst mit Nowgorod belehnt gewesen; aber sein Ehrgeiz ging dahin, Großfürst von Kiew zu werden. Es gelang ihm, seinen Bruder, Swiatopólk den »Verfluchten« (er hatte seine beiden Halbbrüder Boris und Gleb – die zukünftigen ersten Heiligen des russischen Reiches – beseitigen lassen), zu besiegen. Jaroslaw der Weise war seiner Zeit weit voraus. Er gründete u. a. eine Schule nach byzantinischem Muster, besaß selbst eine große Bibliothek und ließ viele Werke aus dem Byzantinischen ins Russische übersetzen. Auf ihn wird auch die Gesetzessammlung »Russkaja Prawda« (1051) zurückgeführt.

Sein Sohn, Wladímir II. (1113–1125), trug den Beinamen Monomach zu Ehren seines griechischen Urgroßvaters. Er gelangte erst sehr spät, mit 62 Jahren, zur Regierung, dafür wurde er aber (mit Stalin) der russische Herrscher, der das höchste Lebensalter – 72 Jahre – erreichte. Auch seine Beziehungen zu Byzanz waren gut – eine seiner Töchter heiratete den Kaiser Johannes Kommenos –, aber vor allem gelang es ihm noch einmal, die Zersplitterung des Kiewer Reiches in Teilfürstentümer aufzuhalten.

Dieser Prozeß aber nahm unter seinen Nachfolgern seinen unerbittlichen Verlauf. Sein Sohn Andrej (1157–1174) – er hatte sich den Beinamen Bogoljúbski »den von Gott geliebten« beigelegt – machte im Jahre 1169 Wladímir im mittelrussischen Waldgebiet zur neuen Hauptstadt, da sie mehr Sicherheit gegen die räuberischen Überfälle der Polen, Litauer und Bulgaren bot. Für Kiew begann damit ein unaufhaltsamer Abstieg. Das Zentrum der Macht verlagerte sich nach Wladímir, später nach Moskau, und Kiew war mehr denn je den räuberischen Angriffen der Nachbarn ausgesetzt. 1224 hatte zudem eine verheerende Feuersbrunst die Stadt heimgesucht, der nach alten Chroniken 600 Kirchen zum Opfer fielen. Nachdem Kiew einem ersten Ansturm der Mongolenhorden im Jahre 1223 noch standgehalten hatte, wurde es 1240 völlig zerstört und gleichsam für die Geschichte der nachfolgenden dreihundert Jahre ausgelöscht. 1320 war es eine leichte Beute der Litauer unter Großfürst Gedimin.

Erst mit der Verleihung des Magdeburger Stadtrechtes im Jahre 1493 begannen sich die Dinge in Kiew etwas zu bessern. Dieses Magdeburger Stadtrecht war das verbreitetste deutsche Stadtrecht des Mittelalters, es beherrschte den binnenländischen Osten des Abendlandes und bedeutete für Kiew um jene Zeit den Anfang einer neuen Epoche: Die Bautätigkeit wurde wieder aufgenommen, ebenso ein bescheidener Handel. Im Jahre 1569 fiel Kiew an das Königreich Polen, und erst gegen Ende des 17. Jh. – 1654 – kam es nach drei Jahrhunderten wieder an Rußland zurück. Die Kosaken, die als freie Wehrbauern in diesem Grenzgebiet – der »Ukraine« – gelebt hatten, erhoben sich unter ihrem Hetman Chmelnizkij gegen die polnische Herrschaft und stellten sich unter den Schutz des Zaren. In Kiew erinnert das Denkmal vor der Sophien-Kathedrale, wo sie den Treueid auf Moskau schworen, an dieses historische Ereignis. 1686 wurde Kiew offiziell von Polen an Rußland abgetreten. Auf ihrer berühmten Reise nach der Krim rastete Katherina die Große längere Zeit in der Stadt. Im 18. Jh. setzte eine große Bautätigkeit ein, und Kiew wurde bald zur drittgrößten Stadt des Zarenreiches mit einer bedeutenden Industrie und zu einem internationalen Handelszentrum. Um die Wende vom 19. zum 20. Jh. lebten in Kiew 320 000 Einwohner, davon waren 20 000 Polen und 13 000 Juden, in deren Händen fast der ganze Handel lag. Kiew hatte eine Universität mit nahezu 3 000 Studenten, was für die damalige Zeit eine erstaunlich hohe Zahl war, eine technische Hochschule, eine geistliche Akademie, 16 Mittelschulen und 6 Spezialschulen, wie man es damals nannte. 30 Zeitungen und Zeitschriften wurden 1900 in Kiew verlegt. Die Stadt besaß 81 orthodoxe Kirchen, davon eine den Altgläubigen gehörend, 4 katholische wegen des großen Prozentsatzes an Polen, zwei protestantische und 18 Synagogen. Jedes Jahr besuchten um die damalige Zeit 200 000 Pilger aus ganz Rußland das berühmte Höhlenkloster.

Nach der Revolution von 1917 kämpften vor allem noch Kosakenverbände bis 1921 gegen die kommunistische Zentralregierung. Der westliche Teil der Ukraine fiel an Polen und wurde erst 1939 wieder mit Rußland vereint. Auch die Teile, die an die Tschechoslowakei (Karpatenukrainer) und an Rumänien (Nordbukowina) gefallen waren, kamen erst 1945, nach dem Zweiten Weltkrieg, an die Sowjetunion zurück.

Heute ist die *Ukrainische sozialistische Sowjetrepublik* die zweitgrößte Unionsrepublik der Sowjetunion. Sie recht bis zum Schwarzen und zum Asowschen Meer und ist eines der reichsten Anbaugebiete der Sowjetunion. Sie besitzt im Donezbecken Kohle, in Kriwoj Rog

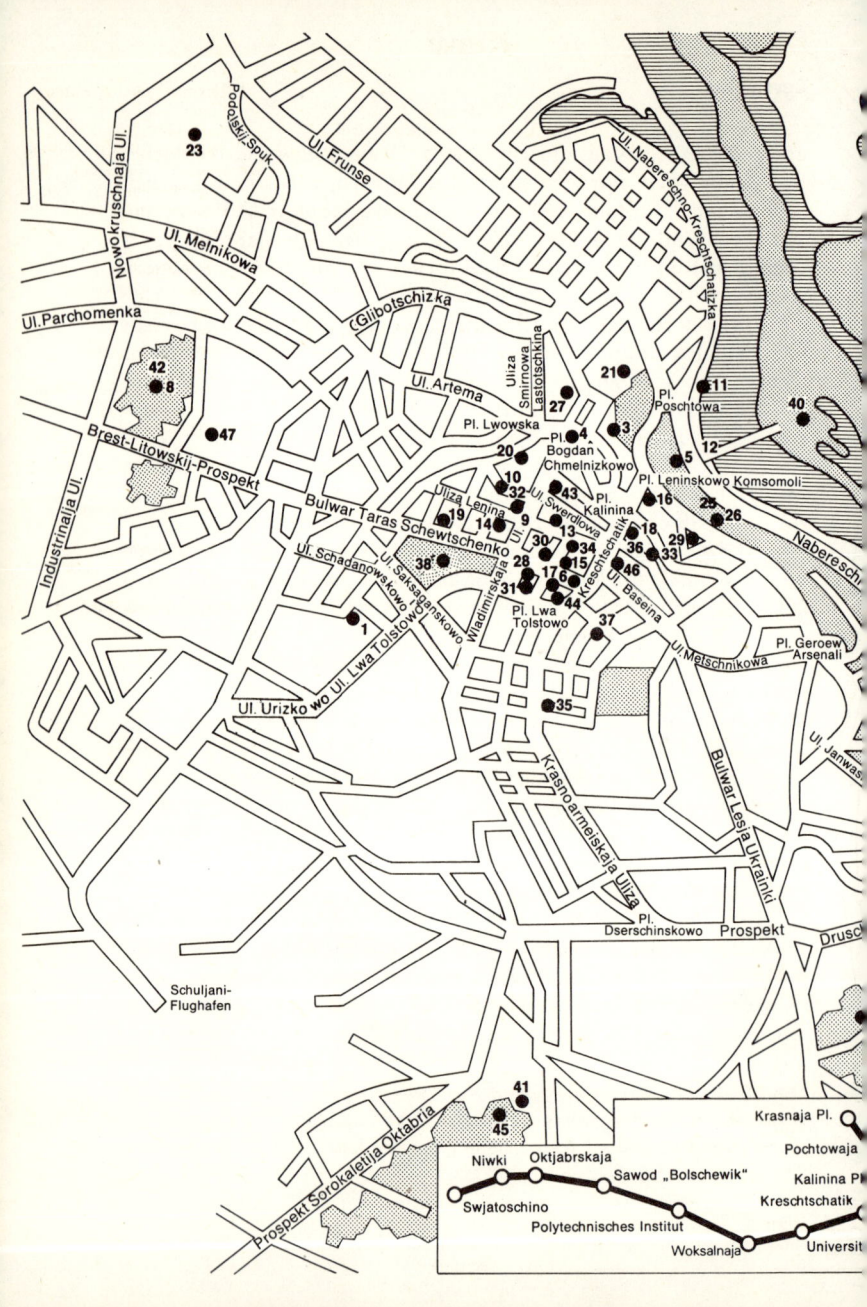

Kiew

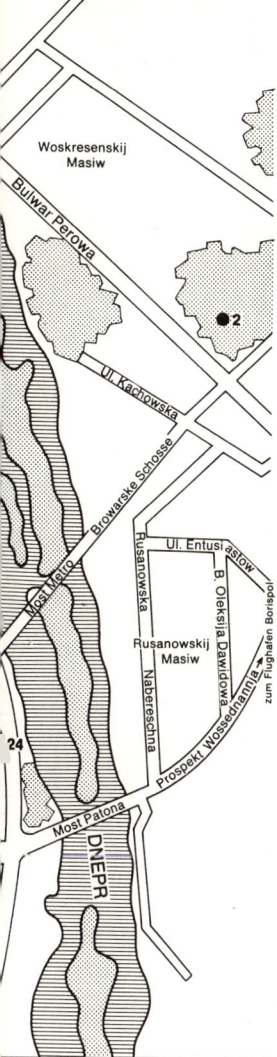

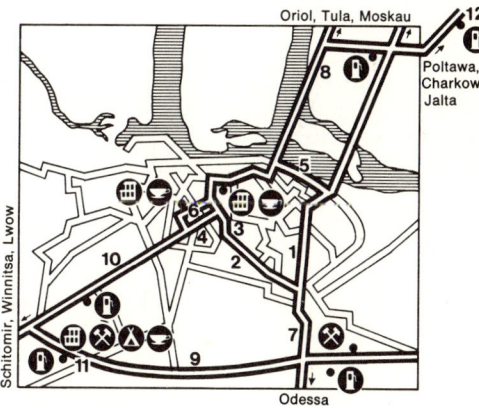

Eisen, Mangan und Phosphorit, bedeutende Zuckerraffinerien und
Kraftwerke und eine hochentwickelte Schwerindustrie.

Die Stadt

Auf drei Hügeln angelegt, wurde Kiew 1928 Hauptstadt der Ukrainischen SSR. Mit heute 2 200 000 Einwohnern ist sie nach Moskau
und Leningrad die drittgrößte Stadt der Sowjetunion. Sie trägt nicht
nur die Bezeichnung »Mutter der russischen Städte«, sondern auch das
Prädikat »Heldenstadt«. Im Zweiten Weltkrieg – den die Russen den
Zweiten Vaterländischen Krieg nennen (der erste war jener gegen
Napoleon) – war sie 789 Tage in deutscher Hand und wurde beim Rückzug fast vollständig zerstört. Nicht nur die drei großen Brücken über
den Dnepr wurden gesprengt, sondern auch 42% der Wohnfläche und
30% der öffentlichen Gebäude vernichtet. Heute ist Kiew wieder vollständig aufgebaut und durch 20 neue Wohnbezirke erweitert worden.
Sie ist eine ausgesprochen »grüne« Stadt, denn nicht nur die weiten
Parks geben ihr diesen Anstrich, sondern vor allem die parkähnlichen
Grünstreifen in der Mitte der breiten Boulevards. Die Kiewer behaupten stolz, daß auf jeden Einwohner 20 qm Grünzone käme, ein
wahrer Rekord.
Kiew liegt 200 m ü. d. M. am rechten Ufer des Dnepr. Es besteht
eigentlich aus *drei* Teilen, zu denen jetzt die neuen Wohnsiedlungen
kommen. Der erste Teil ist *Podol*, unmittelbar am Dnepr auf einer Art
Vorland gelegen, das sich zwischen dem Wasser und dem steilen
Ufer erstreckt. Über Podol auf der Höhe liegen *Altkiew* und *Petschersk*,
die durch den Kreschtschatik verbunden sind. Kiew ist der Mittelpunkt des ukrainischen Kulturlebens mit Universität, einer Akademie
der Wissenschaften, Kernforschungsinstituten und Lehranstalten.
Für den Touristen ist Kiew leider immer nur eine Zwischenstation:
nach Moskau-Leningrad, nach Transkaukasien oder an die Schwarzmeerküste. Meistens sind nur zwei Übernachtungen vorgesehen. Zur
Besichtigung der hochinteressanten Museen reicht die Zeit selten.

Wir werden versuchen, eine möglichst vollständige Übersicht aller Sehenswürdigkeiten zu geben, sowie die in Frage kommenden Tram-Trolley-Untergrundbahnverbindungen anzugeben, damit jeder sich, seinem Geschmack und seinen Interessen gemäß, ein Programm zusammenstellen kann. Wie in Moskau und Leningrad ist auch in Kiew für die entfernter liegenden Punkte das Taxi das bequemste Beförderungsmittel, vor allem für jene, die nicht russisch sprechen.

Bahnhof (1)

1932 baute der Architekt Werbitzki Kiews Bahnhof. Er hat direkte Verbindung zu sieben europäischen Städten. Die Linien Bukarest–Moskau, Budapest–Moskau und Prag–Moskau gehen alle über Kiew.

Berjóska-Läden

gibt es in allen Ausländerhotels, außerdem steht der Besuch eines neuen Berjóska-Laden neuerdings als fester Bestandteil jeder Führung auf dem Programm. Hier kann man dann auch gute Kunstbücher in russisch und englisch finden. Das größte Warenhaus mit einem reichlichen Angebot ist »Ukraina« auf dem Pl. Pobedi.

Campingplätze

Browarske Schosse 31 **(2),** sowie einer mit einem sehr guten *Motel* »Prolisok«, 12 km vom Zentrum entfernt am Ende des Brest-Litowski-Prospekt an einem kleinen See am Rande eines Wäldchens gelegen mit Restaurant, Benzinstation und hübschen Zimmern.

Denkmäler

Wie jede russische Stadt ist auch gerade *Kiew* reich an Denkmälern; hier sei auf die wichtigsten aufmerksam gemacht:
Wladimir der Heilige (3) (72). Mit der Besichtigung dieser Statue beginnt meistens die Stadtführung. Sie wurde in Altkiew auf dem

Hügel 1853 von Demut-Malinowsky und Klodt errichtet. Man geht bis zu einem Aussichtspavillon hinter der Statue und hat von dort einen wunderbaren Ausblick auf den Dnepr und die Unterstadt. Die Statue ist in Petersburger Klassizismus gehalten.

Reiterstandbild von Bogdán Chmelnizki (4) (11), 1888 von dem russischen Bildhauer Mikeschin auf dem gleichnamigen Platz vor der Sophienkathedrale in Erinnerung an den Kosakenführer errichtet, der die Ukraine wieder zu Rußland führte. Sein ausgestreckter Arm weist nach Moskau.

Wenn man die breite Allee hinaufgeht, die vom Kalinin-Platz zur Sophien-Kathedrale führt und auf dem Chmelnizki-Platz endet, kommt man links an einigen interessanten **Statuen** vorbei, die man auch zu den »Denkmälern« rechnen dürfte. Zuerst trifft man auf *3 Idole der Skythen*, die wohl jenen ähnelten, die der heilige Wladimir in den Dnepr gestürzt hatte; dann trifft man auf eine Kopie eines bronzenen, *wasserspeienden Fabeltieres* aus dem 12. Jh.; auf *Kapitäle*, ebenfalls aus dem 12. Jh.; und zuletzt auf ein slawisches *Götzenbild* aus dem 1. Jh., umgeben von lehnenlosen Bänken mit alten stilisierten Motiven.

Denkmal des Magdeburger Rechtes (5) (75), 1808 vom Architekten Melenski errichtet. Es erinnert an das schon in der »Geschichtlichen Einführung« besprochene 1494 Kiew verliehene Stadtrecht. Das Denkmal befindet sich auf der dem Fluß entlangführenden Nabereschne Schausse der Fußgängerbrücke gegenüber, die von dem Dnepr-Erholungspark auf die andere Flußseite führt.

Lenin-Denkmal (6) (61), 1946 von dem Bildhauer Merkurow auf dem Taras Schewtschenko-Boulevard errichtet.

Askolds Grab (7) ist eine Rundkirche, die ebenfalls von Melenski in den Jahren zwischen 1809 und 1810 über dem sagenhaften Grab des ersten Warägerfürsten Askold errichtet wurde. Der von Kolonaden umgebene Rundbau wurde 1935 durch von dem russischen Architekten Jurtschenko angefügte Rundkolonnen in seinem ursprünglichen Aussehen verändert.

Puschkin-Denkmal (8), 1962 im Puschkin-Park von den Bildhauern Kowaljow und Gnesdilow geschaffen.

Schwetschenko-Denkmal (56) vor der gleichnamigen Universität,

dem populärsten ukrainischen Dichter und Maler gewidmet, wurde
schon 1939 von den Architekten Malinzer und Levinson errichtet.
Lyssenko-Denkmal (9) (67) auf dem Theaterplatz vor der Oper.
Auch dieses Denkmal ist neueren Datums; es wurde 1965 von den
Architekten Kowaljow und Gnesdilow entworfen.

Goldenes Tor (10) (1)

Von dem 1037 errichteten Bau sind nur noch die beiden Seitenwände
erhalten geblieben. Wer das »Goldene Tor« von Wladímir bei Moskau
gesehen hat, muß sich dieses ebenso vorstellen: mit einer Torkirche
über dem Eingang, durch welchen die Straße zur Sophien-Kathedrale
(20) (8) führte.

Flughafen

Kiew besitzt zwei Flughäfen. Den internationalen *Borispol* und den
nur für interne russische Linien reservierten *Zuliani*, der mit dem
Trolley Nr. 9 zu erreichen ist.
Zum *Borispol* fährt das erste Zubringerauto um 5.45 Uhr vom Air-
terminal vor dem Büro der *Aeroflot*, Bulwar Schewtschenko 66, ab,
das letzte um 23.25 Uhr. Im Flughafen gibt es die Möglichkeit, auch
ins Ausland zu telefonieren. Wer die Sowjetunion im letzten Jahrzehnt
des öfteren besucht hat, kann konstatieren, daß in den Berjóska-Läden
jetzt elektrische Rechenmaschinen benutzt werden: Die charakteristischen Rechenschieber kann man heute als Andenken erstehen. Im
Kiewer Flughafen gibt es Läden mit großer Auswahl (aber keiner,
nicht einmal in Moskau, kann es mit dem Berjóska-Laden des *Irkutsker*
Flughafen aufnehmen!). Es gibt Herren- und Damenfriseure und ein
gutes Restaurant.

Fluß-Anlegestelle am Plostschadj Poschtowa (11) (74)

Sie wurde in den sechziger Jahren fertiggestellt und besitzt eine hübsche Säulenfront zum Wasser hin. Von hier aus gibt es bequeme
Verbindungen zu allen Orten der Schwarzmeerküste.

Fundbüros (Telefonnumern)

für Tram und Trolley-Bus   36-90-13
für Taxi   97-42-24 oder 46-17-36
für Eisenbahn   23-30-50

Fußgängerbrücke

Kiew besitzt sechs Brücken über den Dnepr, aber meiner Erfahrung
nach gibt es nur eine einzige Fußgängerbrücke **(12)** (76). Sie führt
vom Zentralen Erholungspark **(25)** (80) unterhalb der Fluß-Anlegestelle **(11)** (74) und des Denkmals des Magdeburger Rechtes **(5)** (75)
hinüber nach der Tschanow-Insel zum sogenannten »Hydropark«
(40), der im Sommer von Badegästen bevölkert ist. Wer in einem
Hotel des Zentrums wohnt, sollte nicht versäumen, in einer freien
Stunde über diese Brücke zu gehen. Die Aussicht auf die Stadt, den
Fluß und die Badestrände lohnt sich.

Hotels

»Intourist« **(13)** (68), Ul. Lenina 26 (Tel. 24-25-46); Trolleybus: 2, 8,
9, 12
»Teatralnaja« **(14)**, Ul. Lenina 17 (Tel. 25-50-45); Trolleybus: 8, 9, 2
»Leningradskaja« **(15)**, Bulwar Schewtschenko 4 (Tel. 25-71-01);
Metro: »Krestschatik«, Trolleybus: 9, 10
»Dnepr« **(16)** (42), Pl. Leninskowo Komsomola 1; Metro: »Krest-
schatik«, Trolleybus: 1, 11, 13, 8
»Moskwa« **(18)** (45), Ul. Oktjabrskoi Rewoljuzij, 4 (Tel. 21-55-93);
Metro: »Krestschatik«, Trolleybus: 1, 11, 8
»Ukraina« **(17)**, Bulwar Schewtschenko 5 (Tel. 24-50-19); Metro:
»Krestschatik«, Trolleybus: 1, 10, 11, 12
»Slawutitsch«, Ul. Entusiastow 1; Metro: »Lewobereschnaja«, Tram:
21, 27
Natürlich besitzt eine Millionenstadt wie Kiew auch noch eine ganze
Anzahl weiterer Hotels, wir haben jedoch hier nur die für Ausländer
in Frage kommenden der Innenstadt erwähnt.

Intourist

In jedem Hotel stehen dem Touristen Intourist-Büros für zusätzliche Ausflüge, Theaterkarten oder sonstige Auskünfte zur Verfügung. Das Hauptbüro, das sich hier in Kiew »Service-Buro für Ausländische Touristen« nennt, liegt sehr zentral in der Ul. Lenina 26.

Kirchen

Wie wir in der geschichtlichen Einführung gesehen haben, gab es in Kiew vor der Revolution 81 orthodoxe Kirchen und eine der Raskolniken, der Altgläubigen, außerdem noch vier römisch-katholische Kirchen, zwei prostestantische und eine unverhältnismäßig große Anzahl von Synagogen, 18 insgesamt, denn unter der damals 320000 zählenden Bevölkerung lebten 13000 Juden. Alte Chroniken berichten, daß es vor dem Mongoleneinfall im Jahre 1240 bedeutend mehr Kirchen gegeben hätte, und daß bei dem großen Brand 1224 allein 600 dem Feuer zum Opfer gefallen seien. Auch ein deutscher Reisender, jener berühmte nachmalige Bischof von Merseburg, Thietmar, u. a. Autor einer wertvollen Chronik des sächsischen Königshauses (gestorben 1009) erzählt schon von 400 Kirchen im alten »goldenen Kiew«. Heute wird in der Innenstadt noch eine Kathedrale für den Gottesdienst benutzt.

Die **Wladimir-Kathedrale** (Wladimirskij Sobór) **(19)** (65), Bulwar Schewtschenko 20, liegt bequem im Zentrum und ist leicht mit dem Trolleybus 8 oder 6 zu erreichen. Man steigt dann an der *Oper*, Ul. Lenina, aus und geht links (in der Fahrtrichtung) durch die Uliza Leontowitscha. Rechter Hand wird man dann sogleich die Kathedrale sehen. Natürlich kann man sie auch über den breiten Bulwar Taras Schewtschenko erreichen. Werktags wird dort zwischen 5 und 6.30 Uhr die Messe mit einem sehr schönen Chor zelebriert. In dieser einzigen noch offenen Großkirche Kiews predigt auch der Metropolit.

Architektonisch ist die Kirche von keiner besonderen Bedeutung. Sie wurde 1896 von den beiden Architekten Beretti und Nicolajéw in dem damals modernen pseudomittelalterlichen Stil erbaut. Sie ist eine

Kreuzkuppelkirche mit sieben Kuppeln und ähnelt ein wenig der alten Bauweise der »Kirche des vergossenen Blutes« in Leningrad am Gribojédow-Kanal, die zur Erinnerung an die Ermordung Alexander II. errichtet worden war. Die Wandmalereien im Inneren der Wladímir-Kathedrale sind von Wasnezow und Nesterow ausgeführt worden. Die Entwürfe von *Wrubel*, die nicht angenommen worden waren, sind im *»Museum für russische Kunst«* **(28)** (58) zu sehen.

Die **Kirche der Zehnten (Desjatinnaja Zérkow)** (14) war die älteste aus Stein gebaute Kirche Kiews, wahrscheinlich ein von 6 Säulen getragener Bau. Der Name bezieht sich auf das Zehntel der Einkünfte des Großfürsten Wladímir, die dieser der Kirche vermachte. Sie wurde 989, also nur ein Jahr nach der Massentaufe und nachdem die Götzenbilder in den Fluß versenkt wurden, errichtet und enthielt die Reliquie des Kirchenvaters Klemens I. Im Mongolensturm wurde sie vollständig vernichtet. Die letzten Verteidiger Kiews hatten sich dorthin mit Frauen und Kindern geflüchtet und wurden unter den Trümmern begraben.

Zu Beginn des 19. Jh. baute man eine neue Kirche, die aber 1935 wieder abgerissen wurde. Die damals freigelegten Fundamente der alten Kirche kann man im Hof des – auf demselben Terrain errichteten – *Historischen Museums* **(27)** (13) sehen.

Zur **Sophien-Kathedrale** (Staatliches architektonisch-historisches Denkmalschutzgebiet »Sofiskij Musej«) **(20)** (8), Wladimirskaja Uliza 24, wird man in den meisten Fällen vom zentral gelegenen Kalinin-Platz über die breite Allee geführt, auf deren linker Seite die unter »Denkmäler« beschriebenen bronzenen Fabeltiere und alten Idole stehen. Sie mündet in die sich zu dem Bogdan Chmelnitzki-Platz (mit der Statue des Kosakenführers) erweiternde Wladimirskaja Uliza.

Zur Erinnerung an den 969 errungenen Sieg, den die Russen über das türkische Nomadenvolk der Petschenegen errungen hatten, die ihre Grenzen über ein Jahrhundert bedrohten, ließ Jaroslaw der Weise 1037 diese Kathedrale errichten, die Invasionen und Zerstörungen überleben sollte und deren 13 vergoldete Helme über den grünen Kuppeln das Wahrzeichen der alten Stadt geblieben sind.

Jaroslaw hat die Vollendung des Baus nicht mehr erlebt. Die Kathedrale wurde erst drei Jahre nach seinem Tod, 1057, fertig, fünf Jahre

1 Goldenes Tor
2 Restaurant »Leipzig«
3 Hotel und Restaurant »Kiew«
4 Südliche Umfassungsmauern der
  St. Sophien-Kathedrale
5 Westliche Umfassungsmauern
6 Ehemaliger Palast des Metropolitan
7 Refektorium
8 St. Sophien-Kathedrale
9 Glockenturm und Haupteingang
10 Ehemaliges Seminargebäude
11 Denkmal des Kosakenführers
   Bogdan Chmelnizki

12 Haupttelegraphenamt
13 Historisches Museum
14 Reste der »Zehnten-Kirche«
15 St. Andreas-Kirche
16 Gebäude der Stadtverwaltung
17 Obere Station der Zahnradbahn

nach der gleichnamigen Kathedrale Nowgorods. Noch immer überragt sie am hohen Dnepr-Ufer die Stadt, aber sie hat – im Gegensatz
zur Kathedrale in Nowgorod – ihr ursprüngliches Aussehen nicht
bewahrt. Nach dem Mongoleneinfall 1240 verfiel sie äußerlich, und
mit den Restaurierungsarbeiten wurde erst Ende des 17. Jh. begonnen, als Kiew wieder zu Rußland gehörte. Als Vorbild hatte ihr, wie
der Kathedrale in Nowgorod, die Haghia Sophia gedient, jene Kirche,
die Justinian im 6. Jh. in Konstantinopel der »göttlichen Weisheit«
(Sophia) weihte; erst sehr viel später wurde ein weiblicher Vorname
»Hl. Sophia« daraus. (Seltsamerweise verbindet die beiden Kirchen
dasselbe Schicksal: auch die Sophienkirche Istanbuls ist seit 1934
Museum, nachdem sie seit 1453 als Moschee benutzt worden war.)

Dennoch weicht die Kiewer Sophien-Kathedrale in vielem von ihrem byzantinischen Modell ab. Da sind zuerst einmal die dreizehn Kuppeln, die viel eher auf die Tradition der russischen Holzbaukunst zurückzugehen scheinen. In Byzanz ist keine solch große Anzahl von Kuppeln anzutreffen. Auch die Mosaiken und Fresken sind verschieden. Die Gesichter in Kiew sind ungleich menschlicher und wärmer dargestellt, für unsere Augen viel »moderner«; in der streng hieratischen byzantinischen Kunst ist dies nirgends anzutreffen.

Das *Äußere* der fünfschiffigen Kreuzkuppelkirche ist schlicht und einfach gehalten: eine Fassade mit Rundbögen und schmalen hohen Fensterschlitzen. Ursprünglich war sie auf drei Seiten mit einer offenen Galerie umgeben, doch nachdem diese später aufgestockt wurde, schloß man sie und legte einen neuen breiten Wandelgang um die drei Seiten an. Während sie zu Beginn nur mit einem runden Turm versehen war, der von außen zur Empore hinaufführte, wo der Fürst, sein Gefolge und die Vornehmsten Platz nahmen, wurde später ein weiterer Glockenturm hinzugebaut. Um die Hauptkuppel gruppieren sich vier Nebenkuppeln, die acht kleineren sind auf die Ecken verteilt. Diese dreizehn Kuppeln symbolisieren die zwölf Apostel mit dem Herrn.

Man betritt die Kathedrale durch einen Vorraum am *Südeingang*, wo man das Modell der alten Kirche mit den schönen Helmkuppeln bewundern kann. Sie fielen den Restaurationsarbeiten zum Opfer und wurden durch Zwiebelkuppeln ersetzt. Das Äußere der Kirche mutet so heute sehr viel mehr »barock« an und konstrastiert mit dem Inneren, das glücklicherweise fast unverändert geblieben ist.

Innen wirkt sie fast wie ein Labyrinth aus Galerien, Scheidemauern, Säulen und Gewölben. In den Zwischenräumen befinden sich die *Gräber* der Großfürsten. Das bedeutendste ist der weiße Marmorsarkophag Jaroslaws des Weisen. Es wird angenommen, daß er das Werk eines byzantinischen Künstlers war.

Der *Fußboden* der Kathedrale ist aus Gußeisen mit den Symbolen der jüdischen und islamischen Religion, die man so »mit Füßen treten kann« – charakteristisch, daß er nicht aus der alten Zeit stammt, sondern bei den Restaurationsarbeiten gelegt wurde.

Als ein weiterer Stilbruch in der Kathedrale erscheint die Ikonastase in einem besonders überladenen Barockstil.

Hingegen sind die außerordentlich gut erhaltenen *Mosaiken* der Sophien-Kathedrale noch die ursprünglichen. Sie wurden in den 50er Jahren gereinigt und leuchten uns heute in ihrer ganzen Farbenpracht entgegen. Wie in allen byzantinischen Kirchen ist das Innere von der Kuppel bis hinab zum Boden mit Mosaiken und Fresken geschmückt. Man fühlt sich wie von dem Göttlichen eingehüllt und der ständigen Gegenwart des Erlöser, Marias und der Heiligen bewußt.

Das *Hauptmosaik* der *Madonna* über dem Altar in der Apside mit den betend erhobenen Händen in blauem Gewand und goldenem Umhang ist 7 m hoch. Vollständig erhalten ist das Bild des *Pantokrator* in der Mittelkuppel. Von den vier *Erzengeln* wurden drei zu Ende des 19. Jh. neu ausgemalt (übrigens von Wrubel). Hingegen sind von den 12 Aposteln nur noch *Paulus* und von den vier Evangelisten nur noch *Markus* und *Johannes* zu sehen. Unter den Darstellungen der Kirchenväter befindet sich auch die eines Papstes, Klemens I. Er war Ende des 1. Jh. Presbyter von Rom und wird, als Nachfolger S. Linos, von der katholischen Kirche zu den Päpsten gezählt.

Der byzantinischen Kirche hingegen gilt er als einer der Kirchenväter: er kannte noch die Apostel persönlich, wahrscheinlich ist er sogar ein Schüler des Apostel Petrus gewesen. »Papst« war er von 88 (nach anderen Quellen 90) bis 97 n. Chr., als er unter Trajan den Märtyrertod starb. Klemens ist auch der Verfasser des Ersten Klemensbriefes an die Korinther. Seine Reliquie wurde in der heute nicht mehr existierenden »Zehnten-Kirche« verehrt. Sie war von Wladimir dem Heiligen aus dem Taurischen Chersones (der Halbinsel Krim) nach Kiew gebracht worden.

Eine Besonderheit der Sophien-Kathedrale ist die Kombination von Mosaik mit *Fresken.* Leider sind diese nicht so gut erhalten wie die herrlichen Mosaiken. Außerdem wurden sie durch sogenannte »Restaurierungen«, die man am Ende des 19. Jh. so gerne vornehmen ließ, beschädigt. Dieser unsachgemäßen Restaurierung begegnet man des öfteren in Rußland, vor allem in den Kirchen der alten Städte wie Wladimir, Susdal oder Jaroslaw und Rostow am Nerosee. Nicht überall konnte der Schaden später behoben werden. Besonders interessant sind die Wandmalereien an den *Emporen* der Sophien-Kathedrale, von denen aus, dem Altar gegenüber, die Fürsten und ihr Gefolge dem Gottesdienst beiwohnten. Auf der *linken* Seite sehen wir

Szenen aus dem alten Testament, auf der *rechten* das Abendmahl. In
den Nebenapsiden sind die Fresken den Darstellungen aus dem Leben
der Heiligen gewidmet: dem hl. Michael, dem hl. Georg und in der
südlichen Apsis ein vollständiger Zyklus dem Leben der hl. Anna.
Anna hieß auch die Mutter des Kirchenstifters, Jaroslaws des Weisen.
Vielleicht wurde deshalb gerade dieser Heiligen ein so großer Platz
eingeräumt.

Einige der interessantesten Fresken sind im *westlichen* Kreuzarm zu
sehen: Jaroslaw der Weise im Kreise seiner Familie. Nach dem russischen Kunsthistoriker Lasarew stehen wir einem Fresko gegenüber,
das wir realtiv genau zu datieren vermögen. Es muß ungefähr um
1045 entstanden sein; die Töchter des Herrschers sind noch ohne
Kronen abgebildet. Jaroslaw hatte alle seine Töchter mit Königen
vermählt: Elisabeth wurde Königin von Norwegen (auch die Gattin
Jaroslaws, Ingegard, stammte aus dem Norden, sie war die Tochter
des schwedischen Königs), Anna Königin von Frankreich und Anasta-
sia heiratete Andreas I. von Ungarn. Wir dürfen in diesem Zusammenhang noch darauf hinweisen, daß auch die Enkelin Jaroslaws außer
Landes heiratete: sie wurde die Gemahlin des deutschen Kaisers
Heinrich IV. Das »goldene Kiew« gehörte in den Jahrhunderten vor
dem Mongoleneinfall noch zu Europa.

Man sollte nicht versäumen, die *Treppen* zu den Emporen hinaufzu-
gehen. Im *südlichen* wie im *nördlichen* Turm sind die Wände, wie in der
Kathedrale selbst, mit Fresken bedeckt. Es handelt sich dabei um
sehr realistische Jagdszenen, die zum Teil gut erhalten sind.

Die Baulichkeiten, die die Kathedrale einst umgaben und den eigentlichen Klosterbezirk ausmachten, wurden bei einem Großbrand 1697
vernichtet. Sie umfaßten auch die im 14. Jh. gegründete erste Schule
und erste Bibliothek im Kiewer Rus. Peter der Große bestimmte, daß
die Neubauten aus Stein sein sollten. Leider paßten sie keineswegs
zu der alten Kirche, denn sie wurden in jenem Stil erbaut, den man
den »russischen Barock« nennt und den wir vor allem aus Leningrad
kennen. Besonders deplaciert wirkt der 76 m hohe Glockenturm,
dessen viertes Stockwerk übrigens erst 1852 fertiggestellt wurde.

Vor der Kathedrale erhebt sich das berühmte Standbild des ukrainischen Freiheitshelden Chmelnitzki **(4)** (11). Das Zepter in seiner
Hand weist nach Moskau. Er war es, der auf der historischen Volks-

versammlung – der Rada von Perejaslawl – den Anschluß an das Zarenreich gefordert hatte. In der Sophienkathedrale wurde dann der Treueeid geleistet.

Die Kirche (Museum) ist von 10 bis 17 Uhr zu besichtigen, donnerstags geschlossen.

Die **Andreas-Kirche (Andrejewskaja Zérkow) (21)** (15) – auf dem höchsten Punkt Alt-Kiews – finden wir, wenn wir uns von der Sophien-Kathedrale entfernen, das Denkmal des Kosakenführers rechts liegen lassen und die Wladimirskaja Uliza bis zu Ende gehen. Sie wurde 1747 und 1748 während der Regierung der Kaiserin Elisabeth nach einem Entwurf des Italieners Rastrelli von Mitschurin gebaut. Wer schon Leningrad besucht hat, wird – vor allem wegen der Farben – lebhaft an die dortige Smolny-Kirche erinnert werden, auch wenn die Kiewer Kirche etwas kleiner ist. Sie ist außen wunderbar restauriert, innen aber noch nicht zu besichtigen. Man ist jedoch dabei, sie auch im Innern wieder zu restaurieren, zumal vor einigen Jahren in der Wiener »Albertina« die Original-Baupläne gefunden wurden. In den Jahren zwischen 1945 und 1961 war hier noch ein geistliches Seminar untergebracht, das aber dann aufgelöst wurde. In der Sowjetunion bestehen heute nur noch drei.
Rechts von der Kirche befindet sich die Station der *Zahnradbahn*, die Altkiew mit Podol verbindet.

Klöster

Um die Jahrhundertwende gab es in Kiew 10 Klöster. Vollständig erhalten ist nur noch das berühmte Höhlenkloster **(24)** (s. Plan S. 43). Reste des
Wydubetskij-Klosters (22) findet man auf dem Gelände des Botanischen Gartens **(39)**. Das Kloster wurde 1070–1077 von Prinz Wsewolod errichtet und später des öfteren umgebaut. Übriggeblieben sind allein die beiden Kirchen St. Georg und St. Michael. Das **Michailow-Kloster,** 1100 erbaut, wurde 1834 abgerissen. Fresken aus diesem Kloster sind in der Leningrader Eremitage und in der Tretjakowgalerie in Moskau zu sehen. Von dem

Kyrill-Kloster (23), um 1140 errichtet, ist nur noch die *Kyrill*-Kirche übriggeblieben (Ul. Frunse 103). Die Klöster umgaben einst, wie auch in Moskau, kranzförmig die Stadt. Es waren Wehrklöster und im Mittelalter Zentren der Kultur, der Wissenschaften und der Schönen Künste. Das Kyrill-Kloster war von den Fürsten Tschernigow gegründet worden, und hier wurde 1194 der berühmte Held des »Igorliedes«, Fürst Swjatoslaw Wsewolodowitsch, beigesetzt. Obwohl die Kirche in den Jahrhunderten mehrmals umgebaut wurde, hat sie dennoch viel von ihrem ursprünglichen Charakter und dank sorgfältiger Restaurierungsarbeiten auch einige ihrer alten Fresken bewahrt. Außerdem ist es dort möglich, Tonbandaufnahmen russischer Orgelmusik aus dem 17. bis 19. Jh. anzuhören.

Die Kirche (Museum) ist von 10 bis 17 Uhr geöffnet, mittwochs von 10 bis 7.30 Uhr, donnerstags geschlossen.

Das **Kiewer Höhlenkloster (Kiewo Petschérskaja Lawra) (24)** (Plan S. 43) ist nicht nur das berühmteste, sondern auch das erste Kloster Rußlands, das sich »Lawra« nennen durfte. Es gab in Rußland nur *vier* Klöster, die dieses Attribut besaßen: *Sagorsk* bei Moskau, *Alexander Newski* in Leningrad und das Kloster *Potschajewsk* in Galizien. Das Kloster liegt im südlichen Teil von Petschersk und wurde um 1050 von einem Warägerrussen aus Ljubetsch gegründet. Er hatte längere Zeit auf dem Berge Athos geweilt, war dort zum Mönch geworden und hatte den Namen Antonij Feodósij angenommen. Die Verbindung zwischen den beiden Klöstern blieb auch nach seinem Tode eng. So errichteten z. B. Mönche aus der Rus 1143 ein eigenes Kloster auf dem heiligen Berg. Über die Entwicklung, Organisation und die religiösen Ideale dieser Mönchsgemeinschaft – die weitgehend von dem auf dem Athos herrschenden asketischen Mönchswesen bestimmt wurde – besitzen wir eine ausführliche *Chronik* eines anderen berühmten Waräger Mönches, der dieser Gemeinschaft angehörte: *Nestor*. Allgemein wird seine »Geschichte vergangener Jahre« als das Meisterwerk altrussischer Geschichtsschreibung angesehen, auch wenn sie heute (siehe geschichtliche Einführung) teilweise angezweifelt wird.

Es ist interessant, daß diese ganz auf Fasten und Beten ausgerichtete Religiosität auf Widerstand traf. Es wird erzählt, daß sogar die Mutter

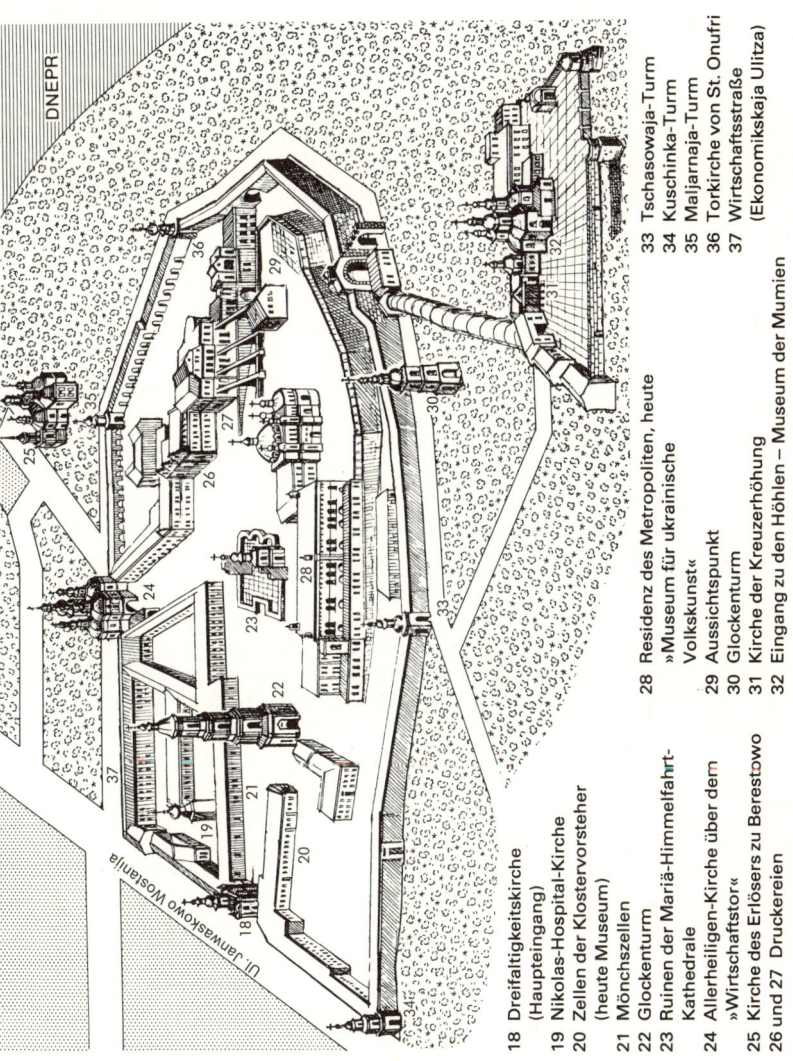

18 Dreifaltigkeitskirche
   (Haupteingang)
19 Nikolas-Hospital-Kirche
20 Zellen der Klostervorsteher
   (heute Museum)
21 Mönchszellen
22 Glockenturm
23 Ruinen der Mariä-Himmelfahrt-
   Kathedrale
24 Allerheiligen-Kirche über dem
   »Wirtschaftstor«
25 Kirche des Erlösers zu Berestowo
26 und 27 Druckereien

28 Residenz des Metropoliten, heute
   »Museum für ukrainische
   Volkskunst«
29 Aussichtspunkt
30 Glockenturm
31 Kirche der Kreuzerhöhung
32 Eingang zu den Höhlen – Museum der Mumien

33 Tschasowaja-Turm
34 Kuschinka-Turm
35 Maljarnaja-Turm
36 Torkirche von St. Onufri
37 Wirtschaftsstraße
   (Ekonomikskaja Ulitza)

des Gründers mit List und Gewalt versuchte, ihren Sohn von diesem eingeschlagenen Weg abzubringen und daß einer der Söhne Jaroslaws des Weisen sogar einmal angedroht habe, die Klosterhöhlen zu zerstören. Aber das Kloster blieb durch die Jahrhunderte ein Zentrum der Kultur, und seine religiösen Ideale übten einen großen Einfluß auf die kirchliche Entwicklung ganz Rußlands aus. Stets standen seine Mönche im Rufe besonderer Heiligkeit, doch sie beschäftigten sich nicht nur allein mit Religion. Schon früh war das Kunstgewerbe unter ihnen hoch entwickelt. So stellten sie z. B. die farbigen Mosaiksteinchen her, unentbehrlich für Innendekoration byzantinischer Kirchen, und 1941 wurde bei Ausgrabungen eine Werkstatt für Email entdeckt. 1615 entstand im Kloster eine der ältesten Druckereien der Ukraine.

Das Terrain des Klosters, auf dem westlichen Steilabhang zum Dnepr gelegen, umfaßt 22 Hektar. Die Zellen der Mönche waren in den Berg gegraben. Einige davon, die sogenannten »Neuen Höhlen« (32), können besichtigt werden; sie hinterlassen ein Gefühl der Beklemmung.

Die Führung durch das Kloster beginnt bei der Torkirche an der Janwąskowo Wostanija. Sie war das Haupteingangstor des Klosters mit der *Dreifaltigkeitskirche (Troizkaja Zérkow)* darüber, 1106–1108 erbaut. Sie wurde kürzlich restauriert, und die goldenen Heiligenscheine um die Köpfe in den bunten Medaillons über dem Tor leuchten schon freundlich aus der Ferne. Hier wurden früher die Messen für die alten und kranken Mönche abgehalten, die im Spital bei der Nicholas-Kirche (19) wohnten und nicht mehr bis zur Hauptkirche gehen konnten.

Eine für Kiew so charakteristische Kastanienallee führt zum Zentrum des Klosters, rechts und links von den Zellen der Klostervorsteher und Mönche eingefaßt (20, 21).

Die auf der rechten Seite liegenden Zellen werden heute als *Ausstellungs- und Museumsräume benutzt* (20). Wir finden dort das

Museum für die Geschichte der Religion, gehalten im Stil des Leningrader Museums für die Geschichte der Religionen und des Atheismus in der Kathedrale von Kasán;

Museum »Gold der Skythen«. Für diese Säle braucht der Besucher eine Sondererlaubnis; hier sind die wunderbaren Goldschmiedearbeiten jener Reitervölker zu sehen, die nördlich des Kaukasus und am Schwarzen Meer lebten.

Museum alter Handschriften und Bücher;
Museum mit Dokumenten über die zerstörte Himmelfahrts-Kathedrale;
Museum mit wertvollen Priestergewändern.

Geöffnet: Von 10–17 Uhr, montags von 10–16 Uhr, dienstags geschlossen.

In den für Ausstellungen reservierten Sälen wechseln die Themen. Eintrittszeiten wie oben.

Am Ende der Kastanienallee treffen wir auf den höchsten *Glockenturm* (22) der Stadt. Er erreicht 96,5 m und trägt auf achteckigem Grundriß vier sich verjüngende Stockwerke. Er wurde 1731–1745 von Johannes Schädel erbaut, der mit dem großen Architekten und Bildhauer Andreas Schlüter (gest. in Petersburg 1714) nach Rußland gekommen war.

Von der ältesten und, wie man sagt, schönsten Kirche des alten Klosters, der *Mariä-Himmelfahrt-Kathedrale (Uspénskij Sobor)* (23) – um 1078 erbaut – ist nichts mehr erhalten. Sie wurde 1941 von den deutschen Besatzungstruppen gesprengt. Nur noch eine Wand der ausgebrannten Ruine ist zu sehen. Die Kirche soll mit wunderbaren Mosaiken und Fresken ausgeschmückt gewesen sein, an denen auch Meister aus Zargard (Konstantinopel) gearbeitet haben.

Wenn wir jetzt den Weg nach links einschlagen, kommen wir zu der gut restaurierten *Allerheiligen-Kirche (Wsjech Swiatých Zérkow)* (24), die sich über dem »Wirtschaftstor« erhebt. Sie wurde zu einer Zeit gebaut, als das Kloster seine Renaissance erlebte, nachdem es – wie ganz Kiew – ein paar Jahrhunderte nach dem Mongoleneinfall 1240 dahinvegetiert hatte. Der Bau stammt aus dem Jahre 1698 und besteht aus vier Kapellen, die sich äußerst reizvoll kreuzförmig um das Tor gruppieren. Sie ist ein typisches Beispiel des *ukrainischen* Barock, und ein Vergleich mit dem *russischen*, der Andreas-Kirche **(21)** (15) z.B., ist interessant.

Auch die *Nikolas-Hospital-Kirche (Nikoly Zérkow)* (19) ist im ukrainischen Barock gehalten. Diese kleine Kirche, deren goldbesternte blauen Kuppeln hinter den Zellen der Klostervorsteher (20) hervorleuchten, wurde ebenfalls Ende des 17. Jh. gebaut.

Wir kehren nun von der Allerheiligen-Torkirche über dem Wirtschaftstor wieder zurück und finden rechts das Refektorium und links
die Gebäude der *Druckereien*, deren erste schon 1615 im Kloster entstand; die anderen wurden im 18. und 19. Jh. hinzugebaut (26, 27).
Rechts von den Ruinen der Mariä-Himmelfahrt-Kathedrale zieht sich
der lange Bau der *Residenz des Metropoliten* (28) hin. Dieser weiße
Bau aus dem frühen 18. Jh. beherbergt heute das *Museum für ukrainische Volkskunst* des 16. bis 20. Jh.
Für die meisten Touristen, die nur zwei bis drei Tage in Kiew weilen,
wird es das einzige Museum bleiben, das besichtigt wird. Es ist aus
zwei Gründen interessant; erstens, weil es mit dem Inneren eines
Palastes bekannt macht (vor allem der Thronsaal mit den Galerien
ist sehenswert) und zweitens, weil es eine große Sammlung hoch-
wertiger Werke ukrainischer Volkskunst besitzt.
Im *1. Saal* sind Teppiche aus der Süd- und der Nordukraine ausgestellt mit Motiven, die den Fresken und Mosaiken der Sohpienkathe-
drale ähneln.
Im *2. Saal* befinden sich gleich rechts die Holzschnitzereien und die
verschiedenen Musikinstrumente.
Im *3. Saal* Trachten, die – wie schon im Saal 1 – in solche aus der
Nord- und jene aus der Südukraine stammende getrennt sind; außerdem geschmackvolle Glasbläserarbeiten des 15. und 16. Jh.
In der *Galerie* längs des Thronsaales werden die Tierbilder erklärt:
der Löwe steht für Stärke, der Bär bedeutet Glück und der Hammel
Reichtum.
Ein wenig enttäuschend sind die beiden *letzten Säle* mit dem modernen
ukrainischen Kunsthandwerk, das sich mit den Arbeiten der ersten
Säle nicht vergleichen läßt.

Geöffnet: Von 10–17 Uhr, montags von 10–16 Uhr, dienstags geschlossen.

Wer diese Museen auf eigene Faust besuchen will, kann den Trolley
Nr. 20, den Bus Nr. 62, die Tram Nr. 3, 27, 30 nehmen oder an der
Metrostation »Arsenalnaja« aussteigen, von wo es jedoch noch eine
gute Strecke zu Fuß ist.
Mit dem Besuch des Museums endet für den Durchschnittstouristen
die Besichtigung des Klosters. Wenn man Glück hat, wird einem der

Führer noch die *Kirche des Erlösers zu Berestowo (Zérkow Spassa na Berestówe)* (25) zeigen.

Das Dorf Berestowo, von dem heute nichts mehr existiert, war einst eine Privatdomäne der Kiewer Fürsten. Wladimir der Heilige starb 1015 dort in seinem hölzerenen Palast, und sein Sohn Jaroslaw der Weise trat hier seine Erbschaft an. Die Kirche wurde von seinem Sohn, Wladimir Monomach (1113–1125) um 1100 als Grabkirche gebaut. Noch heute befindet sich dort das *Grab* seines vierten Sohnes, des berühmten *Juri Dolgoruki*, der als der Begründer Moskaus gilt. 1240, beim Mongolensturm, wurden das Dorf und das Schloß ganz, die Kirche teilweise zerstört. In der Mitte des 17. Jh. ließ sie der Metropolit Peter Mogila wieder aufbauen. Sie wurde zu einer Fünf-kuppelkirche umgestaltet. Charakteristisch sind die Heiligenbilder auf Goldgrund am Kuppeltambour.

Nur ganz selten wird der untere Teil des Klosters mit den »Höhlen« besichtigt. Meistens begnügt sich der Führer damit, die Touristen auf den *Aussichtspunkt* (29) zu geleiten und in dem Grün des Abhangs die einzelnen Baulichkeiten zu erklären. Man sieht die Türme der *Kirche der Kreuzerhöhung* (31). Sie wurde um 1700 errichtet, und an ihr muß man vorbeigehen, um in die unteriridischen Höhlen hinabzu-steigen, wo sich auch die Gräber und die Mumien der Mönche be-finden *(Museum der Mumien)* (32). Diese Höhlen stellen im Grunde das ursprüngliche alte Kloster dar.

Rechts vom Durchgang zu den alten Höhlen erhebt sich ein anderer *Glockenturm* (30), niedriger als der große, doch ebenfalls aus dem-selben Jahrhundert stammend.

Links vom Aussichtspunkt, der übrigens einen wunderbaren Blick auf den Dnepr und das gegenüberliegende Ufer mit den neuen, nach dem zweiten Weltkrieg entstandenen Stadtteilen erlaubt, liegt die schöne alte

Torkirche von St. Onufri (Onufrieskaja Waschnja) (36). In den Jahren zwischen 1698 und 1701 entstanden, ist sie jedoch bedeutend schlichter als die Kirche über dem Wirtschaftstor. Auf dem Sattel-dach sieht man einen luftigen Glockenstuhl mit Wetterfahne. Die weiteren drei erhaltenen Wachttürme – im ganzen waren es ursprüng-lich *acht* – können wir von dem Aussichtsplatz schlecht sehen, weil sie durch die Gebäude verdeckt sind. Es sind dies der breite *Maljar-*

naja-Turm (35), im 18. Jh. errichtet, der *Kuschinka-Turm* (34), 1698
erbaut und der ebenfalls um dieselbe Zeit entstandene *Tschasowaja-
Turm* (33) auf der Rückseite des Metropolit-Palastes.

Kontraktgebäude

Dieses Gebäude (Tscherwona Plostschadj) steht in enger Verbindung
mit dem sogenannten Kontrakten-Jahrmarkt, der vor dem Ersten
Weltkrieg jedes Jahr vom 5. bis 26. Februar stattfand, und auf dem
Millionenabschlüsse – für die damalige Zeit enorme Beträge – getätigt wurden, vor allem für Zucker und Korn. Kiew war das Zentrum
der russischen Zuckerindustrie und besaß um die Jahrhundertwende
schon eine Börse, zwei Kommerz- und eine Agrarbank. Der Entwurf
des zwischen 1815 und 1817 erbauten Gebäudes stammt von W.I.
Geste, doch wurde es von dem schon mehrmals erwähnten Baumeister
A.I. Melenskij ausgeführt. Es hat zwei Stockwerke mit einem dorischen Portikus.

Kreschtschatik

Der Kreschtschatik war schon um die Jahrhundertwende *die* bedeutendste und eleganteste Straße Kiews. Nachdem sie beim Rückzug
der deutschen Truppen fast ganz ausgebrannt und zu einem Trüm-
merhaufen geworden war – nur der gedeckte Markt und die Post
waren stehengeblieben – wurde sie nach dem Krieg in doppelter
Breite neu aufgebaut. Noch stehende Gebäude wurden – wie man
dies auch auf der Gorkistraße in Moskau gemacht hatte – verschoben.
Auf der Bergseite sind Wohnungen, auf der Talseite zum größten
Teil öffentliche Gebäude und Hotels. Die neuerrichteten Bauten
haben keinen einheitlichen Stil, die ersten wurden noch in dem aus
Moskau wohlbekannten »Zuckerbäckerstil« errichtet, der, wie man
sagt, besonders Stalins Beifall fand. Die späteren Bauten sind über-
wiegend der »neuen Sachlichkeit« angepaßt. Der Kreschtschatik hat
drei Bürgersteige und eine breite Grünanlage in der Mitte. Er reicht
von dem ehemaligen Zarenplatz – heute Platz der Leninschen Jugend-

Kiew. Sophien-Kathedrale und Blick auf den Pl. Chmelnizkowo ▷

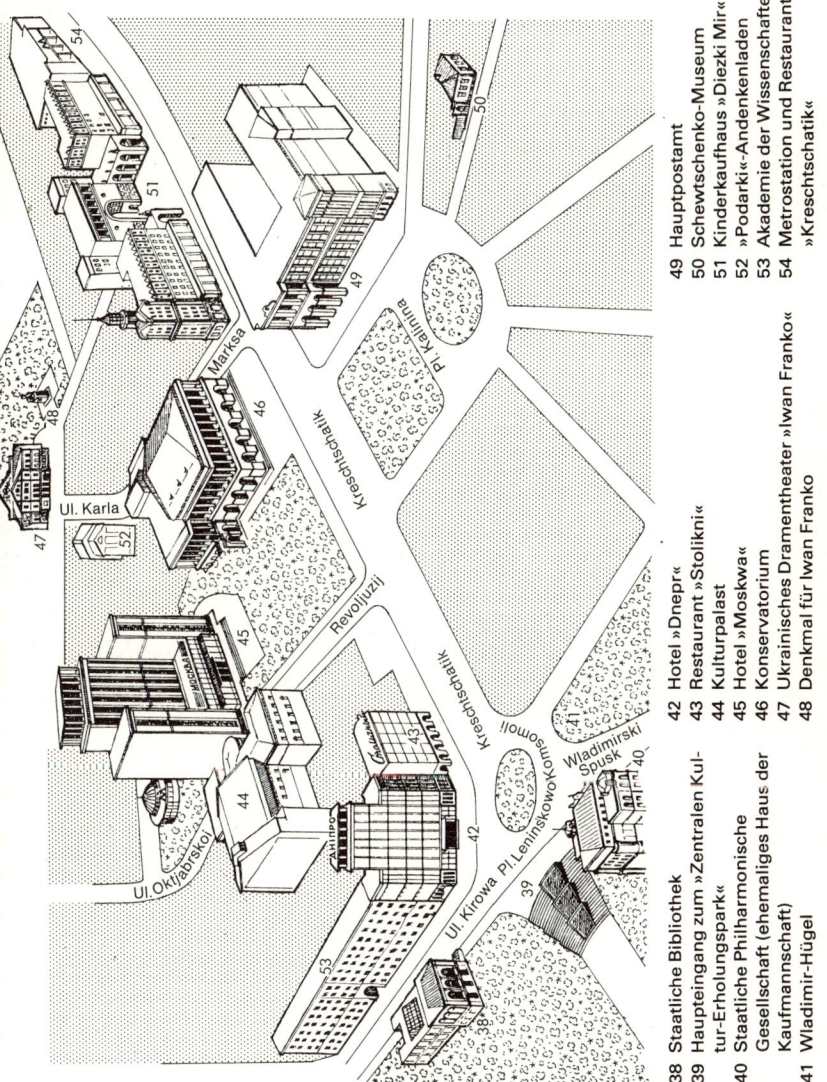

◁ Kiew. Sophien-Kathedrale. Links das Denkmal Bogdan Chmelnizkis

38 Staatliche Bibliothek
39 Haupteingang zum »Zentralen Kultur-Erholungspark«
40 Staatliche Philharmonische Gesellschaft (ehemaliges Haus der Kaufmannschaft)
41 Wladimir-Hügel
42 Hotel »Dnepr«
43 Restaurant »Stolikni«
44 Kulturpalast
45 Hotel »Moskwa«
46 Konservatorium
47 Ukrainisches Dramentheater »Iwan Franko«
48 Denkmal für Iwan Franko
49 Hauptpostamt
50 Schewtschenko-Museum
51 Kinderkaufhaus »Diezki Mir«
52 »Podarki«-Andenkenladen
53 Akademie der Wissenschaften
54 Metrostation und Restaurant »Kreschtschatik«

verbände (Pl. Leninskowo Komsomoli) – bis zum Bessarabischen
Platz (Pl. Bessarábskaja) und ist anderthalb Kilometer lang.

Auf halbem Wege liegt der Kalinin-Platz (Pl. Kalinina) mit einer
Grünanlage und einem Springbrunnen. Auf dem Weg zum Bessara-
bischen Platz schneidet der Kreschtschatik die Uliza Lenina, die zur
Oper **(32)** (66), dem Bulwar Taras Schewtschenko und zur *Wladimir-
Kathedrale* **(19)** (65) hinaufführt.

Am Kreschtschatik findet man zwei der besten Ausländerhotels:
»Dnepr« **(16)** (42) und, über dem Kalininplatz ein wenig auf der Höhe
aber mit dem Haupteingang von der Uliza Oktjabrskoi Revoljuzij
her, »Moskwa« **(18)** (45).

Dem Hotel »Dnepr« gegenüber liegt die große *Staatliche Bibliothek*
(38) mit 7 Millionen Bänden in 60 Sprachen, darunter Kostbarkeiten
wie die erste gedruckte slawische Bibel »Biblia Ruska« aus dem Jahre
1517 sowie 200000 Manuskripte und 140000 Partituren. Das Hotel
wird flankiert vom Restaurant *»Stolikni«* (43) und einem *Café* mit
Terrasse links, und der *Ukrainischen Akademie der Wissenschaften* (53)
rechts.

An der Ecke mit der Karl-Marx-Straße (Ul. Karla Marksa) kommt
man an dem großen Bau des *Tschaikowski-Konservatoriums* **(36)** (46)
vorbei. Es wurde schon 1913 gegründet, der heutige Bau aber wurde
1958 auf den Trümmern des Hotel »Continental« errichtet. Das
Konservatorium besitzt ein Opernstudio und einen Konzertsaal mit
750 Plätzen.

Anschließend folgen eine Reihe von Kaufhäusern: für *Kinder* (51) –
wer Moskau besucht hat, wird sich an den dortigen »Diezki Mir«
(Welt des Kindes) erinnern. Der größte *Andenkenladen »Podarki«* (52)
befindet sich in der Karl-Marx-Straße.

Am Ende derselben Straße liegt das *Ukrainische Dramentheater* **(33)**
(47). An den »Diezki Mir« schließt sich die *Metrostation* **(46)** (54) mit
dem *Metrorestaurant* an, die beide den Namen des Boulevards tragen.
Auf dem Pl. Besserabskaja, am Ende der Straße angelangt, findet man
die große gedeckte *Markthalle*, 1910 gebaut.

Wenn man nun umdreht und die Straße auf der anderen Seite zurück-
wandert, geht man zuerst an der großen *Abgeordnetenkammer*, ungefähr
gegenüber der Metrostation bei dem riesigen Gebäude der *Hauptpost*
(49), vorbei.

Schräg dahinter, aber schon auf dem Schewtschenko-Boulevard, liegen das *Schewtschenko-Museum* **(30)** (50), und, an der Ecke, Kiews elegantestes Juweliergeschäft »Kaschtan« (62).

Wieder auf der Höhe des Hotels »Dnepr« angelangt, sieht man an der gegenüberliegenden Ecke das Gebäude der *Staatlichen Philharmonischen Gesellschaft* (40). Sie hat ihren Sitz in dem 1882 von dem Architekten Nikolajew erbauten Haus der Kiewer Kaufmannschaft. Die Philharmonische Gesellschaft existiert sei 1929 und gibt regelmäßig Symphoniekonzerte, oft auch mit ausländischen Musikern.

Links von diesem Bau ist der Haupteingang zu dem *»Zentralen Kulturpark«* **(25)** (39), und rechts beginnt der steile Weg zu dem grünen *Wladimir-Hügel* (41). Hier endet auch der Weg durch das eigentliche »Herz« der Stadt, den Kreschtschatik!

Am Platz der Leninschen Jugendverbände (Pl. Leninskowo Komsomoli) nimmt die breite Kirow-Straße (Uliza Kirowa) ihren Anfang, die am Zentralen Kulturpark entlang- und am riesigen *Dynamo-Stadion* **(26)** vorbeiführt. Hier beginnt dann der Perwomaiskowo-Park mit breiten Alleen und Springbrunnen und einem wunderschönen Blick auf den Dnepr und zum Wladimirhügel hin. Dort treffen wir auf den weiß-blauen Bau des *Palais-Mariinski*, das ehemalige Königsschloß.

Es wurde 1750–1755 nach Zeichnungen von Rastrelli errichtet und war eigentlich ein Zwillingsbruder des von demselben Architekten entworfenen Palais Razumowski in der Kasákow-Straße im Moskauer Nordosten. Jenes war eines der wenigen vom Brand des Jahres 1813 verschonten Palais. Auch das alte Mariinski war zweistöckig und aus Holz mit einem äußeren Verputz, der es als ein Haus aus Stein erscheinen ließ, nur hatte es nicht so viel Glück wie jenes in Moskau: 1819 wurde es bei einer Feuersbrunst zerstört. In den Jahren zwischen 1868 und 1870 wurde es – leicht verändert – von dem Architekten K. Majewski wieder aufgebaut. Im Zweiten Weltkrieg wiederum zerstört, wurde es zum dritten Mal, 1949, errichtet, aber im Stile der »zweiten Fassung« von 1870. Architekt P. Aleschin.

Metro

Als Millionenstadt besitzt Kiew natürlich auch eine U-Bahn. Mit dem
Bau wurde 1960 begonnen, sie hat zwei Linien und 17 Stationen,
doch werden die Linien weiter ausgebaut.

Museen

Kiew hat eine große Anzahl von interessanten Museen, die denen
Moskaus oder Leningrads nicht nachstehen. Leider wird der Tourist
auf seinem Kurzbesuch bestenfalls dasjenige in der *Petschérskaja Lawra
für Ukrainische Volkskunst* (28) zu sehen bekommen oder eines der
kleineren, ebenfalls im Kloster befindlichen. Wir geben dennoch
einen ausführlichen Überblick über die Möglichkeit, sich etwas
näher über die ukrainische Kunst und Geschichte zu informieren.
Einige der Museen liegen zudem in der Nähe der großen Ausländerhotels (»Dnepr«, »Moskwa«, »Intourist«) und mit etwas guten Willen
– vielleicht auf die soundsovielte »shopping-tour« verzichtend – kann
man, auch bei einem kurzen Aufenthalt, das eine oder andere besichtigen.

Das **Staatsmuseum für Geschichte der ukrainischen SSR (27)** (13)
findet man in der Wladimirskaja Uliza 2, derselben Straße, an der
auch die Sophienkathedrale liegt.

Das Museum wurde 1899 gegründet und 1904 dem Publikum geöffnet; damals befand es sich in Nr. 29 der Alexander-Straße (der heutigen Kirow-Straße). Es besaß zwei getrennte Abteilungen: eine archäologische und eine ethnographische. Ab 1935 hatte es seinen Sitz
in der Petschérskaja Lawra, und erst nach dem Zweiten Weltkrieg
siedelte es definitiv in den 1936 errichteten neuklassischen Bau über.
Das Museum hat 29 Säle und ist – wie alle russischen Museen –
didaktisch aufgebaut: von den Anfängen menschlicher Siedlungen
auf dem Territorium der Ukraine bis zur Gegenwart ist alles anschaulich angeordnet. Besonders interessant sind Funde der *Tripolje-
Kultur* (3000 v. Chr.) und aus dem *Skythischen Grabhügel* von Melito-
pol. Bei diesen letzteren handelt es sich um Grabungen, die erst 1954
gemacht wurden, aus dem Schwarzmeergebiet um *Olbia* und aus
Martynowka (6. Jh. n. Chr.), Funde also, die noch mit der Kiewer Rus

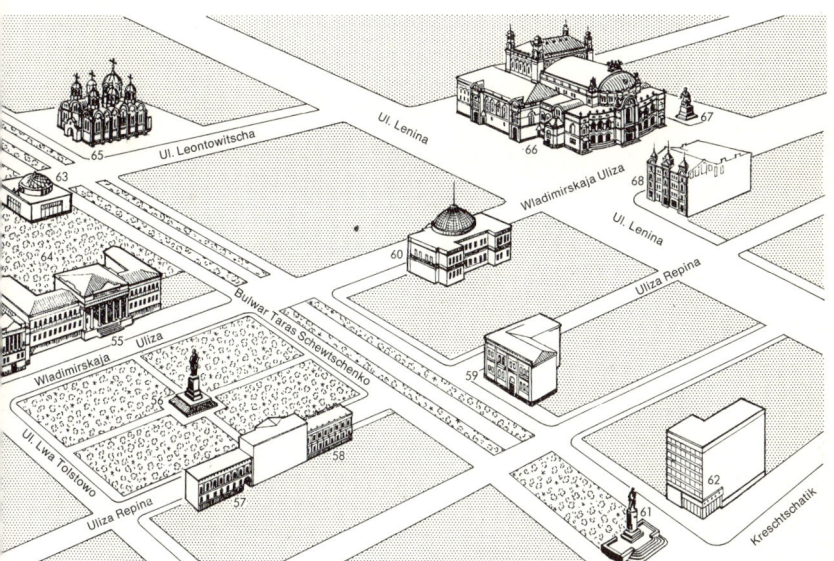

55 Universität
56 Schewtschenko-Denkmal
57 Museum für westliche und
   orientalische Kunst
58 Museum für russische Kunst
59 Schewtschenko-Museum
60 Lenin-Museum
61 Lenin-Denkmal

62 Juweliergeschäft »Kaschtan«
63 Metro-Station »Universität«
64 Botanischer Garten »Fomin«
65 Wladimir-Kathedrale
66 Oper
67 Denkmal des Komponisten
   Lyssenko
68 Hotel »Intourist«

in Verbindung stehen. Damit hat man einen guten Überblick über die politisch-wirtschaftliche und kulturelle Entwicklung der Ukraine seit dem 14. Jahrhundert bis in unsere Tage. Das Museum wurde auf dem Gelände der von den Mongolen zerstörten »Zehnten-Kirche« erbaut. Im Hof sind noch die Fundamente dieses ältesten Steinbaues auf dem Gebiet der Rus zu sehen.

Geöffnet: Von 9.30 bis 18 Uhr, mittwochs geschlossen.
Trolley: 2, 4, 12, 16, 18; Bus: 20, 38, 68, 71.

Das **Museum für russische bildende Kunst (28)** (58) liegt in der
Uliza Repina 11. Man nimmt vom Kreschtschatik aus die zweite
Seitenstraße links vom Bulwar Schewtschenko.
Wer Gelegenheit hatte, in Moskau die Tretjakow-Galerie und in
Leningrad das russische Museum zu sehen, wird hier auf eine Reihe
ihm schon bekannter Namen treffen.
Die Kunstgalerie wurde 1922 gegründet und zeigt in 30 Sälen russi-
sche Meister vom 13. Jh. bis zur Gegenwart. Wir können hier nur auf
die bedeutendsten Werke aufmerksam machen:
Die *Ikone von Boris und Gleb* der Nowgoroder Schule gehört neben
St. George und der Drache, *Letztes Abendmahl*, *Jüngstes Gericht* (Rostow-
Susdal-Schule) zu den ältesten und wertvollsten Stücken der Samm-
lung.
Zu erwähnen ist *Johannes der Täufer* von Uschakow, dem bedeutend-
sten Moskowitischen Maler aus der zweiten Hälfte des 17. Jh.
Besonders zahlreich vertreten sind die russischen Maler der ersten
Hälfte des 19. Jh. *Karl Brüllow*, *Alexander Iwanow*, *W. Tropinin*, *P.
Feodotow*, *O. Kiprensky*, *W. Perow* (u. a. Studien für sein berühmtestes
Werk »Die Osterprozession«). Auch Studien von *Ilja Repin*, den viele
zu den bedeutendsten Malern Rußlands zählen, sind in einem Sonder-
saal zu sehen. Daß die Entwürfe von *Wrubel* zu den nie ausgeführten
Fresken der Wladimir-Kathedrale hier ausgestellt sind, haben wir
schon erwähnt. Außerdem findet man *Isaac Levitan* und Werke des
in Rußland sehr beliebten *Nikolai Gué*.
In der Abteilung *Skulpturen* werden die bekannte Büste Maxim Gor-
kis von Schadt (1938) und Werke von *Karl Klodt* und *W. Demut-
Malinowsky*, den Schöpfern der Statue Wladimir des Heiligen gezeigt.
Interessant sind auch die Säle, die dem Kunstgewerbe, russischem
Porzellan, Glas und Kristall des 18. Jh. gewidmet sind.

Geöffnet: Von 10 bis 18 Uhr, montags und dienstags von 12 bis 19 Uhr, donnerstags geschlossen.
Trolley: 9, 10, 12, 17; Bus: 2, 9, 20, 38.

Der Bau des **Museums für ukrainische Kunst (29),** Uliza Kirowa 6,
der sich gleich am Anfang der Kirowstraße gegenüber dem Dynamo-
Stadion befindet, wurde 1899 von den Architekten Boitsow und

Gorodetsky errichtet. Er besitzt einen Portikus mit sechs dorischen Säulen und beherbergte ursprünglich ein anderes Museum. Das Kiewer Staatsmuseum für ukrainische Kunst wurde 1936 eröffnet. Hier sind vor allem die Werke ukrainischer Maler wie *Tropinin*, *A. Muraschko*, die man zu der vorhergehenden Generation rechnen kann und die Werke der neuen nachrevolutionären Künstler untergebracht.

Geöffnet: Von 11 bis 18 Uhr, montags und mittwochs von 12 bis 20 Uhr, freitags geschlossen.
Trolley: 1, 7, 8, 11, 13, 20; Bus: 16 bis zum Leninskowo Komsomola.

Das **Museum Taras Schewtschenko (30)** (50) (Schewtschenko Bulwar 12) mit seinen 24 Sälen ist dem Gedächtnis des ukrainischen Nationaldichters und Malers Taras Schewtschenko gewidmet. Er wurde am 9. März 1814 als Leibeigener geboren, verlor früh seine Eltern und kam im Dienste des Großgrundbesitzers Engelhardt nach Petersburg. Hier fiel er mit seiner großen Begabung zum Zeichnen und Malen auf, so daß der Maler Karl Brüllow das Porträt des Dichters Schukowski zugunsten Schewtschenkos versteigerte und diesen 1838 für 2500 Rubel freikaufte. Schon bald war er der beste Schüler des Professors an der Akademie und beendete dort mit großem Erfolg seine Studien. 1845 kehrte er als Mitglied einer archäologischen Kommission in seine geliebte Ukraine zurück. Er wurde jedoch wegen seiner Mitwirkung in einem gegen die Zarenherrschaft konspirierenden Geheimbund verhaftet und verbannt. Erst 1857 konnten seine Freunde und Bewunderer ihn aus dem Exil befreien. Er durfte aber nicht mehr in die Ukraine zurückkehren, sondern mußte seinen Wohnsitz – unter strengster Polizeiaufsicht – zunächst in Nischnij-Nowgorod und dann in Petersburg nehmen. Dort starb er einen Tag nach seinem 47. Geburtstag. Seinen Freunden gelang es später, den Leichnam des Künstlers in der Ukraine beizusetzen.
Schewtschenko war nicht nur ein großer Maler, sondern auch ein ebenso bedeutender Poet und Schriftsteller.
Das Museum gibt eine ausführliche Übersicht über sein Leben und Schaffen. Jede Periode wird mit interessanten Dokumenten belegt. Wir können auch jenes Porträt sehen, das ihm die Freiheit von der

Leibeigenschaft schenkte, außerdem Briefe seiner Freunde, die fast alle zu den geistigen Größen Rußlands im frühen 19. Jh. gehörten. Vor allem die Landschaftsbilder Schewtschenkos, seine Aquarelle, Kohle- und Temperazeichnungen – im Exil geschaffen, als ihm jede Tätigkeit untersagt war – sind von ergreifender Schönheit. Interessant ist die Tatsache, daß schon während seiner Verbannung die schriftstellerischen Werke in der Ukraine zirkulierten, seine Theaterstücke in Privatzirkeln aufgeführt und seine Gedichte gelesen wurden. Heute sind alle seine Werke auch in Russisch erschienen.

Die letzten Säle sind dem Thema »Schewtschenko und unsere Zeit« gewidmet. Für die Ukrainer ist und bleibt er einer ihrer Lieblingsdichter.

Geöffnet: Von 10 bis 18 Uhr, freitags von 12 bis 20 Uhr, montags geschlossen. Trolley: 9, 10, 12, 17; Bus: 2, 9, 20, 38.

Das **Museum für westliche und orientalische Kunst (31)** (57) (Uliza Repina 15) ist neben dem Historischen Museum das von westlichen Touristen meistbesuchte – immer vorausgesetzt, daß sie etwas mehr als drei Tage für Kiew zur Verfügung haben. Das Museum befindet sich in dem ehemaligen Palais Chanenko und enthält die 1919 verstaatlichte Privatsammlung gleichen Namens, sowie jene Bilder, die 1912 mit der Hamburger Sammlung Weber hinzukamen.

Das Museum ist in zwei Abteilungen gegliedert: die der *westlichen* und die der *orientalischen* Kunst mit zwei der Antike gewidmeten Sälen, wo wir auf *griechische Vasen* aus den alten Siedlungen am Schwarzen Meer, etruskisches Kunsthandwerk und römische Büsten stoßen.

Die *Orientalische Kunst* beginnt im Altertum: Plastiken aus *Ägypten*, Keramik und Bronzen aus *Mittelasien*, eine interessante medizinische Handschrift aus dem Jahre 1220 aus *Arabien*, besonders schöne Fayencen aus dem alten *Persien;* Malerei aus dem *China* des 16. Jh.; japanische Farbholzschnitte; hinduistische Plastiken aus *Indien*, buddhistische aus *Thailand* und *Nepal*.

In den Sälen, die *Byzanz* und dem *Mittelalter* zugedacht sind, sehen wir *Ikonen* aus dem 6. bis ins 8. Jh. und interessante Elfenbeinarbeiten.

Das *europäische Kunsthandwerk* kommt mit *italienischen* und *französischen Fayencen* zur Geltung, mit *Steinplastiken* aus dem 14. Jh. und *deutscher Holzplastik* aus dem 15. Jh.

Die Säle der *europäischen Malerei* sind nach Schulen geordnet: im *italienischen Saal* sei vor allem auf *Bellinis* wunderschöne »Madonna mit dem Kind« aufmerksam gemacht; auch *Guardi, Magnasco, Palma il Vecchio, Perugino* und *Tiepolo* und eine wertvolle Majolika-Kollektion sind ausgestellt. In der *spanischen Abteilung* findet man Goyas »Porträt einer Dame mit schwarzer Mantilla«, *Velasquez, Zurbarana* und andere. Besonders reichhaltig vertreten ist die *holländische Schule*, wiederum unterteilt in *alt-niederländische* mit *Pieter Bruegel dem Älteren, Frans Hals* und *Ruisdal* und der *Flämischen Schule* mit zwei frühen Kopien von *Rembrand, Peter Paul Rubens* und *Jakob Jordaens*. In der *englischen Abteilung* sind einige gute *Reynolds* zu sehen. Die *französische* zeigt *Boucher, Greuze, Jacques Louis David* und *Vigée-Lebrun*. Im *deutschen Saal* sehen wir *Lehnbach* und *Maulpertsch*, im *skandinavischen Thaulow* und *Zorn*.

Geöffnet: Von 9 bis 18 Uhr, montags von 12 bis 20 Uhr, mittwochs geschlossen.
Trolley: 9, 10, 12, 17; Bus: 2, 9, 20, 24, 38.

Öffentliche Verkehrsmittel

Metro verkehrt ab 6 Uhr morgens bis 1 Uhr;
Trolley-Busse verkehren ab 6 Uhr bis 1 Uhr;
Tram verkehrt ab 6 Uhr bis 1 Uhr;
Omnibusse verkehren ab 6 Uhr bis 1 Uhr.

Parks

Alle russischen Städte sind reich an »Erholungs- und Kulturparks«, Kiew aber schlägt hier einen Rekord: es ist recht eigentlich eine »Parkstadt«. Wir begnügen uns damit, die wichtigsten anzugeben.
Kiew besitzt gleich zwei Botanische Gärten:
Botanischer Garten »Fomin« (38) (64), Metrostation »Universitet«, Schewtschenko Bulwar.
Botanischer Garten der »Akademie der Wissenschaften« (39) auf dem Terrain des ehemaligen Widubetskij-Klosters.
Trolley: 10, 13, 14; Bus: 5, 7, 25, 40, 54, 62, 76.

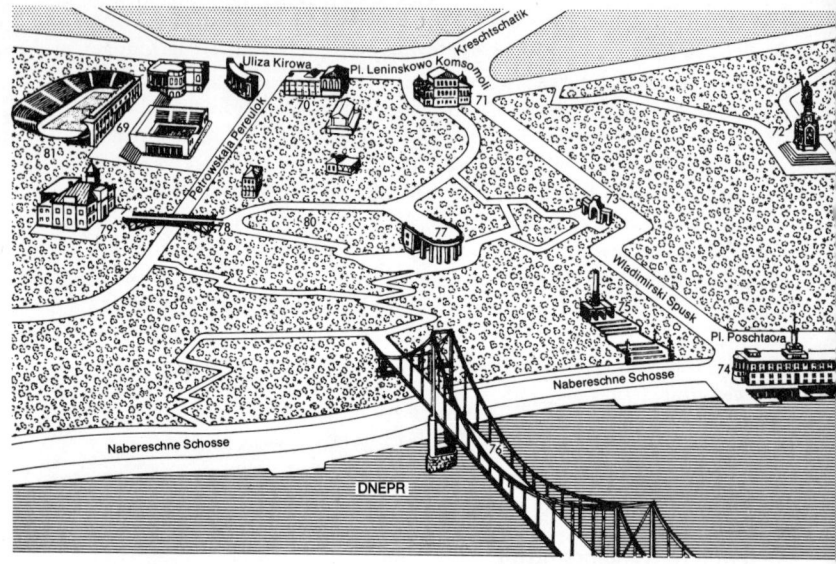

69 Dynamo-Stadion
70 Staatliche Bibliothek (dem Hotel »Dnepr« gegenüber)
71 Philharmonische Gesellschaft
72 Wladimir-Denkmal im Park des Waldimir-Hügels
73 Eingang zum Park
74 Fluß-Anlegestelle

75 Denkmal des Magdeburger Rechtes
76 Fußgängerbrücke
77 Aussichtspunkt
78 Fußgängerbrücke
79 Restaurant »Dynamo«
80 Zentraler Erholungspark
81 Sowjet-Park

Zentraler Erholungspark der Dnepr-Hügel (25) (80). Er umfaßt alle Parks der Dnepr-Hügel und Abhänge wie den Park des Wladimir-Hügels, den Pioniergarten, den Permaiskowo-Park (wo sich das Palais Mariinski und Askolds Grab **(7)** befinden).
Trolley: 1, 4, 7, 8, 11, 13, 16, 18, 20; Bus: 62, 71; Tram: 3, 16, 27, 30.
Hydropark (40) von der Fußgängerbrücke **(12)** (76) aus zu erreichen.
Maxim Rylskowo Golosewskij-Erholungspark (41)
Trolley: 1, 11, 12; Bus: 1, 14, 24, 38; Tram: 9, 10, 24.

Puschkin-Erholungspark (42), Brest-Litowskij-Prospekt 88.
Trolley: 6, 7; Bus: 2, 13, 47, 53, 69, 75.

Restaurants

Es sei hier auf einige charakteristische Restaurants Kiews aufmerksam
gemacht, auch wenn die kurze Dauer des Aufenthaltes nur sehr selten
ein »Extraessen« erlaubt.
Leipzig **(43)** (2) (mit deutscher Küche), Uliza Swerdlowa.
Kawkaz **(44)** (mit kaukasischer Küche), Krasnoarmeiskaja Uliza.
Praga **(45)** (mit tschechischer Küche) in der Nähe der Landwirtschafts-
akademie im Maxim Rylskowo-Erholungspark **(41)**.
Metro-Restaurant **(46)** (54) auf dem Kreschtschatik.
Restaurants mit ukrainischer Küche gibt es eine große Zahl, man läßt
am besten durch den Intourist-Service im Hotel einen Tisch buchen.
Es sei kurz auf einige ukrainische Spezialitäten hingewiesen: den
berühmten *Borstsch*, die Fleischsuppe mit Roten Rüben und saurem
Rahm, die ukarinischen *Knödel* und *Klöße* mit Käse, Leber, Fleisch
und Speck gefüllt, dazu eine besonders starke Sorte ukrainischen
Wodka »Gorilka mit Pfeffer« oder »Sportykatsch« und natürlich die
Krim- und Transkarpatenweine.

Theater

Opern- und Ballett-Theater »Taras Schewtschenko« (32) (66) an
der Ecke Lenin- und Wladimirskaja-Straße. Als 1896 ein hier liegendes
Theater niedergebrannt war, wurde 1897 mit dem Bau des heutigen
Opern-Theaters begonnen, das 1901 eingeweiht wurde. Nach dem
zweiten Weltkrieg wurde das Innere modernisiert, doch das Äußere,
seinerzeit von dem Architekten Schretter entworfen, nicht verändert.
Man wird sich erinnern, daß in dieser Oper 1911 der russische Mini-
sterpräsident Stolypin ermordet wurde.
Ukrainisches Dramen-Theater »Iwan Franko« (33) (47) am Pl.
Iwan Franca. Von Kreschtschatik am Konservatorium links in die
Karl-Marx-Straße einbiegend tirfft man am Ende auf das schon 1898
erbaute Schauspielhaus (Architekt T. Schleifer). Auch dieses Theater
wurde nach dem Krieg renoviert. Vor dem Theater das Denkmal des

ukrainischen Schriftsteller (1856–1916), der dem Theater den Namen gab.

Russisches Dramen Theater »Lesia Ukrainika« (34) in der Uliza Lenina.

Operettentheater (35) zwischen der Puschkinskaja und der Krasnoarmeiskaja Uliza gelegen.

Philharmonie (40), dem Hotel »Dnepr« gegenüber auf dem Kreschtschatik. Es ist das ehemalige Haus der Kiewer Kaufmannsschaft, 1882 vom Architekten Nikolajew erbaut.

Konservatorium (36) (46) an der Ecke Kreschtschatik und Uliza Karla Marxa.

Puppentheater (37) Uliza Rustaweli 13.

Universität »Schewtschenko« (55) am Botanischen Garten »Fomin« mit der Front nach der Wladimirskaja Uliza 60.

Das neuklassische Gebäude der Kiewer Universität wurde 1842 von Beretti gebaut, die Fassade ist 146 m lang und besitzt einen Portikus mit acht ionischen Säulen, die Westfront geht auf den schönen Botanischen Garten; charakteristisch ist der dunkelrote Anstrich des Baues. In Kiew existierte schon seit 1834 eine Universität, jedoch mit nur zwei Fakultäten. Seit ihrer Gründung rechnete sie viele der bedeutendsten Wissenschaftler zu ihren Lehrern und spätere wichtige Persönlichkeiten zu ihren Schülern. Alexander Ostrowski und Leon Tolstoi waren Ehrendoktoren der Universität. Heute hat sie 14 Fakultäten mit über 17 000 Studenten. Wie jede russische Universität gehören zu ihr eine große Anzahl von Fernstudierenden. Sie hat ein Observatorium, ein Computer-Zentrum, 100 Laboratorien und eine wissenschaftliche Bibliothek mit über einer Million Bücher.

Zoo (47), Brest-Litowskij-Prospekt 80.

Kiews Zoologischen Garten könnte man eigentlich auch unter die »Parks« rechnen. Er liegt bei der Medizinischen Hochschule, kurz vor dem Puschkin-Erholungspark.

Trolley: 6, 7; Bus: 2, 47, 53, 69, 75; Tram: 6, 7, 14, 15, 23.

Aserbeidschan

Geographie und Geschichte

Die *Aserbeidschanische Sozialistische Sowjetrepublik* gehört geographisch zu jener Landschaft, die sich vom Ararat-Hochland nordöstlich bis zum Kaspischen Meer hinzieht. Sie wurde in der Antike Astropatene – »Land des Feuers« – gnannt. Seit dem 5. Jh. gehörte es zu dem persischen Sassanidenreich, kam mit diesem 636 unter die Herrschaft der Araber und wurde im 16. Jh. türkisch. 1813 wurde die ganze Südwestküste des Kaspischen Meeres mit *Baku* russische Provinz. Heute gibt es die persische Provinz Aserbeidschan im Nordwesten Irans mit den Städten Täbris, Risaije und Pekhlevi am Kaspischen Meer und die uns interessierende *Aserbeidschanische Sozialistische Sowjetrepublik*, die sich – wie Armenien – nach der Oktoberrevolution 1917 unabhängig gemacht hatte, jedoch 1920 von der Sowjetunion mit Georgien und Armenien zu der Transkaukasischen Sowjetrepublik vereint wurde. Seit dem 14. 3. 1936 ist sie – wie Armenien und Georgien – eine selbständige Sowjetrepublik mit eigener Verfassung.

Sie umfaßt 86 600 qkm mit heute 6,11 Millionen Einwohnern und der Hauptstadt *Baku*. Ihr Kerngebiet ist das Steppentiefland der Flüsse Kura und Aras. Im Norden wird sie vom Kaukasus, im Südwesten vom Ararat-Hochland und im Südosten vom Kaspischen Meer begrenzt, dem größten See der Erde (433 000 qkm Oberfläche), der abflußlos und salzhaltig 28 m unter dem Meeresspiegel liegt. Sein größter Zufluß ist die Wolga, die bei Astrachan das Kaspische Meer erreicht. Aserbeidschan grenzt im Westen an Georgien und Armenien, im Südwesten an die Türkei und an Iran, während das Kaspische Meer seine gesamte südöstliche Flanke bildet und der Norden an die RSFSR stößt. Die Bewohner sind zu 63% Aserbeidschaner-Tataren mit türkischer Sprache und zu 12% Armenier. Ein Teil der sowjetrussichen Erdölfördermenge stammt aus Aserbeidschan. Mit künst-

licher Bewässerung werden vor allem Baumwolle, aber auch Weizen,
Reis, Tabak und Wein angebaut. Außer dem Erdöl werden Eisenerz
und Kupfer gefördert, und es existiert eine wohlausgebaute chemische,
sowie Maschinen- und Textilindustrie.

Baku

Baku ist für den Touristen *die* große Überraschung der Transkaukasischen Reise. Unter *Tbilissi* und *Eriwan* können sich die meisten
etwas vorstellen, bei *Baku* fallen einem eigentlich nur Bohrtürme
und Petroleum ein. Doch am Ende der Reise durch die drei Transkaukasischen Sowjetrepubliken ergab die Umfrage nach der Stadt,
die den freundlichsten und angenehmsten Eindruck hinterlassen
hatte, einmütig die Antwort: Baku!
Ba Ku sind zwei altpersische Wörter und bedeuten »Stadt der Winde«.
Und tatsächlich weht hier 260 Tage im Jahr ein starker Wind. Baku
wurde schon im 9. Jh. gegründet und war bereits damals wegen seines
»ewigen Feuers« berühmt. Auch Marco Polo, der unermüdlichste
Reisende des Mittelalters, kam hier um 1271 vorbei, als er seinen
Vater Nicoló, den reichen venezianischen, in Konstantinopel lebenden Kaufherrn, auf dessen zweiter Reise nach China begleitete. Er
erwähnt das Feuer in seinem berühmten Reisebuch »Il Milione«.
Heute ist Baku der bedeutendste Hafen am Kaspischen Meer und
Mittelpunkt der sowjetrussischen Erdölindustrie. Es zählt 1,03 Millionen Einwohner und besitzt eine Untergrundbahn. Noch um die Jahrhundertwende hatte es nur 120 000 Einwohner. Sein Stadtwappen
zeigt die Wellen des Kaspischen Meeres. Die Stadt besitzt heute 14
höhere Schulen mit rund 86 000 Schülern und ein besonderes Institut
für die Petrol-Industrie und Förderung, das 18 000 Studenten besuchen. Bis 1928 schrieb man hier Türkisch mit dem arabischen, anschließend mit dem lateinischen Alphabet, bis endlich kurz vor dem
Zweiten Weltkrieg das kyrillische eingeführt wurde. Doch fehlten
bei diesem acht unübersetzbare Buchstaben, die einfach – so erklärt
die Führerin – durch acht neue Zeichen ergänzt wurden. Die Men-

schen, die zwischen 1928 und 1940 hier die Schule besuchten, sind
wirklich zu bewundern!
Da uns Baku als eine besondere Stadt erscheint, dürfen wir das übliche
Schema durchbrechen und die Stadt so beschreiben, wie sie dem
Touristen gegenübertritt.

Die Überraschung beginnt am

Flughafen

Er ist neueren Datums und liegt 30 km von der Stadt entfernt in einer
trostlosen Steppenwüste, die die schlimmsten Befürchtungen in
punkto Bohrtürme etc. zu bestätigen scheint. Von Kiew oder von
Moskau kommend, fühlt man sich in eine andere Welt versetzt; es ist
heiß, aber der Wind macht die Hitze erträglich. Unser Busfahrer mit
seinem gelocktem schwarzem Haar und Goldzähnen erinnert an ähnliche in Konstantinopel oder Ankara, auch, weil ihm der unvermeid-
liche Kamm aus der Westentasche schaut, mit dem er vor, während
und nach der Fahrt seine Mähne bearbeitet. Die Fahrt nach Baku ist
ein einziges Erlebnis, nicht nur, weil man allmählich aus der mit
Bohrtürmen gespickten trostlosen Steppenlandschaft langsam in
grünere Gegenden gelangt, sondern weil unser Aserbeidschanischer
Tatar mit dem türkischen Einschlag das Zubringerauto in einem so
mörderischen Tempo fährt, daß wir jeden Augenblick wähnen, mit
einem anderen Fahrzeug auf der ziemlich belebten Straße zusammen-
zustoßen. Keine Angst, er ist ein Meister in seinem Fach, und er legt
seinen ganzen Stolz darein, jedes, aber auch jedes Fahrzeug zu über-
holen – rechts oder links macht keinen Unterschied dabei, auch nicht,
ob es sich um einen Omnibus, einen Lastwagen oder ein Privatauto
handelt. Und um sich bemerkbar zu machen, benützt er eine jener
Hupen, wie sie bei uns die Kinder an den Spielzeugautos haben,
die einen hohen, leicht pipsenden Ton von sich geben. Und dann
kommen wir ganz überraschend plötzlich aus der Steppe heraus und
sehen unter uns das Kaspische Meer und eine von grünen Hügeln
umgebene Stadt liegen mit Parks, die bis ans Ufer reichen. Der Kontrast ist so stark und so unvermittelt, daß man alles vergißt, was man

über Öde und Bohrtürme gelesen oder auf Abbildungen gesehen hat: Man muß Baku einfach auf den ersten Blick lieben.

Auf unserer Reise werden wir später Eriwan und Tbilissi besuchen, beides alte Städte, die das Problem »Altstadt« auf verschiedene Weise gelöst haben. Eriwan wurde seit den 20er Jahren ganz neu erbaut. Nur einige kleine Kirchen sind am Rande der Stadt übrig geblieben. Dafür haben alle Wohnungen elektrisches Licht und Bäder. In Tbilissi sollen die Bewohner gegen den Abriß ihrer alten malerischen Viertel protestiert haben, die aber den fortschrittlichen Behörden ein Dorn im Auge sind. In Baku stehen Alt und Neu friedlich nebeneinander, es hat hier keinen Bruch mit der Vergangenheit gegeben. Die Harmonie wurde bewahrt, und die Bohrtürme scheinen sich ganz gut mit dem alten Schirwan-Schah-Palast zu vertragen.

Baku verfügt über eine erstaunliche Anzahl von Cafés (auf dem Stadtplan sind allein 19 verzeichnet), Restaurants (27 an der Zahl) und natürlich auch viele Hotels.

Hotels

Von den dreizehn angegebenen kommen meist nur vier für den ausländischen Touristen in Frage:

»*Moskwa*« **(4)**, Prospekt Narimanowa 2 (auf dem Kirow-Hügel);

»*Baku*« **(2)**, Uliza 28 Aprelja;

»*Aserbeidschan*« **(1)**, Prospekt Lenina 1;

»*Juschnaja*« **(3)**, Uliza Schaumjana 31.

In dem neuerbauten grandiosen »*Moskwa*« werden mit Vorliebe ausländische Delegationen einquartiert.

Metro

Da Bakus Einwohnerzahl schon seit einigen Jahren die Millionengrenze überschritten hat, besitzt es natürlich auch eine Untergrundbahn mit vorerst zwei Linien (Umsteigestation 28 Aprelja). Die Metro wurde 1967 eröffnet und ist 18 km lang, doch sind Verlängerungen auf beiden Linien vorgesehen.

Zahnradbahn

Eine sehr bequeme Zahnradbahn geht vom Prospekt Neftianikow zu dem Kirow-Hügel hinauf.

Autobus

Es verkehrt natürlich auch eine ganze Reihe von Autobussen in der Stadt, doch für den Touristen sind die Metro oder Taxen, die in der Sowjetunion billig sind, sehr viel bequemer.

Die beste Reisezeit für Baku ist unbedingt der Oktober; selten sind mehr als drei Tage, den Abflugtag inbegriffen, vorgesehen. Am ersten Tag steht für den Vormittag die Besichtigung der *Altstadt* auf dem Programm. Wir möchten den Reisenden einen Tip für den Abend des Ankunfttages geben, vor allem, wenn die Reise in eine frühere Jahreszeit – August oder September – fallen sollte Nach dem Abendessen, das in den sowjetrussischen Hotels sehr früh eingenommen wird, sollte man bis zur *Zahnradbahn* gehen, die auf den Kirow-Hügel führt. An ihrem Fuß liegt rechts das Café »Tschinar« **(27)**. Die Bahn führt schnell auf den die Bai überragenden grünen Kirow-Hügel. Die Aussicht auf das Meer und die Stadt ist überwältigend; zugleich meint man in einen »Prater für Kinder« geraten zu sein: ein Gewirr von schattigen Alleen, verborgenen Plätzen und bequemen Bänken, daneben Eisbuden und Limonadenstände, das »große beleuchtete Rad«, aber in für Kinder geeigneter Dimension, und wieder Spielplätze und Sandhaufen für die ganz Kleinen, ein Karussel – für jedes Alter und für jeden Geschmack etwas anderes. Baku mit seinen Müttern und Kindern, seinen Liebespaaren und alten Menschen begegnet einem hier ohne Führer oder »geleitete« Betreuung. Wenn man dann noch, wieder unten angelangt, in das links von der Zahnradbahn gelegene Café »Tschinar« **(27)** geht, kann man seine Beobachtungen bereichern. Alkohol wird hier nicht ausgeschenkt, aber viele der Besucher haben sich Champanski-Flaschen mitgebracht: Irgendwer, irgendwas wird in diesen südlichen Provinzen Rußlands stets gefeiert. In diesen Cafés bedient man sich selbst und ersteht am Buffet das Gewünschte: Tee oder – sehr zu empfehlen – Eis. Nur die leeren

Tassen oder Schalen werden dann vom Personal weggeräumt. Dieser
kleine, nicht auf dem Programm stehende Extra-Ausflug ist eine Einführung für die offizielle »Sightseeing-Tour« am nächsten Morgen.

Die Altstadt

Die Altstadt Bakus umfaßt 22 Hektar im Zentrum und fügt sich nahtlos in die moderne Umgebung ein. Im Westen ist sie noch halbkreis-
förmig von der alten *Festungsmauer* (5) umgeben, die sie vom 11. Jh.
an umschloß. Auf dieser Seite führt ein altes *Tor* (6) mit einer Doppel-
pforte hinein. Wahrzeichen der Altstadt ist der *Turm des Jungen Mädchens Kyz-Kalassy* (9). Der Name ist mit einer alten Legende verbunden. Der Turmbau wurde schon im 7. Jh. unter der Herrschaft der
Sassaniden begonnen und im 12. Jh. beendet. Ursprünglich reichte
das Meer bis dorthin. Mit seiner Höhe von 25 m bot er in Kriegszeiten
Platz für 200 Personen; im 3. Stock befand sich das kostbare Wasser-
reservoir. Wenn man sich die Mühe macht, die Wendeltreppe hinauf-
zusteigen, kann man im achten Stock eine Ausstellung von alten
Handwerkzeugen, Hausgeräten und Waffen bewundern. Das Bauwerk hat die Form eines Schlüssels, und die Archäologen haben sich
noch nicht vollständig darüber geeinigt, zu welchem Zweck er ursprünglich gebaut worden war. Doch sind die meisten der Ansicht,
daß er als letzter Zufluchts- und Verteidigungsort – daher Schieß-
scharten – dienen sollte.
Zu der Altstadt gehören auch der alte *Markt*, die *Bäder* (7) aus dem
15. Jh., die etwas unter dem heutigen Straßenniveau liegen, und das
hohe Minarett *Synyk-Kala* (8), eines der ältesten Bauten Bakus, wurde
es doch schon in den Jahren 1078–1079 errichtet. Am Rande der Altstadt befindet sich auch die alte *Karawanserei* (11), auf die wir später
noch zurückkommen werden. Zwischen dem Markt, den Bädern
und der Karawanserei liegt ein sehr gutes *Andenken-Geschäft* (auf der
rechten Seite vom Markt aus). Es gibt dort ausgezeichnete Postkarten
vom alten und vom neuen Baku sowie geschmackvolles Kunsthandwerk.

Das bedeutendste aus der persischen Zeit erhaltene Denkmal aber ist der *Schirwan-Schah-Palast* (10) in der Altstadt. Es handelt sich um einen der berühmtesten Gebäudekomplexe aus dem 15.–16. Jh., bestehend aus drei Haupthöfen, dem Palast selbst, der heute das *Museum der Geschichte Aserbeidschans* (12) enthält, und vielen kleinen schattigen Vorhöfen und den alten Bädern.

Das eindrucksvollste ist wohl der *Obere Hof* mit dem monumentalen *Diwan-Chaneh* aus dem 15. Jh. Sein herrlich gewölbtes Eingangsportal (Iwan) trägt Stalaktitenmotive, viele kleine übereinander aufsteigende Zellenwölbungen mit herabhängenden Zacken und der absoluten Flächenfüllung durch Ornamente. Eine Ende des 15., Anfang des 16. Jh. fertiggestellte Arkadengalerie säumt den Hof auf drei Seiten ein.

Im *Mittleren Hof*, der zwischen 1585 und 1586 gebaut wurde und in dem auch der Palast (heute Museum) liegt, sind die *Friese* eines befestigten Bauwerkes aufgestellt, das einst auf einer längst vom Meer überspülten Insel in der Bucht von Baku gestanden hatte. Sie stammen aus den Jahren zwischen 1234–1235, und wir kennen sogar den Namen des Baumeisters: Zyn ad-Din ibn Abu Raschid-Schirwani. Im mittleren Hof befindet sich außerdem ein Mausoleum aus dem 15. Jh. des Said Jachija Bakuwi.

Um zum *Unteren Hof* zu gelangen, durchschreitet man einen kleinen Vorhof mit einem winzigen See und Pistazienbäumen, von wo aus auch eine Treppe zu den jetzt nur noch als Ruinen zu sehenden Bädern führt. Im Unteren Hof steht das prachtvolle Mausoleum des Schirwan Schah, 1435–1436 errichtet, und seiner Mutter. In Spiegelschrift ist links der Name des Erbauers zu lesen. Auch das 22 m hohe Minarett der königlichen Moschee, 1441–1442 gebaut, befindet sich dort. Fünfmal am Tage wurde dort einst zum Gebet aufgerufen.

Das schönste in der Altstadt aber ist unbedingt das Gewirr von Gassen und Gäßchen, von ineinandergehenden Höfen und kleinen Gärten, die man durchwandern muß, wenn man zu Fuß die Altstadt durchqueren will. Es ist eines der eindrucksvollsten Erlebnisse in Baku: kein am Rande einer modernen Großstadt zurückgebliebenes Ghetto, sondern ein von pulsierendem Leben erfüllter Teil der Stadt, der sich nahtlos in die Neuzeit einfügt.

Baku

1 Hotel »Aserbeidschan«
2 Hotel »Baku«
3 Hotel »Juschnaja«
4 Hotel »Moskwa«
5 Festungsmauer
6 Altes Tor
7 Alter Markt u. Bäder
8 Minarett Synyk-Kala
9 Turm des Jungen Mädchens
10 Schirwan-Schah-Palast

11 Karawanserei (Restaurant)
12 Museum der Geschichte
   Aserbeidschans im
   Schirwan-Schah-Palast
13 Museum der Kunst
   »Mustafew«
14 Museum der Literatur
   Aserbeidschans »Nizami«
15 Museum Lenin
16 Denkmal der 26 Kommissare

17 Denkmal des Dichters
   »Nizami«
18 Aserbeidschanisches
   Dramentheater
19 Opern- und Ballet-Theater
20 Russisches Dramentheater
21 Operettentheater
22 Puppentheater
23 Kindersommertheater
24 Philharmonie

25 Sommerfreilichtbühne
26 Zirkus
27 Café »Tschinar«
28 Schemzuschina (Restaurant)
29 Stadion »Lenin«
30 Bibliothek
31 Bahnhof
32 Zentrales Kaufhaus
   (Univermag)
+++ Zahnradbahn

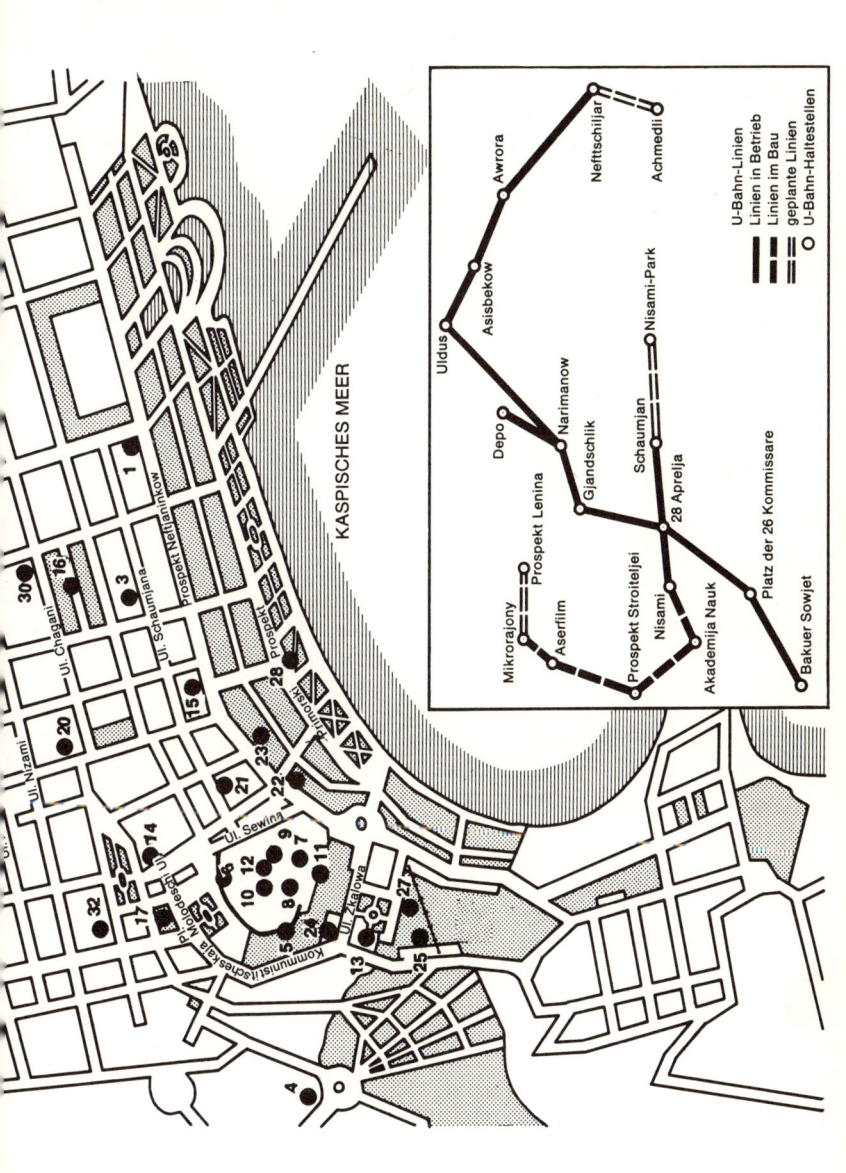

Museen

Auf keinem Reiseprogramm ist die Besichtigung der Museen vorgesehen. Wir geben dennoch eine Liste der vorhandenen an:

Das **Museum der Geschichte Aserbeidschans (12)** im Schirwan-Schah-Palast besitzt eine außergewöhnlich reichhaltige Dokumentation der Geschichte des Aserbeidschanischen Volkes und seines Kampfes, die nationale Unabhängigkeit zu erlangen.

Das **Museum der Literatur Aserbeidschans** »Nizami« **(14)** mit dem Denkmal Nizamis davor steht in der Kommunistitschkaja Ul. 33 und ist dem Gründer der aserbeidschanischen Poesie gewidmet. Er ist der Begründer des romantischen persischen Epos, lebte von 1141 bis 1209 und hinterließ fünf epische Gedichte, deren Stil später weitgehend von den Nachkommen imitiert wurde.

Das **Museum der Kunst** »Mustafew« **(13),** Ul. Tschkalowa 9, ist ganz der Volkskunst gewidmet und sollte von niemand, der sich ein wenig länger in Baku aufhält, übergangen werden. Es besitzt eine Sammlung von mehr als 6000 Ausstellungsobjekten, die Teppiche, Schmuckstücke, Brokate, Holz- und Lederarbeiten, Stickereien und Gemälde einheimischer und russischer Künstler umfaßt.

Das **Museum Lenin (15),** Prospekt Neftjanikow 123 a, ist eine Filiale des Leninmuseums und enthält u. a. interessante Dokumente über die erste geheime Druckerei »Nina«, die schon 1901 in Baku errichtet wurde und eine wichtige Rolle bei der Verbreitung der revolutionären, von Lenin gegründeten Zeitung »Iskra« (Funke) spielte.

Offene Gebetshäuser

In Baku sind noch eine ganze Reihe von Kultstätten »in Betrieb«, wie man hier sagt:
zwei orthodoxe Kirchen, zwei armenische Kirchen, zwei Moscheen und zwei Synagogen.

Parks und Gärten

Baku ist eine ausgesprochen grüne Stadt mit weitläufigen Parkanlagen. Natürlich gibt es auch einen *Botanischen Garten* und einen *Zoologischen Garten* oder Zoologischen Park, wie man ihn hier bezeichnet. Den ausgedehnten *Kirow-Park* auf dem Hügel haben wir schon beschrieben.

Mit dem kilometerlang die Bucht entlangführenden *Prospekt Primorski* macht jeder sofort Bekanntschaft. Ziel jeder Stadtführung aber ist der zentral gelegene Park, der das

Denkmal der 26 Kommissare (16)

umschließt. Am 25. April 1918 war in Baku schon die Sowjetrepublik ausgerufen worden, doch kamen bald die gegenrevolutionären Kräfte wieder an die Regierung, und 26 Kommissare wurden auf barbarische Weise in der Kaspischen Wüste hingerichtet. Auf der einen Seite des Parkes steht das beeindruckende Relief ihrer Hinrichtung. Man beachte, daß sie nackt erschossen wurden – die größte Schmach, die man einem Moslem antun kann. Besonders schön ist das Ehrenmal in der Mitte des Parkes, das sich angenehm von den anderen Gedenkstätten dieser Art unterscheidet und durch seine einfachen Linien besticht. Es ist ein seitlich und oben offener Rundbau. In der Mitte, nur wenig über dem Boden erhöht, wachsen aus unbehauenem Granit Kopf, Schultern und Arme eines in Trauer gebeugten Mannes hervor, der eine Schale mit der ewig brennenden Flamme vor sich hält. Wie in Moskau, in Kiew, in Odessa, in Leningrad legen hier die Neuvermählten ihre Hochzeitsblumen nieder.

In der westlich den Park begrenzenden Straße Ul. Chagani 29 befindet sich Bakus
Staatliche Bibliothek M.F. Achundowa (30) mit drei Millionen Bänden.

Theater

Die russischen Städte sind theaterfreudig, und ein etwas längerer
Aufenthalt würde auch in Baku einen Theater-, Opern, Operetten-
oder Zirkusabend lohnend machen.
Aserbeidschanisches Dramentheater »M. Azuzbekowa« **(18)**, Pl. Fisuli;
Opern- und Balett-Theater »M.F. Achundowa **(19)**, Ul. Nizami 95;
Russisches Dramentheater »Sameda Wirguna« **(20)**, Ul. Chagani 7;
Aserbeidschanisches Operettentheater »Schichali Kurbanowa« **(21)**, Ul.
Schaumjana;
Kinder-Sommertheater **(23)** im Primorski-Park;
Philharmonie »M. Magomaewa« **(24)**, Kommunistitscheskaja Ul. 2;
Zirkus **(26)**, Ul. S. Wurgana;
Sommer-Freilichttheater **(25)**, Kommunistitscheskij Per.;
Puppentheater **(22)**, Prospekt Neftjaninkow 36, ein gelber Palast auf
der rechten Seite vom Hotel Intourist aus gesehen. Seine Vorstellun-
gen sind sehenswert.

Ausflüge

Bei einem Kurzaufenthalt in Baku stehen meist drei Ausflüge zur
Wahl:
Nach *Nrdaran* zum Besuch einer Teppichknüpferei.
Zu dem in der nahen Umgebung (ca. 40 km von der Stadt) liegenden,
noch gut erhaltenen Tempel der persischen Feueranbeter und
zu den *Ölfeldern* im Meer. Da diese nur in Gruppen zu besichtigen
sind, weil man eine Sondererlaubnis braucht, entscheiden sich die
Touristen meistens dafür. Die Ölfelder liegen 40 km entfernt; der
Autobus braucht etwa 40 Minuten dorthin. Ein 5 km langer breiter
Damm verbindet das Festland mit einer Insel und mehreren Plattfor-
men im Meer mit Metallpilastern bis zu 17 m Höhe. Die ganze Arbeit
dort ist automatisiert; auf dem Damm findet man eine einzige Frau,
die eine Unmenge von Hebeln und Knöpfen bedient. Es gibt 47
Erdölquellen. Die erste wurde 1872 in Betrieb genommen, doch ging
die Bohrung nur bis zu 100 m Tiefe. Man wird darüber informiert,
daß es 17 Lagen von Erdöl gibt und daß die kostbarste jene ist, die

auf 2000–2500 m das *reine*, sogenannte weiße, transparente Erdöl
liefert. Es wird nicht exportiert, sondern dient nur für die Raum-
schiffahrt der Kosmonauten.
Den Abschluß des Bakuaufenthaltes bildet das Abendessen in der
schon erwähnten *Karawanserei* **(11).** Man lasse es sich nicht entgehen:
Es ist etwas Besonderes. In Eriwan, in Tiflis, in Odessa kann man
ebenfalls außerhalb des Hotels speisen, aber die alte Karawanserei
gibt es nur einmal. Auf einen schattigen Innenhof tun sich eine Unzahl
kleiner Zellen auf, die nur diese einzige Öffnung besitzen. Früher
wurden sie mit Teppichen geschlossen und dienten den Reisenden
als Wohnung; heute sind sie offen, und man speist in Gruppen zu
sechs oder acht Personen auf niedrigen Diwanen. In kleinen Schalen
werden einem die einheimischen Köstlichkeiten zu einem hellen Wein
oder einem »Sorbet« aus Fruchtsaft serviert. Der Heimweg zu Fuß
durch die Altstadt und am Meer entlang rundet das Erlebnis ab. Die
Jüngeren unter den Touristen werden diesen Heimweg erst sehr spät
antreten, denn nach dem Mahl spielt eine verborgene Kapelle im Hof
zum Tanz auf.

Armenien

Geographie und Wirtschaft

Der kleinste Bundesstaat der Sowjetunion, der nördliche Teil des Ararat-Hochlands südlich des Kaukasus, ist die nur 29 800 qkm große *Armenische Sozialistische Sowjetrepublik* mit der Hauptstadt *Eriwan* und einer Bevölkerung von mehr als vier Millionen Menschen, von denen über zwei Millionen in der Hauptstadt wohnen. Diese sind zu 88% Armenier, ein Mischvolk aus Ureinwohnern und eingewanderten Indogermanen. In den meist künstlich bewässerten Tälern existiert eine ertragreiche Landwirtschaft: Baumwolle, Zuckerrüben, Wein, Tabak, Obst, Getreide. Im Hochland wird der Viehzucht (Schafe und Rinder) der Vorzug gegeben. Das Gebiet ist reich an Bodenschätzen, vor allem an Kupfer und Molybdän. In den letzten Jahrzehnten entwickelte sich auch die chemische, Metall- und Textilindustrie dank der bedeutenden Wasserkraftwerke, die in jüngster Zeit gebaut wurden.

Unter dem Sammelbegriff »Groß-Armenien« versteht man geographisch das Hochland südöstlich des Kaukasus zwischen Kleinasien, dem Iran und der Sowjetunion. Es ist ca. 300 000 qkm groß, grenzt im Süden an die syrische Wüste, im Westen an Zentralanatolien. Es ist das sogenannte Ararat-Hochland (früher Armenisches Hochland) mit dem 5165 m hohen erloschenen Vulkan Ararat, der in der heutigen östlichen Türkei liegt. Nach der Legende landete hier Noah, und die Armenier leiten gerne ihre Herkunft von Haik, dem Urenkel Noahs ab. Beim Frieden von Adrianopel 1829 wurde Armenien zwischen Persien, der Türkei und Rußland geteilt, das das Gebiet von Achalzich südlich vom Kaukasus erhielt.

Sprache und Schrift

Die *Armenische Sprache* ist eine indogermanische Mundart, die sich jedoch lautlich und durch Entlehnungen von der Grundsprache entfernt hat.

Das Alphabet wurde 405 n.Chr. nach iranischem, griechischem und semitischem Vorbild von Mesrop Machtoz entworfen.

Kirche

Die *armenische Kirche* nimmt unter den christlichen Kirchen eine Sonderstellung ein. Auf Betreiben des Bischofs Gregorius Illuminator wurde sie schon 301 unter König Tiridates III. zur Staatsreligion – 12 Jahre vor dem Edikt des Constantin. Sie nennt sich daher auch Gregorianische Kirche. An der Spitze steht der Patriarch von Etschmiadsin, der den Ehrentitel Katholikus trägt. Im Jahre 491 machte sich die armenische Kirche – im Unterschied zu der georgischen – selbständig, indem sie an dem sogenannten Henotikon festhielt, jenem Edikt des byzantinischen Kaisers Zeno (474–491), das später von Papst Felix II. scharf verurteilt wurde. Sie stellte sich damit gegen die Beschlüsse des vierten ökumenischen Konzils von Chalcedon des Jahres 451. Die armenische Kirche gehört somit, zusammen mit der koptischen, abessinischen und syrisch-jakobitischen Kirche jener alt-christlichen Glaubensrichtung an, die in Christus nur eine, nämlich die göttliche Natur sieht (Monophysitismus).

Geschichte

Die armenische Geschichte reicht weit zurück in die Jahrhunderte vor unserer Zeitrechnung. Wir versuchen sie trotzdem zusammenzufassen, weil sie uns unentbehrlich zum Verständnis von Land und

Leuten scheint und weil wir gerade in Eriwan und Umgebung auf
Schritt und Tritt mit ihr konfrontiert werden. Zudem haben sowjetrussische archäologische Grabungen und Forschungen, die in den
letzten Jahrzehnten unternommen wurden, so viel Neues und Wichtiges aus Armeniens Vorgeschichte ans Tageslicht gebracht, daß eben
diese Vergangenheit – soweit sie Russisch-Armenien betrifft – sehr
viel klarer und übersichtlicher erscheint.

Armenien besitzt eine der ältesten Kulturen der Welt. Jemand nannte
das Land einmal »ein Museum unter freiem Himmel«, denn wohl
kaum ein anderes weist einen solchen Reichtum an Zeugen alter
Kulturen und alter Völker auf, die sich hier mit ihren verschiedenen
Zivilisationen abwechselten und Spuren hinterlassen haben.

Wahrscheinlich ist Großarmenien schon seit dem *17. Jh. v. Chr.* besiedelt gewesen. Zuerst herrschte hier das indo-iranische Volk der
Urriti, die später von den Urartu abgelöst wurden. Armenien ist
zudem eines der Länder, in denen zuerst Metalle verwendet wurden.
Die kürzlich in *Karmir-Blur*, einem Hügel am Stadtrand von Eriwan,
durchgeführten Grabungen brachten die Festungsstadt *Tejschebani*
mit Funden der alten *Urartu-Kultur* ans Licht, die in mehrfacher Hin-
sicht der Kunst der alten Assyrer nahestand. Man entdeckte Bewässe-
ungskanäle, fand eiserne und kupferne Gegenstände, ja sogar Wein-
fässer mit Mostresten aus dem *7. Jh. v. Chr.*

Die *Urartu* – auf hebräisch Ararat – waren seit etwa 1250 v. Chr. im
Land und gründeten im 9. Jh. ein bedeutendes Reich auf dem Boden
des späteren Armeniens. Sie erreichten den Höhepunkt ihrer Macht
zwischen dem ausgehenden 9. und 7. Jh. v. Chr.

Durch Jahrhunderte kämpften sie gegen das mächtige Reich der
Assyrer, die einen großen Teil Mittelasiens erobert hatten. Doch die
günstige Lage im Gebirge und die Tapferkeit der Urartu erlaubte
ihnen, noch eine Zeitlang zu widerstehen und das Ende ihrer Feinde
mit der Zerstörung Ninives (612) durch die Meder zu erleben. Doch
585 wurden sie selbst von dem vereinten Heer der Meder und Skythen
besiegt. Nur einige wenige Volksstämme, darunter die Armenier,
überstanden die Niederlage. Diese armenische Bevölkerung lebte
gegen Ende des 2. Jh. v. Chr. nur auf der westlichen Seite des Hoch-
plateaus. Schon Homer erwähnte sie in der Illias unter dem Namen
»Arim«, als sie unter ihrem Kriegsherrn Zarmaira Troja verteidigten.

Im 6. Jh. besetzten die Armenier das Gebiet, das einst von den Urartu bewohnt gewesen war, und gründeten ein Reich, das sie Haystan nannten. Sie wurden von ihrem legendären Helden Haik angeführt, der angeblich ein Urenkel des Noah gewesen sein soll. Herodot bezeichnete sie als Bauern der Phrygier. Die Bevölkerung zerfiel in zwei Stämme: die Arim und die Haya. Zuerst waren sie den Medern und dann den Persern untertan, die sie durch Satrapen beherrschen ließen.

1950 entdeckte man auf dem Hügel Arin-Berd, am Stadtrand Eriwans, eine Festung mit Säulensaal und einem Feueraltar aus dem *6. oder 5. Jh. v. Chr.* sowie in der Festung Dwon den ältesten Altar des Feuerkultes, den man kennt. Einige Forscher erheben nun die Frage: Hatte der Mazdaismus nicht vielleicht seinen Ursprung in Armenien und wurde erst später nach Persien importiert? Ja, es gibt sogar Archäologen, die annehmen, Zarathustra könne aus Armenien stammen!

Das erste Mal wurde Armenien auf einer Inschrift aus dem Jahre 521 erwähnt, man fand sie auf einem Felsen im westlichen Iran bei Hamadan. In drei Sprachen werden dort die Schlachten erwähnt, die Darius I. gegen die »Armini« gewonnen hatte. 401–400 v. Chr. wurde die Gegend von dem griechischen Heer durchzogen, und Xenophon beschreibt in seinem Bericht »Anabasis« das Land und seine Bevölkerung. Von der persischen Herrschaft wurde Armenien durch Alexander den Großen *330 v. Chr.* befreit. Für dreißig Jahre wurde Armavir die Hauptstadt des unabhängigen Staates Yerbadunis. Aber schon um 300 fiel das Land in die Hände der Seldschuken, unter welchen der hellenistische Einfluß begann. Im *1. Jh. v. Chr.* bestätigte der griechische Geograph Strabo, daß alle Bewohner der Hochebene dieselbe Sprache sprächen. Es hatten sich also in den Jahrhunderten ein neuer Staat und ein neues Volk herausgebildet.

Der Sieg Cornelius Scipios über die Seldschuken bei Magnesia, nach dem ganz Kleinasien an Pergamon abgetreten wurde, machte Armenien wieder selbständig. 189 wurde ein einziges Reich unter dem König Artasches I. (189–160) gegründet, und es begann eine Periode des wirtschaftlichen und politischen Aufschwungs, auch wenn das Land praktisch in Armenia Major (unter Persischem Einfluß) und Armenia Minor (unter römischem Schutz) geteilt war. Unter Tigrane II., dem Großen (95–55), wurden die beiden Gebiete vereint und ein Reich vom Kaspischen Meer bis zum Mittelmeer gebildet, das vor allem die wichtigsten Karawanenstraßen beherrschte. Unter den Nachfolgern – es sei hier vor allem Artavazd (55–34 v. Chr.) erwähnt, weil von ihm Münzen mit der Inschrift »König der Könige« existieren – wurden auch neue Städte, Festungen und Tempel gebaut. Bedeutende Reste gibt es heute noch in *Garni* (siehe dort).

Zu einem gewissen Zeitpunkt jedoch beunruhigten diese politische Expansion sowie Bündnisse mit Mithridades VI., König von Pontus, Rom. Lucullus und Pompejus versuchten das Land endgültig unter ihren Einfluß zu bekommen. Doch erst unter Nero *(45–68 n. Chr.)* endete die Opposition gegen Rom. Armenien wurde zu einem Puffer-staat, der den Römern die Möglichkeit gab, langsam vorzudringen und ihren Einfluß bis an die Ufer des Tigris auszudehnen.

Im *3. Jh. n. Chr.* endete der durch die römische Protektion bedingte Friede, als 226 die Sassaniden in Persien an die Herrschaft kamen. Als Erben der Achämeniden wollten sie sich des armenischen Territori-ums bemächtigen und dort den Kult des Zarathustra wiederherstellen. Doch zur selben Zeit, als so der Kampf zwischen dem hellenistischen Kult und dem Mazdaismus stattfand, begann das *Christentum* an Boden zu gewinnen. Genau wie in Georgien trieben vor allem poli-tische Gründe die Annahme des Christentums voran: Man wollte sich von der persischen Oberherrschaft befreien.

Im *4. Jh.* wurde das Christentum offiziell Staatsreligion (301). Bis 387 gelang es Armenien, seine Unabhängigkeit zwischen dem persischen Reich und Byzanz zu wahren; als sich jedoch diese beiden Länder wieder einig wurden, war es auch mit seiner Unabhängigkeit vorbei. Wiederum teilten sich Byzanz und Persien die Einflußsphären, respek-tierten jedoch den König und die einzelnen Lokalfürsten.

Im *5. Jh.* war es auch mit dieser schwachen Unabhängigkeit vorbei: Etschmiadsin wurde 428 zerstört; die Perser errichteten auf seinen Trümmern einen Feuertempel, und Byzanz versuchte seinerseits durch das Konzil von *Chalcedon* 451, alle Christen zu zwingen, die in der Hauptstadt erlassenen Dogmen anzuerkennen, hinter denen je-doch die sehr viel bedeutendere Frage der lokalen Autonomie gegen die Einheit mit dem Reiche stand. Armenien blieb fest. Eine von Wardan Mamikonjan geführte Volksrevolte (450–451) gegen die Sassaniden, die die persische Sprache und Lehre des Zarathustra einführen wollten, gehört zu den glorreichsten Seiten der armenischen Geschichte, ebenso wie die 1. Synode von *Dwin* (506), die die armenische Kirche autonom erklärte. In der Unmöglichkeit, politische Unabhängigkeit zu erlangen, versuchte das Land, wenigstens seine ethnisch-kulturelle Substanz zu retten. Auf der 2. Synode von Dwin (608) kam es dann zum Bruch mit der Kirche Georgiens.

Als die verhaßten Sassaniden von den Arabern besiegt wurden, kam für Armenien keineswegs die ersehnte Freiheit, sondern es geriet unter noch viel schlimmere Herren. Dwin wurde zum Kalifat, und jedes wirtschaftliche und kulturelle Leben erlosch. Mit sporadischen Volksaufständen und Revolten, die ihren Niederschlag in den Volksepen fanden, dauerte der Kampf gegen das fremde Joch fast 200 Jahre bis ins *9. Jh.* an. Der Landesteil, der unter Byzanz geblieben war, hatte es besser. Im 8. Jh. kam die Familie der Bagratiden zur Herrschaft und verlegte die Hauptstadt nach Ani. Die Verschiebung der Machtverhältnisse und die Tatsache, daß der Kaiser von Byzanz, Basileios I. (976–1025), armenischen Ursprungs war, änderten die Lebensbedingungen für das schwergeprüfte Land. Byzanz, auf der Höhe seiner Macht, war daran interessiert, seine Grenzen im Osten durch ein Bündnis mit Armenien zu garantieren.

Das *10.–11. Jh.* war das, was die Armenier ihr »goldenes Zeitalter« nennen, die einzige Zeit ihrer Geschichte, die sie selbständig gesehen hat.

Doch schon in der zweiten Hälfte des 11. Jh. begannen die Einfälle der Seldschuken, und bald fiel ganz Armenia Major in die Hand der Feinde. Die große Emigration begann 1064, vor allem nach Kilikien (lat. Cilicia) zwischen Anatolien und Syrien, wo 1198 Byzanz den Emigranten gestattete, das unabhängige Reich »Kleinarmenien« zu gründen. Es konnte sich 300 Jahre halten und unterstützte vor allem die Kreuzfahrer. Nach dem Fall von Konstantinopel wurde es von ägyptischen Mameluken zerstört.

In der alten Heimat brachen tragische Zeiten an, die in der mongolischen Invasion des *13. Jh.* gipfelten. Doch die Armenier gaben nicht auf. Sie bauten nun ihre Kirchen und Klöster im Inneren der Berge, um ihre Reliquien zu verstecken, und hielten ihre Sprache, die Schrift und die Wissenschaft ihre Vaterlandes lebendig. *Gegard* (siehe dort) ist ein Beispiel dafür. Hier fanden auch ihre Rebellen Zu-

flucht, wurden Chroniken geschrieben, gab es Schulen und sogar
Akademien.

Im *16. Jh.* begann von neuem der Krieg zwischen Türken und Persern,
und Armenien, wiederum teilweise Kriegsschauplatz, wurde weiter
zerstört. 1604 zogen sich die Perser zurück und deportierten Tausende;
ein neuer Flüchtlingsstrom setzte ein. Es gab nun armenische Kolonien in Astrakan, auf der Krim, selbst in Polen. 1699 wandte sich die
»Bewegung zur Befreiung Armeniens« an den russischen Zaren als
den Beschützer der christlichen Religion um Hilfe. Armenische Verbände unter David Beck unterstützten 1722 Peter den Großen gegen
die Perser im Kaukasus und kämpften 1724 in Eriwan gegen die
Türken. Zwar schuf Peter I. 1724 günstige Bedingungen für jene
Armenier, die sich im Süden Rußlands angesiedelt hatten, und Katharina die Große gestattete 1779 sogar den Bau einer armenischen
Kirche in der Stadt Nachitschewan und garantierte ihr Privilegien,
aber noch rührte sich Rußland nicht, militärisch zu Hilfe zu kommen.
Auch im Westen nahm man Anteil am Schicksal der Armenier. Schon
1512 hatte Venedig gestattet, daß dort eine armenische Druckerei
errichtet wurde. 1780 wurde nun eine solche auch in Petersburg und
später in Astrachan eröffnet. Die erste armenische Zeitung wurde
1794 in Madras in Indien gedruckt. Die Hoffnungen der Armenier
stiegen, aber weitere Verfolgungen standen ihnen bevor.

Georgien hatte sich unterdessen nach dem Tode des letzten Königs
dem russischen Reich angeschlossen. 1813 trat Persien mit dem Vertrag von Golestan einige armenische Landstriche an Rußland ab,
doch wurde der Vertrag schon 1826 gebrochen. In dem nun ausbre-
chenden Krieg errang der armenische General Medatow an der Spitze
russischer Truppen einen ausschlaggebenden Sieg, und im Friedensvertrag von Adrianopel 1828 vereinigten sich die Provinzen Eriwan
und Nachitschwan mit Rußland. Die Verhandlungen wurden von
dem Gesandten Gribojédow geführt. Er setzte sich vor allem für die
Rechte der Armenier ein. In wenigen Jahren der Ruhe stieg nun die
Bevölkerungszahl von 57 000 auf 141 000. Doch nicht alle Armenier
waren zufrieden. Sie hatten zwar jetzt die religiöse Freiheit, mußten
keine Verfolgungen mehr erleiden, doch um ihre politische Freiheit
war es nach wie vor schlecht bestellt. Außerdem drückten sie hohe
Steuern.

Kiew. Andreas-Kirche ▷

Während des Krimkrieges 1853–1856 zeichneten sich wiederum armenische Verbände durch besondere Tapferkeit gegen ihren Erbfeind aus. 1899 begann man mit dem Bau einer Eisenbahnlinie, die 1902 eröffnet wurde und die wirtschaftliche Entwicklung beschleunigte. Dennoch blieb Armenien vornehmlich ein Land der Bauern, Handwerker und kleinen Fabrikbetriebe.

Eine besondere Tragödie war das Resultat des nochmaligen russisch-türkischen Krieges von 1877. Gemäß dem Vertrag von S. Stefano sollte ursprünglich der ganze noch den Türken unterstehende Teil Armeniens an Rußland abgetreten werden. Aber dieser Vertrag wurde, trotz der warnenden Stimmen, die sich erhoben hatten, von den Großmächten nicht ratifiziert. Zu sehr fürchtete man die Vorherrschaft des Zarenreiches in diesem Teil Kleinasiens. Der Friedensvertrag wurde 1878 annulliert. Abdul Hamid, wiederum Herr des Landes, rächte sich blutig an den Armeniern. Allein 300 000 wurden in Anatolien vernichtet.

Auch die 1909 ans Ruder gekommenen »Neutürken« verfuhren nicht besser. In Kilikien kamen bei einem Massaker 30 000 Armenier ums Leben. Noch schlimmer wurde es 1915, als die Türken alle jungen Armenier, ca. 200 000, unter die Waffen riefen und sie an die vorderste Front schickten, wo sie fast alle fielen. Die überlebende Bevölkerung wurde in die arabische Wüste transportiert. In zwei Jahren war der Völkermord beendet. Nur einer halben Million Armenier gelang es, ins Ausland zu fliehen, 200 000 davon nach Rußland. Westarmenien hatte somit seine Gesamtbevölkerung verloren: Von den 3 Millionen zu Beginn des Jahrhunderts waren nur 250 000 übriggeblieben, die heute, zum größten Teil mit falschen Namen getarnt, dort leben.

In Rußland war unterdessen die Revolution ausgebrochen. Zuerst bildete sich ein Freistaat unter der Liberalen Partei, doch die Türken griffen auch diesen winzigen Staat an, und 1920 begab sich Armenien wieder unter den Schutz Rußlands und rief die Rote Armee um Hilfe. Zuerst wurden die drei Transkaukasischen Provinzen zusammengefaßt, aber seit dem 23. 3. 1937 besteht jedes der drei Länder als selbständige Sowjetrepublik. Das Schicksal der Armenier ist das tragische Los einer Grenzbevölkerung, zu schwach sich selbst zu verteidigen, zu stolz und zu traditionsbewußt, um in einem fremden Land aufzugehen. Dem Beschauer scheint die jetzige Situation, verglichen mit

◁ Etschmiadsin. Ripsimé-Kirche

der Vergangenheit, ein Optimum. Armenien gehört heute zur Sowjetunion, aber hier läuten noch die Glocken, sprechen die Leute noch
armenisch, lernen die Kinder in den Schulen zuerst armenisch und
dann russisch, werden armenische Kultur und armenische Kunst
groß geschrieben. Wer die Türkei oder Persien bereist hat, wird uns
nur beistimmen können.

Kunst und Kultur

Die armenische Literatur erlebte im 5. Jh. mit Chroniken, Heiligenle-
genden und Übersetzungen eine erste Blüte, die im 12. Jh. zu neuem
Leben erweckt wurde (Heldenepen). Weltliche Minnedichtung gab
es seit dem 14. Jh. Von den neueren armenischen Dichtern seien
Abowjan, der Gründer der neuen armenischen Literatur (gest. 1848),
Raffu (gest. 1888), Warushnan (gest. 1900), Zohrab (gest. 1915) und
L. Schanth (gest. 1951) besonders erwähnt.
Die Kirchenbaukunst entwickelte sich seit frühchristlicher Zeit bis ins
13. Jh. Zentral- wie Langhausbauten wurden in Gußmauerwerk errichtet, mit Reliefplatten aus Lava und Tuff verkleidet und mit Kuppeln überwölbt.
Im 10. Jh. entfaltete sich auf der Grundlage syrischer Tradition die
armenische Miniatur. Ihre Blütezeit war das 12. und 13. Jh. Am Hofe
kilikischer Fürsten arbeitete der Meister *Toros Roslin.* Seit dem 13. Jh.
gehören zu den Klöstern – wie in Georgien – *freistehende Glockentürme.*

Eriwan

Geschichte

Ein 50-Minuten-Flug bringt uns von *Baku* nach Armeniens Haupt-stadt. Sie liegt 1050 m hoch, ist von Bergen umgeben, und bei gutem Wetter leuchtet der *Ararat* (heute Türkei) aus der Ferne herüber. Mit ihm, der Sintflut und Noahs Arche fühlen sich die Armenier eng verbunden. Wie wir wissen, hat Noah, als seine Arche nach der arme-nischen Legende am Ararat landete, nach 40 Tagen einen Raben fliegen lassen, der bald zur Arche zurückkehrte. Nach weiteren sieben Tagen versuchte er es mit einer Taube, die mit einem Ölzweig im Schnabel zurückkam. Als er sie später wiederum freiließ, ließ sie sich nicht mehr blicken. »Jerewaz«, rief Noah erfreut aus (»Sie [die Erde] ist erschienen«). Und Eriwan oder Jerewan will man davon ableiten.

In Wirklichkeit ist Eriwan fast so alt wie Babylon und feierte 1968 seinen 2750sten Geburtstag. In dem hübschen Park, nicht weit vom Leninplatz und vom Ausländerhotel »Armenia« **(2),** gibt es eine Allee mit so vielen kleinen Springbrunnen, wie Eriwan Jahre zählt, und immer wieder wird sich ein Tourist finden, der es ganz genau nimmt und die Zahl kontrolliert.

Aber Eriwan macht den Eindruck einer neuen Stadt. Vom Flughafen aus – 11 km vom Zentrum entfernt – führt der Weg zuerst durch eine schattige Allee, dann eine gute Straße entlang über den Fluß Razdan zu der etwas höher gelegenen Stadt. Alte Teile, wie wir sie in Baku und Tbilissi antreffen, gibt es hier, abgesehen von einigen alten Kir-chen, nicht mehr. Das heutige Aussehen Eriwans geht auf das Jahr 1920 zurück. Die Stadt wirkt sehr einheitlich, weil alle Baulichkeiten in demselben rötlichen Tuffstein errichtet wurden, der übrigens in 108 verschiedenen Tönungen existiert. Eriwan hat mittlerweile 1,03 Millionen Einwohner.

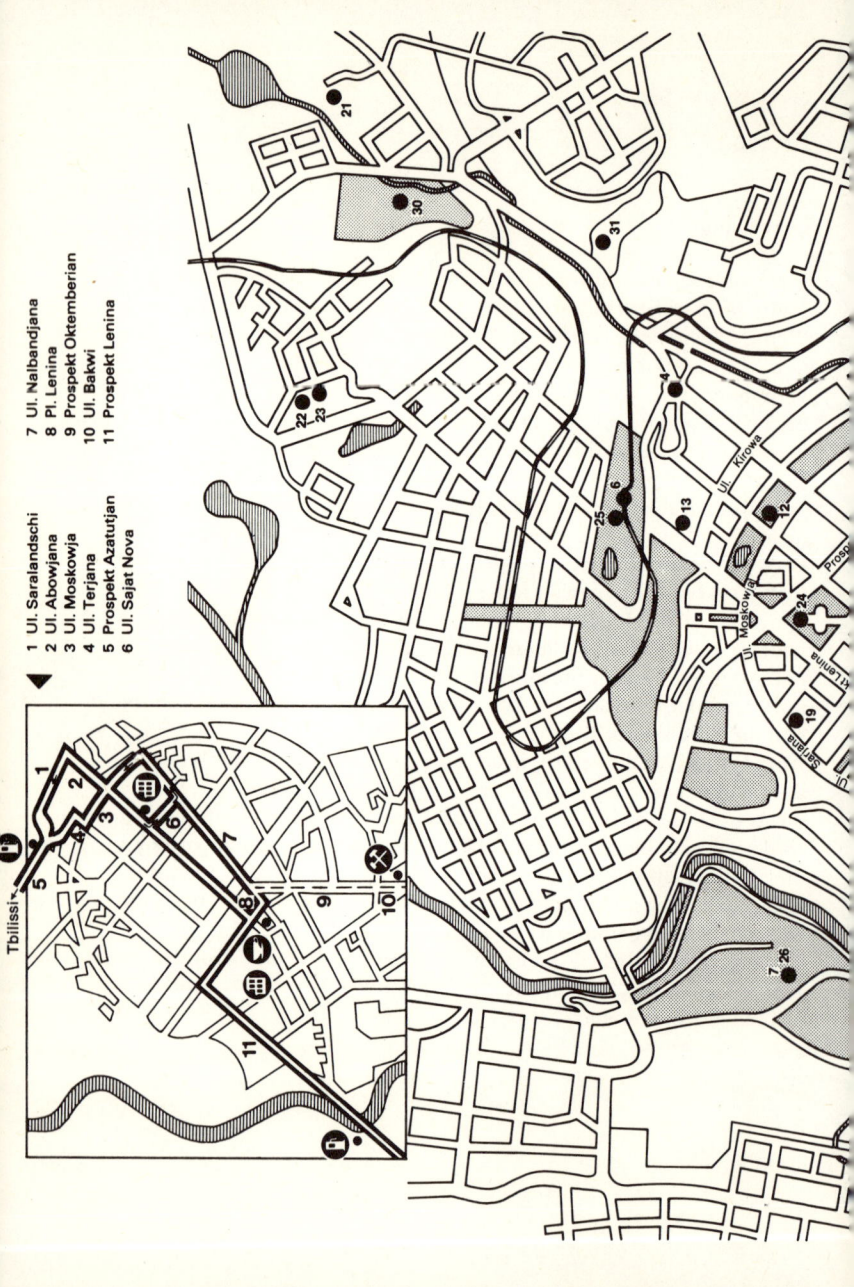

1 Ul. Saralandschi
2 Ul. Abowjana
3 Ul. Moskowja
4 Ul. Terjana
5 Prospekt Azatutjan
6 Ul. Sajat Nova
7 Ul. Nalbandjana
8 Pl. Lenina
9 Prospekt Oktemberian
10 Ul. Bakwi
11 Prospekt Lenina

Tbilissi

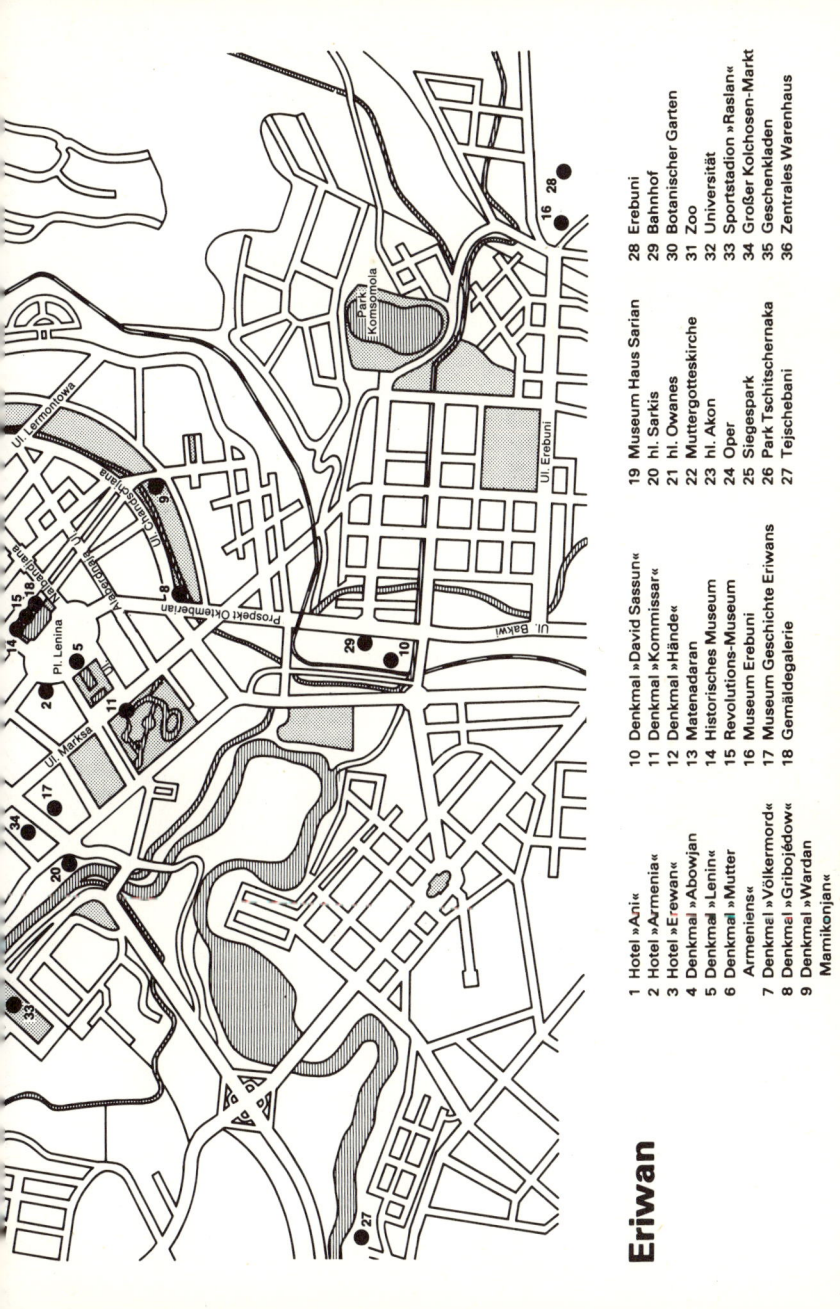

Eriwan

1 Hotel »Ani«
2 Hotel »Armenia«
3 Hotel »Erewan«
4 Denkmal »Abowjan«
5 Denkmal »Lenin«
6 Denkmal »Mutter
  Armeniens«
7 Denkmal »Völkermord«
8 Denkmal »Gribojédow«
9 Denkmal »Wardan
  Mamikonjan«

10 Denkmal »David Sassun«
11 Denkmal »Kommissar«
12 Denkmal »Hände«
13 Matenadaran
14 Historisches Museum
15 Revolutions-Museum
16 Museum Erebuni
17 Museum Geschichte Eriwans
18 Gemäldegalerie

19 Museum Haus Sarian
20 hl. Sarkis
21 hl. Owanes
22 Muttergotteskirche
23 hl. Akon
24 Oper
25 Siegespark
26 Park Tschitschernaka
27 Tejschebani

28 Erebuni
29 Bahnhof
30 Botanischer Garten
31 Zoo
32 Universität
33 Sportstadion »Raslan«
34 Großer Kolchosen-Markt
35 Geschenkladen
36 Zentrales Warenhaus

Die Stadt

Meistens sind drei Übernachtungen vorgesehen, so daß man mit dem
Anreisetag 4 Tage zur Verfügung hat. Leider sind sie nicht immer gut
eingeteilt. Es wäre schade, wenn sich die Reisenden hier die Haupt-
museen entgehen ließen, die ausgezeichnet sind und einfach unentbehrlich zum Verständis der alten Geschichte Armeniens und seiner
Kultur. Es ist auch möglich, jene nicht auf dem Programm stehenden
Ausflugsorte über den Intourist-Service zu organisieren, denn die
Stadt an sich bietet keine besonderen Sehenswürdigkeiten. Es sei hier
noch auf das Wasser hingewiesen: Über die ganze Stadt verteilt
findet man sprudelnde Fontänen, die so charakteristisch für Eriwan
sind, und das Wasser ist das wohlschmeckendste, das man sich denken
kann.

Bahnhof (29)

Eriwans Hauptbahnhof mit dem Denkmal David Sassuns **(10)** auf
dem weiten Platz davor ist ein dekoratives Gebäude neueren Datums,
der Wichtigkeit seiner Funktionen angepaßt, denn Eriwan ist mit der
Türkei und dem nahen Osten über Achurian-Leninakan und mit Persien über Dschulfa verbunden. Direkte Linien führen nach Baku,
Rostow am Don, Charkow und natürlich nach Tbilissi.

Berjóska-Läden und Einkäufe

Im Unterschied zu anderen sowjetrussischen Städten sind hier die
Berjóska-Läden der einzelnen Hotels nicht besonders ergiebig. Man
kauft fast besser und origineller mit Rubel in den gewöhnlichen
Geschäften. Eine Ausnahme bildet der Berjóska-Laden im Kloster
Etschmiadsin (siehe dort). Wer schon öfter die Sowjetunion bereist
und die »üblichen« Andenken erstanden hat, dem sei geraten, in
Eriwan (denn er findet sie *nur* dort) eine Musikplatte von dem wun-
derbaren Chor der alten Klosterkirche in Etschmiadsin zu kaufen.
Preisgünstig sind auch kupferne Geräte für die Bereitung des türkischen Kaffees, besonders im Vergleich zu den Preisen in Tbilissi.

Botanischer Garten (30)

Er ist einer der schönsten in der Sowjetunion; leider steht er sehr
selten auf dem Programm. Sein Besuch eignet sich besonders im
Sommer für einen Extra-Ausflug. Er liegt links an der Ausfallstraße
nach Tbilissi.

Denkmäler

Wie jede sowjetrussische Stadt ist auch Eriwan reich an Denkmälern,
doch hier erinnern sie vor allem an Armeniens tragische und helden-
reiche Vergangenheit und sind daher auf eine besondere Art mit
Land und Leuten verbunden.

Das **Denkmal für David Sassun (10)** erhebt sich auf dem Bahnhofs-
platz **(29).** David Sassun ist der Held eines der ältesten Epen des
8.–9. Jh. und schlechthin die Verkörperung des Freiheitsideales. Wie
in Baku ist er auf seinem legendären Kampfroß Dshalali dargestellt.
Das 12 m hohe Denkmal wurde 1959 von dem Bildhauer R. Kotschar
geschaffen. Zu Füßen der Statue sieht man eine überlaufende Wasser-
schale: Symbol der zu Ende gegangenen Geduld des Volkes.

Das **Denkmal für Wardan Mamikonjan (9)** (Ul. Knunjanza) führt
uns noch weiter in die Vergangenheit zurück. In der geschichtlichen
Einführung erwähnten wir die von ihm 450–451 geführte Volksrevolte gegen die Sassaniden, die die persische Sprache und die Lehre
des Zarathustra einführen wollten.

Armenien erinnert sich jedoch nicht nur seiner antiken Helden, sondern gedenkt auch mit Dankbarkeit all jener, die ihm beigestanden
haben:

Das **Denkmal des russischen Gesandten Gribojédow (8)** steht im
Bulwar Kolschewoi, Ecke Oktemberian, fast gegenüber dem großen
Lichtspielhaus »Rossija«. Wer Leningrad besucht hat, wird sich an
den Gribojédow-Kanal erinnern, und wer schon in Tbilissi war, an
sein dortiges Grab. Alexander Gribojédow war Gesandter des Zarenreiches in Persien und spielte eine bedeutende Rolle bei den Friedens-
verhandlungen, vor allem beim Abkommen von Turkmen-Tschai
(1872). Es gelang ihm, 40000 armenische Gefangene zu retten und
ihre Umsiedlung nach Ostarmenien zu bewerkstelligen, als sich die

Chanate von Eriwan und von Nachitschewan mit Rußland vereinten.
Er wurde später, erst 34 Jahre alt, von fanatischen Persern ermordet.
Der Denkmalstein, vor dem nie frische Blumen fehlen, trägt die
Inschrift: »Alexander Gribojédow von dem dankbaren armenischen
Volk«.

Das **Denkmal für Chatschatur Abowjan (4)** (Kolschewoi Bulwar,
Ecke Ul. Abowjana) befindet sich in derselben Grünanlage, die ring-
förmig das Zentrum umgibt, nur am oberen Ende an der Kreuzung
der vom Leninplatz kommenden langen Abowjan-Straße auf der
linken Seite. Abowjan (1805–1848) wird als der Begründer der neuen
armenischen Literatur und Sprache angesehen. Und die Führerin
wird gern darauf hinweisen, daß er »von 100 Schülern träumte«.
Heute gibt es in Armenien 1600 Schulen, und die Universität Eriwan
zählt 14000 Studierende in 15 Fakultäten.

Immer noch in der nämlichen parkartigen Grünanlage, und zwar
direkt hinter dem Abowjan-Denkmal, sehen wir die originelle **Skulp-
tur »Die Hände« (Ruki) (12)** (Kolschewoi Bulwar), zwei in sich
verschlungene Hände aus Carrara-Marmor in einem Wasserbassin.
Carrara ist Eriwans Partnerstadt, und dieses »Denkmal der Freundschaft« wurde von den Italienern gestiftet.

Das **Denkmal für den Kommissar Stephan Schaumjan (11)** (Ul.
Schaumjana) wurde für einen der 26 Kommissare von Baku (siehe
dort) errichtet. Das Denkmal ist aus rosa Granitstein, 3,5 m hoch und
eine Arbeit des Architekten und Bildhauers S. Merkurow. Es steht
am Ende der hübschen Fontänen-Allee mit den über 2750 Springbrunnen.

Auch das **Denkmal Lenins (5)** auf dem Lenin-Platz ist ein Werk
S. Merkurows. Mit seinem Postament erreicht es die beträchtliche
Höhe von 18,5 m und dominiert den Platz. Dem Touristen dient es
als gut sichtbarer Orientierungspunkt. Auf einem die Stadt überragenden Hügel, im »Achtanach-Park« oder auf russisch »pobeda –
Siegespark«, von überall gut sichtbar, steht auf einem Riesenposta-
ment aus rotem Tuffstein (im Innern befindet sich das Museum »Armenisches Volk im Großen Vaterländischen Krieg« 1941–1945) das
gigantische, 56 m hohe **Denkmal der »Mutter Armeniens« (6).** Zu
ihren Füßen liegt das Schild als Zeichen des Friedens; das Schwert
trägt sie in den Händen, bereit, die Heimat wiederum gegen Angreifer

zu schützen. Unter dieser Symbolfigur liegt das »Grab des unbekannten Soldaten« mit der ewigen Flamme: »Niemand ist vergessen, nichts
ist vergessen«.
Ebenfalls auf einem Hügel, aber auf der anderen Seite der Stadt im
Tschitschernaka-Park **(26)**, steht das **Denkmal zum Gedächtnis des
Völkermordes an den Armeniern 1915 (7),** ein eindrucksvolles
modernes Mahnmal an die türkischen Greuel von 1915, denen 2 Millionen Armenier zum Opfer fielen. Auch hier brennt ein ewiges Feuer,
von 10 geneigten Pilastern beschützt, und es ertönt (ähnlich wie auf
der Leningrader Gedenkstätte für die Opfer der Belagerung) die
gedämpfte Musik des armenischen Komponisten Komitas. Zur Seite
erhebt sich ein spitz wie eine Nadel zulaufender Stahlturm, Symbol
der Wiedergeburt des armenischen Volkes

Flughafen

Der Flughafen mit einem neuen Flughafengebäude liegt 11 km vom
Stadtzentrum entfernt. Die Agentur der Aeroflot befindet sich auf
dem zentralen Prospekt Lenina 15. Mit Jet erreicht man heute von
Eriwan in
3 Stunden und 35 Minuten Moskau
4 Stunden und 55 Minuten Leningrad
3 Stunden und 50 Minuten Taschkent
2 Stunden und 30 Minuten Odessa
40 Minuten Sotschi
50 Minuten Baku

Hotels

»Ani« **(1),** Prospekt Sajat-Nova 19, Tel. 52-39-61
»Armenia« **(2),** Pl. Lenina, Tel. 52-53-93. Vor der Erneuerung der
Stadt war dies der Platz, wo der große Bazar abgehalten wurde.
»Erevan« **(3),** Ul. Abowjana 14, Tel. 56-99-33-03
Natürlich gibt es noch andere Hotels in Eriwan, aber diese drei im
Zentrum sind für die ausländischen Touristen bestimmt. Am be-
quemsten liegt das Hotel »Armenia«; das modernste ist »Ani«, nach
der antiken Hauptstadt benannt.

Intourist

In den oben angeführten Hotels befinden sich auch Intourist-Büros, die in Eriwan besonders wertvoll sind, wenn jemand außer dem nie sehr reich bestückten Tagesprogramm noch etwas anderes sehen möchte.

Kirchen

Eriwans Kirchen sind noch »im Betrieb«, wie es so schön heißt. Man wird nicht hingeführt, aber es steht jedem frei, außer dem Ausflug nach dem Kloster Etschmiadsin auch noch Kirchen in der Stadt zu besuchen. Wenn man im Zentrum logiert, ist die am schnellsten zu erreichende die **Kirche des hl. Sarkis (20)** (Zérkow sw. Sarkis). Sie liegt am Ende des Lenin-Prospekt mit der Fassade zum Tal hin. Vom architektonischen Standpunkt ist sie keine besondere Kirche. Sie wurde 1853 errichtet und ist sichtlich als einzige von dem alten Stadtteil übriggeblieben. Rechts und links erheben sich neue Wohnquartiere.

Zu erwähnen sind noch

die **Kirche des hl. Owanes (21)** (Zérkow sw. Owanes), 595–609 erbaut. Sie liegt außerhalb im Stadtviertel Avan, rechts der Ausfallstraße nach Tbilissi hinter dem Botanischen Garten **(30).** Sie ist die älteste noch existierende Kirche Eriwans;

die **Muttergottes-Kirche (22)** (Zérkow Bogorodnizi). Sie liegt ebenfalls in einem Vorort, ist eine Friedhofskirche und gehört zum Stadtviertel Kanaker. Sie wurde 1595 errichtet. Ganz in ihrer Nähe, hinter dem Haus des Dichters Abowjan (heute Museum), steht die

Kirche des hl. Akon (23) (Zérkow sw. Akon), die genau ein Jahrhundert später, 1695, erbaut wurde.

Museen

Das am Ende des endlosen Prospekt Lenina, schon auf dem Abhang des Hügels gelegene **Matenadaran** oder **Institut Mesrop Machtoz (13),** Prospekt Lenina 111, zu dem 70 Stufen hinaufführen, ist der

Stolz Eriwans und ganz Armeniens. Mit 10 600 Handschriften und
2500 Fragmenten besitzt es die größte Sammlung alter Handschriften
der Welt.
Die Geschichte dieser Sammlung ist eng mit der Geschichte Armeniens und dem Kloster Etschmiadsin verbunden. In einer Zeit, als es
unmöglich erschien, politische Unabhängigkeit zu erlangen, versuchte Armenien, wenigstens seine ethnisch-kulturelle zu erhalten.
Im Jahre 396 hatte ein Mönch des Klosters Etschmiadsin, Mesrop
Machtoz (362–440), das armenische Alphabet, *Grabar* genannt, er-
funden, das in Kirchen und Schulen das bis dahin übliche syrische
oder griechische ersetzte. Auf seine Anregung hin und mit der Unter-
stützung des Bischofs Sahak wurde auch die Bibel aus dem Syrischen
ins Armenische übersetzt. Diese geniale Erfindung erlaubte es Armenien, seine eigenständige Kultur weiter zu entwickeln und in Zeiten
der Abhängigkeit kulturell zu überleben. Um das Kloster und später
um Gegard sammelten sich Wissenschaftler, Historiker, Übersetzer
und Künstler, wurden Schulen gegründet und die kostbaren Manuskripte in Zeiten der Not, der Verfolgung und Zerstörung in Grotten
und Felsennester versteckt. Vieles ging dennoch verloren: So ver-
brannten im Jahre 1170 die Türken, die das Kloster geplündert hatten,
mehr als 10 000 Handschriften. Dennoch ist das, was gerettet werden
konnte, überwältigend und von unschätzbarem Wert.
Die ältesten Stücke der Sammlung gehen noch auf das 5. Jh. zurück,
doch leider sind es nur Fragmente. Die älteste *komplette* Handschrift
ist aus dem Jahre 887: es ist das *»Etschmiadsin-Evangeliar«*. Nicht
immer wurde Pergament verwendet (Handschriften waren teuer: für
ein Evangelium waren die Häute von zwei Stieren oder zwei Pferden
nötig). Die erste Handschrift auf Papier stammt aus dem Jahre 981
und ist eine Sammlung astronomischer und philosophischer Studien.
Zu den Kostbarkeiten des Matenadaran gehört *»Die Geschichte Armeniens«* von Moses von Chorene (Moisé Chorenatzi), der als Vater der
armenischen Historik angesehen wird. Er lebte im 5. Jh. und faßte
in seinem Werk zum ersten Mal die Geschichte Armeniens von den
Anfängen im Altertum bis zu seiner Zeit (428) chronologisch und
systematisch zusammen. Ein anderes bedeutendes Geschichtswerk ist
»Die Geschichte von Wardan und dem Armenischen Krieg« von Eliseo
(Eghishé), die den heldenmütigen Aufstand Wardan Mamikonians

gegen die Sassaniden und die Schlacht vom 26. Mai 451 in Awaraír beschreibt.

Im 5. und 6. Jh. studierten viele Armenier in Rom, Athen und Antiochia. Wahrscheinlich stammen von ihnen die über *300 Übersetzungen des Aristoteles*, die sich in dieser Bibliothek befinden. Es ist aber interessant, daß hier auch Werke der Weltliteratur aufbewahrt werden, die es nur noch in der armenischen Übersetzung gibt, weil das Original verlorengegangen ist. Das berühmteste ist wohl die *»Chronik«* des *Bischofs Eusebius von Cäsarea* (gest. 339), dem Kirchenhistoriker und Vermittler in den arianischen Streitigkeiten, von der – nachdem das griechische Original verlorengegangen war – nur noch diese armenische Übersetzung erhalten ist.

Die Handschriften haben verschiedene Formate. Die gewichtigste stammt aus dem Jahre 1202 und wiegt 28 kg; ihre Maße sind 51 × 70 cm. Das kleinste aus dem Jahre 1434 erreicht nur 19 g und die Maße 3 × 4 cm. Wir können hier notgedrungen nur einen Bruchteil der Handschriften erwähnen. Im Museum kann man eine ausführliche bebilderte Beschreibung in französischer Sprache für 10 Kopeken kaufen.

Als Armenien 1920 zur Sowjetunion kam, wurde die berühmte Sammlung des Klosters Etschmiadsin verstaatlicht. 1939 siedelte sie in das neugebaute Museum über. Es war von dem Architekten Grigorian im »alt-armenischen« Stil erbaut worden. Die Wandmalereien in der Eingangshalle, die als Thema die berühmte Schlacht von Awaraír haben, wurden von dem armenischen Maler Johannes Chatchatourin ausgeführt.

Das Museum ist montags geschlossen.

Als Einzelperson braucht man zur Besichtigung eine Sondererlaubnis. Für die Reisegesellschaften ist der Besuch des Museums in jeder Tour eingeschlossen.

Eriwans Museen schließen, mit ganz wenigen Ausnahmen, nachmittags um 16 Uhr. Das ist mit ein Grund, warum wir allen Touristen abraten, im Juli oder August nach Armenien zu reisen. Die Besichtigungen außerhalb der Stadt werden am Morgen vorgenommen und ziehen sich immer bis halb eins, ein Uhr hin. Wenn man dann gegen zwei Uhr vom Mittagessen aufsteht, ist die – in Eriwan oft feuchte – Hitze am größten. Nur die wenigsten werden die Energie aufbringen, nun auch noch ein Museum zu besichtigen. Um 5 Uhr wäre dann jeder gerne bereit dazu, aber dann sind die Pforten dort geschlossen. Dabei sollte man wenigstens das

Historische Museum (14) (Pl. Lenina 12) gesehen haben, weil ohne dieses die am Morgen besichtigten Ausgrabungen und historischen Stätten unkomplett, ja bis zu einem gewissen Grade sogar unverständlich bleiben.

Das Museum wurde schon 1921 gegründet und 1935 vollständig renoviert. Es besitzt 160 000 Ausstellungsobjekte, von denen 6000 in 20 Sälen gezeigt werden. Wie alle sowjetrussischen Museen ist auch dieses in Eriwan nach didaktischen Prinzipien angelegt und außerordentlich anschaulich mit graphischen Erläuterungen versehen. Beschriftungen gibt es allerdings nur in Armenisch und Russisch.

Es sei hier darauf aufmerksam gemacht, daß es in Eriwan noch zwei weitere historische Museen gibt. Es wäre nötig, alle beide zu besuchen. Leider steht das kleinere, den Ausgrabungen um Eriwan gewidmet, nie auf dem Besichtigungsplan. Und da es am Stadtrand schwer zu erreichen ist, verirrt sich auch selten ein Besucher dorthin, während sich das »Historische Museum« zentral auf dem Lenin-Platz dem Ausländerhotel »Armenia« gegenüber befindet.

Man beginne am besten mit den Sälen, die der Steinzeit gewidmet sind mit Geräten, Messer-, Speer- und Pfeilspitzen der neolithinischen Epoche. Als die Menschen um 2100 v. Chr., indem sie Zinn mit Kupfer mischten, die Bronze erfanden, begann ein neues Zeitalter. Jetzt entstanden in der Nähe der befestigten Siedlungen auch Nekropolen. 1956 entdeckte man am *Sewan-See* in Itschaschan solche Grabstätten. Im Museum kann man *drei vierrädrige (restaurierte)* und *zwei zweirädrige Wagen aus dem 13. und 12. Jh. v. Chr.* sehen. Daß sie von Ochsen gezogen wurden, erkennt man an auch im Museum anzutreffenden *Miniaturen* aus derselben Epoche.

Von besonderem Interesse für den westlichen Besucher sind die Säle, die den *Urartu* gewidmet sind, jenem Völkerstamm, der die *Urriti* im 9. Jh. in der Herrschaft ablöste, der aber schon seit dem 12. Jh. v. Chr. im Lande gelebt hatte. Da auf dem Besichtigungsprogramm stets der Besuch der in dem südöstlichen Teil der Stadt gelegenen alten Zitadelle der *Urartu* (siehe dort) steht, ist es unentbehrlich, wenigstens diese Abteilung des Museums zu besuchen.

Sehenswert ist vor allem die *»Geburtsurkunde«* der Stadt, ein Basalt-stein, auf welchem in Keilschrift steht: »Zum Ruhme des Gottes Chaldi erbaute Argitschi, Sohn des Menua, diese mächtige Festung, gab ihr den Namen Erebuni für die Macht des Landes Biaini und zur Abschreckung der Feinde.« Man kann somit die Gründung der Stadt auf das Jahr 782 v. Chr. festlegen.

Man sieht im Museum auch die erhaltene *Rüstung* des Gründers der Stadt, *Argitschi I. (787–760)*. Russische Führer und russische Erläu-terungen sprechen immer von »Zaren«, auch wenn sie sich auf die Fürsten des Altertums beziehen. Zum »Zaren« ernannte sich der Großfürst von Moskau, Iwan III. (1462–1505), der die Nichte des letzten Kaisers von Byzanz geheiratet hatte, nach dem Untergang Konstantinopels. Die *Urartu*-Herrscher waren Könige. In einem be-sonderen Saal sehen wir auch die aus der alten Festung stammenden *Fresken mit Löwen und Stieren*, die stark der assyrischen Kunst und dem assyrischen Stil ähneln (s. unten Abschnitt »Erebuni«).

Aus dem 1. Jh. n. Chr. gibt es eine getreue Nachbildung des interes-santen *Tempels von Garni (s. dort)* – dies ist besonders nützlich für jene Gruppen, die die Besichtigung Garnis auslassen.

Ebenso wichtig sind die Erläuterungen und die Rekonstruktion der alten Kirche von *Swartnoz* (631–661).

Aus dem Anfang des 13. Jh. stammen die Schätze der alten Haupt-stadt *Ani*. Sie wurde 961 unter den Bagratiden Sitz der Herrscher. Wertvolle Funde an *Keramik, Silber, Kupfer, buntem armenischem Glas* und *Seidenstoffe* sind ausgestellt.

Geöffnet: Täglich (außer montags) von 10.30 bis 16 Uhr.

Das **Museum der Stadt Eriwan (17),** Prospekt Lenina 12, ist neueren Datums und ebenfalls eng verbunden mit den wichtigen Ausgra-bungen und Funden, die in den letzten Jahrzehnten unternommen wurden. Die Geschichte Armeniens und Eriwans wurde dadurch viel klarer und verständlicher. Diese archäologischen Grabungen wurden jedoch nur im sowjetrussischen Teil Armeniens vorgenommen.

Die ältesten Funde – meistens Reste von Befestigungen – wurden in

Teghut bei Etschmiadsin gemacht. Doch die ergiebigsten sind in *Schengawit*, wie Eriwan am Fluß Rasdan gelegen, und in den urartäischen Festungsstädten *Erebuni* und *Tejschebani* getätigt worden.

In diesem Museum sind über 16000 Stücke ausgestellt. Manche, die Geschichte des Staates Urartu betreffend, überschneiden oder vervollständigen die im obigen Museum zu sehenden.

Die Säle sind hauptsächlich der Geschichte der Stadt Eriwan gewidmet – nicht nur der Zeit des Altertums und des Mittelalters, sondern auch der Neuzeit und dem Befreiungskampf vom persischen Joch. 1978 wurde der 150. Jahrestag der armenischen Zugehörigkeit zu Rußland gefeiert.

Eine besondere Abteilung ist der Entwicklung Eriwans nach der Revolution vorbehalten.

Geöffnet: Täglich (außer dienstags) von 10.30 bis 16 Uhr.

Das **Museum »Erebuni« (16),** Uliza Erebuni 30, liegt in der Nähe der Ausgrabungen der Stadt Erebuni **(28)** und enthält eine gute Dokumentation der archäologischen Funde, die man aus den alten *Urartu-Festungen* um Eriwan ans Tageslicht gebracht hat. Da jedoch die kostbarsten Stücke in den Museen in Eriwan selbst zu sehen sind, wird dieses Museum niemals von den Touristen besichtigt. Für Archäologen aber ist es von besonderem Interesse.

Geöffnet: Täglich (außer montags) von 10.30 bis 16 Uhr

Das zentrale **Museum der Revolution (15),** Pl. Lenina, dem Historischen Museum gegenüberliegend, dokumentiert den Verlauf der Revolution in Armenien und die Ausbreitung der marxistischen Ideen in Transkaukasien.

Geöffnet: Täglich (außer montags) von 10.30 bis 16 Uhr.

Die **Staatliche Gemäldegalerie (18),** Ul. Spandarjana 1, ist eine wirklich bedeutende Bildergalerie, eine der größten der Sowjetunion. Sie wird erst um 17 Uhr geschlossen; man kann also noch einen Sprung dorthin machen, nachem z. B. das »Historische Museum« besichtigt wurde.

Die Gemäldegalerie umfaßt beinahe 20 000 Bilder, Graphiken und
Skulpturen. Zu der Sammlung gehören ein *Rubens*, Gemälde von
Van Dyck, Jordaens, Courbet, Theodor Rousseau; wer die Moskauer und
Leningrader Gemäldegalerien kennt, wird hier *Brüllow, Repin, Lewi-*
tan, Schischkin und *Perow* wiederbegegnen.

Besonders bemerkenswert sind die älteren und neueren *armenischen*
Maler: *Nersesjan, Baschingdshagjan, Sarjan Surenjanz, Kodshojan*. Uns
schien interessant, daß auch von den modernen armenischen Malern
kein einziges Bild »mit der geballten Faust« zu finden war. Ihr Realismus ist sehr viel mehr dem Impressionismus nahe, obwohl technisch
fast alle Stilrichtungen vertreten sind, auch einige Naive, aber keine
Kubisten. Im *letzten Saal* beeindruckt das Bild einer jungen Frau,
die mit jenen kurzen Besen ohne Stiel kehrt, wie man es überall in der
Sowjetunion antrifft. Wenn wir dem Bild einen Titel geben wollten,
würden wir es »Müdigkeit« taufen. Wir sahen, daß viele vor dem
Bild nachdenklich stehenblieben.

Geöffnet: Täglich (außer montags) von 10.30 bis 17 Uhr.

Das kleine **Museum »Armenisches Volk im Großen Vaterländi-**
schen Krieg 1941–1945« liegt im Achtanach-Park, dem »Park des
Sieges«, im Innern des Riesenpostamentes der Statue »Mutter Armeniens« **(6)**. Das Museum beherbergt Dokumente über die Teilnahme
Armeniens am Weltkrieg. Wir erfahren, daß 106 Armenier den Titel
»Held der Sowjetunion« führen dürfen und 60 zum Rang eines Gene-
rals, einer zum Marschall und einer zum Admiral aufstiegen.

In Eriwan gibt es außerdem noch fünf in Museen umgewandelte
Häuser berühmter Bürger. Der ausländische Tourist wird – wenn
überhaupt – nur das **Museum »Martiros-Sarjan-Haus (19),** Uliza
Sarjana 3, des Patriarchen der armenischen Malerei zu sehen bekom-
men, dem wir schon in der Staatlichen Gemäldegalerie begegnet sind.
Sarjan starb mit 93 Jahren und hinterließ ein beträchtliches Werk
farbenfreudiger, lebenssprühender Bilder, die zum großen Teil die
Natur Armeniens oder Eindrücke von seinen weiten Reisen zum
Gegenstand haben.

Geöffnet: Täglich von 10.30 bis 16 Uhr.

Parks

Man nennt Armenien das »Land der Steine«, und wie berechtigt
dieser Ausspruch ist, beweist die Fahrt von Eriwan über den Sewan-
Paß nach Tbilissi. Um so bewundernswerter ist es, daß es den Armeniern gelungen ist, aus Eriwan eine »grüne« Stadt zu machen. Das
Vorhandensein von Wasser war eine Vorbedingung, der Fleiß der
Menschen tat ein Übriges. Wo immer es möglich war, wurden Grün-
anlagen geschaffen. Wer im Hotel »Armenia« wohnt, hat es nach
rechts nur zwei Schritte zur *»Springbrunnen-Allee«* hinter dem Lenin-
denkmal **(5)**. Geht man sie bis zum Ende, kommt man, wiederum
rechts, in einen *»Kinderpark«*. Hier gibt es nicht nur Spielplätze,
sondern auch ein Puppentheater, im Sommer Gelegenheit, in einem
Teich zu baden, und sonstige Attraktionen. Am Ende des Prospekt
Lenina, dort, wo die riesige *Grünanlage* beginnt, die die Stadt wie ein
Gürtel umgibt, finden wir einen großen Teich, in dem auch Erwach-
sene baden (ungefähr gegenüber vom Dramen-Theater). Badelustigen
Touristen wurde jedoch erklärt, daß dort nur baden und schwimmen
dürfe, wer sich vorher einer genauen ärztlichen Untersuchung unter-
zogen habe.
Der schönste Park ist zweifellos der **Siegespark (25)** auf der Höhe.
Er steht auf jedem Besichtigungsprogramm, und viele werden ihn,
besonders im Sommer, gern zum zweiten Mal besuchen. Es ist kaum
zu glauben, daß er erst 1945 angelegt wurde. Breite schattige Alleen
mit Bänken laden zur Ruhe ein, es gibt einen künstlichen See mit
Booten, Schwimmbecken, gedeckte und offene Hallen für Lesende,
Schachspieler, Ping-Pong-Spieler etc. Am Ende des Parks steht mit
herrlichem Blick über die Stadt die »Mutter Armeniens« **(6)**. Natürlich fehlen weder Eisbuden noch Cafés und Restaurants. Der Park
hat eine Ausdehnung von 2 Hektar.
Im Westen der Stadt, jenseits des Flusses Razdan, liegt der Park
»Tschitschernaka« (26), in dem sich das eindrucksvolle Denkmal zur
Erinnerung des Völkermordes an den Armeniern befindet **(7)**.
Außer diesen beiden großen gibt es noch unzählige kleinere Parks,
die diesen Teil im »Land der Steine« in eine grüne Oase verwandelt
haben.

Radiostation

Das berühmte »Radio Eriwan«, an das eine Unzahl von »Geschichten«
gebunden ist, befindet sich übrigens an der Ecke des Prospekts Sajat-
Nova und der Uliza Mraviana. Eine der nettesten »Geschichten«:
Frage an Radio Eriwan: »Ist russischer oder chinesischer Tee besser?«
Antwort: »Trinkt Kaffee!«

Restaurants

Es gibt eine ganze Reihe von guten Restaurants in der Stadt, es ist
aber meist nicht im Programm vorgesehen, außerhalb der Ausländerhotels zu speisen. Sollte jemand dennoch Lust dazu verspüren, wird
der Intourist-Service im Hotel selbst ihm Vorschläge machen können.
Im Hotel »Armenia« **(2)** gibt es im Keller ein Lokal, in dem man die
armenischen Weine und Likörsorten versuchen kann. Das Hotel
»Ani« **(1)** hat sogar eine ganze Etage für Restaurant, Bar und Café
reserviert. Die armenische Küche ist sehr abwechslungsreich, aber
vor allem sind es die Weine, die es den Touristen antun werden.

Theater und Oper

Schon Plutarch (50–125 n. Chr.) erwähnte das armenische Theater im
1. Jh., als dort am Hofe des Königs in Artachat die »Bachantinnen«
von Euripides gespielt wurden. In der armenischen Republik gibt
es heute insgesamt 13 Theater. Eriwans
Opern- und Ballett-Theater »Spendiarow« (24), Ul. Tamanjana 36,
wurde nach dem Entwurf des Architekten A. Tamanjan 1936 erbaut
und gilt als einer der gelungensten Bauten der Stadt. Tamanjan und
seine Mitarbeiter sind die eigentlichen Schöpfer des neuen Eriwan,
das nach ihren Plänen geschaffen wurde. Das
Staatliche Dramen-Theater »Gabriel Sundukian«, Ul. Karmir
Banaku, wurde 1922 gegründet und trägt den Namen des Dramatur-
gen des armenischen Realismus.

Außerdem gibt es noch ein
Russisches Dramen-Theater »Stanislawskovo«, Ul. Abowjana, ein
Armenisches Dramen-Theater, Ul. Isaakjana 28, ein
Operetten-Theater, Ul. Schaumajana, und natürlich mehrere **Konzertsäle.**

Verkehrsmittel

Das bequemste für den Ausländer sind immer die Taxis. Taxi-Chauffeure sprechen jedoch *kein* russisch; man muß sich mit ihnen durch Zeichensprache verständigen oder den Hotelportier bitten zu sagen, wo man hinmöchte. Außerdem gibt es Bus, Tram, Trolley und eine kürzlich gebaute Untergrundbahn.

Universität und Lehranstalten

Eriwan besitzt eine *Akademie der Wissenschaften*, die von dem bekannten Astrophysiker Viktor Ambarzumjan geleitet wird; er steht gleichzeitig auch dem *Observatorium* von Bjurokan vor.
Die 1920 gegründete *Universität* **(32)** hat 14 Fakultäten.
Besonders interessant sind die *medizinischen Institute*. In Armenien gibt es heute *300 Krankenhäuser*, davon *56* in Eriwan. Auf 10 000 Einwohner kommen in Armenien 30 Ärzte.

Zoo

Eriwans Zoo **(31)** ist ebenso sehenswert wie der Botanische Garten **(30)**. Er liegt auf der linken Seite der Ausfallstraße nach Tbilissi und besitzt 1900 verschiedene Arten von Tieren.

Beste Reisezeit und Klima

Die beste Reisezeit ist unbedingt der *September;* auch der kurze Frühling ist schön mit den vielen blühenden Obstbäumen. Im Sommer kann das Barometer bis auf $+40\,°C$ ansteigen und im Winter auf $-20\,°C$ fallen. Im Winter ist es unmöglich, mit dem Autobus nach Eriwan zu kommen. Juli und August haben zwar immer schönes Wetter, aber eine feuchte Hitze, die nicht jedermanns Sache ist.

Sehenswürdigkeiten in der Umgebung

Die Stadt selbst bietet nicht allzuviel Sehenswürdigkeiten, dafür aber gibt es eine Fülle von Orten in der *Umgebung* von Eriwan, die man eigentlich alle besichtigen sollte. Auf dem Reiseprogramm stehen leider meist nur ein oder zwei, doch da die Möglichkeit besteht, auch die andern an einem freien Nachmittag zu erreichen (man wende sich am besten an den Intourist-Dienst des Hotels), versuchen wir so weit es geht, alle jene kunsthistorisch oder geschichtlich interessanten Ausflugsziele zu beschreiben. Extratouren sind in der Sowjetunion stets ziemlich kostspielig und außerdem in Valuta zu bezahlen. Je nach Interesse und Zeit kann sich dann jeder heraussuchen, was ihm ein paar Extradollars oder D-Mark wert erscheint.

Erebuni (28) auf dem Hügel Arinberd

Diese im südöstlichen Teil Eriwans am Stadtrand über dem Fluß gelegene alte *Urartu-Festung* steht glücklicherweise stets auf dem Programm. Hier fand man die »Geburtsurkunde« der Stadt (siehe »Museen«). Im 9. Jh. vor unserer Zeitrechnung hatten die *Urartu* die *Urriti* abgelsöt, die um 1700 v. Chr. nach Armenien gekommen waren und ein mächtiges Reich gründeten, das bis 585 bestand, als es den vereinten Heeren der Meder und Skythen erlag.
Die letzte Strecke zur alten Festung muß man zu Fuß zurücklegen. Die Aussicht vom Hügel ist sehr eindrucksvoll. Die aufgefundenen Reste der Burg, des Feuertempels etc. wurden gut restauriert; die wertvollsten Gegenstände und Fresken befinden sich im Museum. Man ließ jedoch zwei *Fabeltiere in Bronze* am Eingang des Tempels stehen: eine *Sphinx* und einen stilisierten *Königsadler*, Symbol der

Herrscher der Urartu. Sie und verbliebene Freskenbordüren in einem
der Säle erinnern an assyrische Vorbilder.

Tejschebani (27) auf dem Hügel Karmir-Blur

Auch Tejschebani ist eine alte Urartu-Festung, liegt aber am südwestlichen Stadtrand. Der Besuch ist nicht vorgesehen. Hier sind die
Ausgrabungen besonders ergiebig gewesen, vor allem was Ge-
brauchsgegenstände betrifft, die einen interessanten Aufschluß über
das Leben im 7. Jh. v. Chr. geben. Man fand sogar Mostreste in alten
Fässern, ein Beweis, daß man schon damals dort Wein kelterte.
Von Eriwan aus sind zwei Gruppen von Sehenswürdigkeiten zu
besuchen: das Kloster *Etschmiadsin* mit drei berühmten Kirchen in
der Nähe – *Ripsimé, Gajané* und *Schogokat*, 22 km von Eriwan in
westlicher Richtung gelegen – und die Ruinen von *Swartnoz* oder
Garni, sowie das Höhlenkloster *Gegard* am Oberlauf des Flusses Asat,
45 km von der Stadt entfernt.

Etschmiadsin

Die Fahrt nach Etschmiadsin ist vor allem im Frühling schön, der hier
sehr kurz ist. Man fährt an Obstplantagen vorbei, Haine wechseln mit
bebauten Feldern ab, kleine Kolchosensiedlungen liegen am Wege.
Die Gründung des heutigen Etschmiadsin geht auf das 2. Jh. vor
unserer Zeitrechnung zurück. Damals hieß es *Wardkessawan* nach dem
Prinzen Wardkess.
Unter einem seiner Nachfolger, *König Wagarschak* (117–140 n. Chr.)
war es schon groß geworden, war von einer Mauer umgeben und
nannte sich nun *Wagarschapat*. Die Römer verlegten ihr politisches
Zentrum um 150 n. Chr. hierher, nachdem sie Artasche zerstört hatten.
Sie nannten es *Kainépolis*, die »neue Stadt«.
Im Jahre 301 nahmen Tiridates III. (gest. 317) und sein Volk als erste
Nation die christliche Religion an, wahrscheinlich aus politischen
Gründen, um gegen Persien eine Barriere zu errichten. Bekehrt wor-
den soll er von dem übrigens auch zur königlichen Familie gehörenden

Gregor dem Erleuchteten sein. Gregorius Illuminator wird heute als der erste heiliggesprochene Patriarch Armeniens verehrt. Er starb 332 n. Chr., und sein Namenstag fällt auf den 30. September.

Einer alten Legende zufolge hat jedoch schon König Abgar das Christentum angenommen, als er schwer erkrankt den in Judäa predigenden Jesus um Hilfe bat, der den Apostel Thaddäus nach Armenien entsandte. Der dankbare König habe daraufhin schon im Jahre 42 die erste armenische christliche Kirche in Edessa gegründet. Interessant ist, daß diese Legende ohne jegliche historische Grundlage in die Chronik des *Eusebius von Cesarea* (gest. um 339) aufgenommen wurde. Schon 301 wurde mit dem Bau der Kathedrale begonnen. Der Name bedeutet soviel wie »Erscheinung« (etchichmé) des einzigen Sohnes (miatzin) und erinnert an eine andere Legende, nach der der hl. Gregor eine Vision hatte: Jesus erschien ihm in einen goldenen Mantel gehüllt, und die Erde berührend habe er die Umrisse einer Kirche entstehen lassen.

In Wirklichkeit hatten die Dinge einen sehr viel weniger idyllischen Verlauf genommen. Tiridates III. und der hl. Gregor vertrieben mit Feuer und Schwert den alten Glauben und errichteten die christlichen Kirchen auf den Trümmern der alten Tempel. Bei den im Jahre 1958 vorgenommenen gründlichen Restaurierungsarbeiten an der Kathedrale fand man unter dem Hauptaltar eine kleine Krypta mit den Resten eines Feueraltars und Mosaiken.

Unter Bischof Salak I. (387–439) und in seinem Auftrag fand die erste Übersetzung der heiligen Texte statt, die vorher nur in der griechischen und syrischen Version vorgelegen hatten. Ein Mönch des Klosters Etschmiadsin, der geniale *Mesrop Machtoz* (354–440), der auch zugleich Sekretär des Königs war, schuf das neue *armenische Alphabet*, das 36 Buchstaben umfaßt.

Von da ab kann man eigentlich erst von einer armenischen Kultur und einem armenischen Volk sprechen, das eng verbunden mit dem Christentum und mit der von ihm gewählten Form war. Ein Dogma hielt die Nation zusammen: das Christentum trennte sie von den Persern, der Monophysitismus von den Römern und den Byzantinern. Zwar waren sie stets aufrichtige Verbündete dieser letzteren, aber sie schickten keine Abgeordneten mehr zu den Konzilen; denn sie hielten ihre Kirche und ihr Dogma für das älteste und gültige. Es

wurden zwar viele, aber stets vergebliche Versuche gemacht – im 7.
und dann wieder im 10. Jh. –, zwischen Byzanz und Etschmiadsin zu
vermitteln. 552 erwählte ein nur von armenischen Bischöfen besuch-
tes Konzil den *Katholikus*, der in ihren Augen auch heute noch mit
dem Papst und dem Patriarchen gleichberechtigt ist.
Wagarschapat nahm bald den Namen des Klosters an und nannte sich
ebenfalls Etschmiadsin. Bis 387 gelang es Armenien, seine Unabhängigkeit zwischen den persischen Sassaniden und dem byzantinischen
Reich zu erhalten. Als sich aber die streitenden Lager einigten, teilten
sie wieder das armenische Reich zwischen sich auf. Vor allem begannen religiöse Verfolgungen von neuem. Im 5. Jh. zerstörten die Perser
unter Yezdegert (440–457) Etschmiadsin. Die Volksrevolte unter
Wardan Mamikonjan fällt in diese Zeit. Im 9. Jh. erschienen die
Araber, Etschmiadsin wurde wiederum zerstört. 550 Jahre lang –
von 901 bis 1441 – hatte der Katholikus keinen festen Sitz. Die
Hauptstadt war unterdessen nach *Ani* verlegt worden.
Alle Versuche, das Land zu befreien, schlugen fehl, auch die Hoffnungen, die die Armenier während der Kreuzzüge genährt hatten,
verschwanden mit dem Rückzug der Kreuzritter. Im 16. Jh. versuchte
der damalige Katholikus Michele (1555–1576), der Kirche neue Im-
pulse zu geben. Im Jahre 1717 wurde in Venedig, wo schon seit dem
16. Jh. eine armenische Druckerei bestand, eine Mönchsgemeinschaft
gegründet, die heute noch floriert und in engem Kontakt mit Etschmiadsin lebt. Von den heute 3 Millionen Armeniern, die im Ausland
leben, ist nur ein Bruchteil – ca. 100000 – zur protestantischen
Konfession konvertiert.
Nach dem persisch-russischen Krieg zu Beginn des 19. Jh. fiel ein
Teil Armeniens an das russische Zarenreich; die religiösen Verfolgungen hörten in diesem Teil Armeniens auf, und langsam stieg die
Bevölkerungszahl wieder an.
1869 wurde dem Kloster ein Museum angebaut, das jedoch das Ensemble etwas stört. Dazu kam dann Anfang unseres Jahrhunderts der
neue Palast des Katholikus mit einem Thronsaal, einem Refektorium
und anderem.
Nach der Oktoberrevolution wurde Etschmiadsin wieder zum religiösen Kulturzentrum Armeniens. Die Kathedrale wurde von *Martiro
Sarian* restauriert, die Fresken stammen von *Lydia Durnowo* und ihren

Schülern; man pflasterte den Kathedralenplatz neu, ein Seminar wurde gebaut, wo heute zukünftige armenische Priester aus aller Welt studieren. Auch ein neuer Hauptaltar wurde in der Kathedrale errichtet.

Für diese Vergünstigungen jedoch mußte der Patriarch auf die bisherige Verwaltung der armenischen Schulen – mit Ausnahme der theologischen Universität – verzichten und die berühmte Bibliothek *Matenadaran* dem Staat überlassen. In Eriwan wurde für sie ein neuer Sitz gebaut.

Wenn es der Tourist einrichten kann, so sollte er an einem Sonn- oder Feiertag nach Etschmiadsin fahren und, wenn es die Zeit erlaubt, einem Gottesdienst beiwohnen. Der Kirchenchor Etschmiadsins ist weltberühmt. In Eriwan kann man Platten davon erwerben. Die Messe, die sich von der katholischen und der byzantinischen weitgehend unterscheidet, ist außerordentlich eindrucksvoll. An einem gewissen Punkt wird ein riesiger, nur mit einem goldenen Kreuz bestickter Vorhang vor den Altar gezogen, durch die Seide schimmern die Lichter, und der Gesang des Chores scheint wie vom Himmel niederzutönen. Die Liturgie wird noch in klassischem Armenisch gesungen, das, wie man sagt, sehr verschieden von dem modernen ist; doch vermag der Gläubige trotzdem der heiligen Handlung zu folgen. Sollte der Tourist im August zum alten heidnischen Erntedankfest eintreffen, das wie viele alte Bräuche von der armenischen Kirche übernommen wurde, so kann man auch an der Messe des Katholikus teilnehmen.

Der heutige Katholikus ist Wasgan I., ein kluger und im Umgang mit den Behörden geschickter und sehr geachteter Mann. Führer oder Führerin werden gern betonen, daß er der »armenische Papst« sei. Es ist besonders feierlich, wenn er von einer Gruppe Priester mit schwarzen Kapuzen aus der der Kirche gegenüberliegenden Residenz unter Glockengeläut – denn in Armenien läuten noch die Glocken – in die Kathedrale begleitet wird, die Menge sich an ihn herandrängt und der alte Mann mit wallendem weißem Bart sie segnet.

Über die Besonderheiten des armenischen Kirchenbaues werden wir bei den noch aus der alten Zeit erhaltenen Kirchen *Ripsimé* und *Gajané* sprechen, denn die Klosterkirche ist, auch wenn sie alte Strukturen respektierte und alte Teile, die noch aus den Jahren 470–480 stammten, mit in den Bau einbezog, doch zu oft restauriert worden, um noch ein gültiges Beispiel zu sein. Aus dem 4. und 5. Jh. stammen einige erhaltene Grabplatten.

Interessant sind auf der linken Seite der Kirche die seltsam archaisch anmutenden Steinmale mit eingemeißelten Kreuzen, »Chatschkar« genannt. Es sind dies für die armenische Kunst typische Erinnerungsstellen für Verstorbene, und wir werden auf diese Kreuze bei der Besprechung des Klosters *Gegard* zurückkommen.

Im früheren Refektorium des Klosterkomplexes gibt es einen sehr guten *Berjóska-Laden*. Wir halten ihn mit Abstand für den besten in Eriwan. Er hat gutes, wenn auch teueres Kunsthandwerk, Silberarbeiten, Kupfergeräte. Beliebtes Objekt ist ein Topf aus Messing für die Zubereitung türkischen Kaffees. In Tbilissi kostet der gleiche Topf fast das Doppelte.

In Etschmiadsin sind noch drei Kirchen zu sehen. Vor allem die beiden alten, *Ripsimé* (618) und *Gajané* (630), können uns noch einen Begriff von dem ursprünglichen armenischen Kirchenstil geben. Die dritte Kirche, *Schogokat* (1694), ist weniger interessant. Da sich diese beiden Kirchen nur 20 km von Eriwan entfernt befinden, die eine im südlichen, die andere im östlichen Teil von Etschmiadsin, sollte man wirklich die Mühe nicht scheuen, sie auf einer kleinen Extratour an einem Nachmittag – leicht durch Intourist zu vermitteln – aufzusuchen.

Ripsimé-Kirche

Meistens wird auf der Hinfahrt zur Klosterstadt wenigstens die *Ripsimé-Kriche* besucht, die rechts etwas erhöht kurz vor dem Kloster im östlichen Teil der Stadt liegt. Alle drei Kirchen stehen mit den Anfängen des Christentums in Armenien in Verbindung und tragen die Namen der ersten drei Märtyrerinnen des neuen Glaubens.

Nach der Legende sollte das christliche Mädchen *Ripsimé* gegen ihren Willen den römischen Kaiser Diokletian (283–305) ehelichen. Es gelang ihr jedoch, mit ihrer Freundin Gajané in ihre armenische Heimat zu entkommen. Diokletian verlangte daraufhin von König Tiridates III. von Armenien ihre Bestrafung. Doch auch Tiridates verliebte sich in das schöne Mädchen, und als sie ihm widerstand, ließ er sie erst ins Gefängnis werfen und dann zusammen mit ihren beiden christlichen Freundinnen Gajané und Schogokat hinrichten. Deswegen tragen die drei Kirchen in Etschmiadsin die Namen dieser drei Frauen, die lieber starben, als einen nicht-christlichen Fürsten zu ehelichen. Eine zusätzliche Legende weiß, daß Tiridates sich, um seine Untat zu sühnen, später für das Christentum eingesetzt habe; eine andere Version besagt, ihm sei statt der Nase ein Schweinsrüssel gewachsen, der erst verschwand, als er die Kirche Etschmiadsin erbaute. Dort heißt übrigens der Haupteingang zur Kathedrale immer noch »Pforte des Tiridates«, denn durch sie sei er bei der Einweihung geschritten; wir wissen leider nicht, ob noch mit oder schon ohne Schweinsrüssel.

Diese alten *Kirchen des 6. und 7. Jahrhunderts* haben die Basiliken der ersten Zeit abgelöst, die die größte Bedeutung im ältesten künstlerischen Erbe Armeniens haben. In großem Formenreichtum entwickelten sie sich seit der frühchristlichen Zeit. Ihre Baumeister hatten ähnliche Aufgaben zu lösen, wie die byzantinischen, dennoch sind sie unendlich verschieden von ihnen. »Die byzantinischen versuchten« – schreibt der russische Kunsthistoriker Michale W. Alpatow – »entsprechend der Lehre vom Logos die Einheit von Geist und Körper, Raum und Masse, Licht und Schatten zum Ausdruck zu bringen. Sie schufen eine leichte, auf Pfeilern und Bogen schwebende Kuppel und umgaben den Kuppelraum mit Umgängen und Emporen – wie man sie in der Sophienkathedrale in Kiew sieht –; sie versuchten den Stein zu vergeistigen. In *Armenien* hingegen herrschte der Monophysitismus, und die armenischen, einkuppeligen Kirchen sind wie aus *einem* Stück gearbeitet: Altarraum und Vorhallen scheinen wie aus der Mauer herausgemeißelt.«

Gerade die Kirche Ripsimé vermittelt in besonderem Maße einen Eindruck von Geschlossenheit, der durch eine geschickte Verbindung der Kuppel mit den Fassadengiebeln, dem Wechsel beleuchteter Wände und beschatteter Nischen, vor allem aber durch die rhythmische Fensterordnung noch verstärkt wird. Mit ihren vier hålbrunden Apsiden ist sie eine der Kirchen, die am reinsten den alten Stil erhalten haben. Leider wurde später, im 18. Jh., daneben ein Kirchturm gebaut, der absolut nicht dazu paßt.

Die Bauweise der Ripsimé hat eine gewisse Analogie zu der altgeorgischen, wie z. B. der *Dschwari-Kirche* bei Mzcheta in Georgien,
die einhundert Jahre früher, zwischen 586 und 587, erbaut wurde.
Wie fast alle Kirchen in Armenien ist auch die Ripsimé noch »im
Betrieb«. In ihr finden wir ein besonders schönes Altarbild und in der
Krypta, in welche man links vom Altar über eine enge Treppe hinun-
tergehen kann, das stets mit frischen Blumen geschmückte Grab der
hl. Märtyrerin.

Gajané-Kirche

Leider steht die Besichtigung dieser hübschen alten Kirche auf keinem Programm. Sie liegt südlich von Etschmiadsin an einem kleinen
See. Im Jahre 630 erbaut, ist sie nur um ein paar Jahre jünger als die
Ripsimé-Basilika. Sie ist eine dreischiffige Kirche mit zentraler Kuppel, deren Anordnung dadurch gewährt wird, daß das östliche Pfeiler-
paar mit den Altarwänden verschmilzt, so daß eigentlich nur noch
zwei freistehende Stützen unter der Kuppel erhalten bleiben.
Die ältesten dieser Zentralkirchen wurden meistens – wie die *Gajané*
und die *Ripsimé* – über den Gräbern von Heiligen errichtet. Gewöhnlich erhob sich der Bau, wie besonders deutlich bei der Ripsimé-
Kirche zu erkennen, über einer mehrstufigen Sockelzone, die ihn
denkmalartig von seiner Umgebung isoliert, so wie es ja auch bei den
antiken Hochgräbern der klassischen Epoche üblich war.
Zu der Gajané-Kirche wurde glücklicherweise *kein* Kirchturm angebaut, so daß sie noch harmonischer und schlichter wirkt als die
Ripsimé-Kirche.

Ruinen von Swartnoz

Zwei Kilometer von Etschmiadsin entfernt, Richtung Eriwan, liegen
die *Ruinen von Swartnoz*, die bei einem Besuch des alten Klosters stets
auf dem Besichtigungsprogramm stehen.
Die Kathedrale von Swartnoz wurde zwischen 641 und 661 erbaut,
und zu ihrer Einweihung soll der byzantinische Kaiser Constantin III.

erschienen sein, der, entzückt von ihrer Schönheit, eine ebenso prachtvolle Kirche in Konstantinopel zu errichten wünschte; doch der
Architekt starb auf der Reise dorthin.

Swartnoz wurde im 10. Jh. zerstört. Ausgrabungen, die zwischen
1900 und 1905 gemacht wurden, brachten außer den Überresten der
Kathedrale noch die Fundamente eines alten *Schlosses* und andere
interessante Baulichkeiten ans Licht.

Bei der *Kathedrale* handelt es sich um eine dreistöckige Rundkuppel-
kirche von imposanter Ausdehnung, zu der Stufen hinaufführten. Die
Kuppel erreichte die beträchtliche Höhe von fast 50 m. Im Innern
besaß sie Säulen mit dekorativen Kapitellen. Trotz der Zeiten politi-
scher Abhängigkeit – im 7. Jh. stand Armenien unter der Protektion
von Byzanz – zeugt der Bau dieser Kathedrale von der großen Vitalität
und dem hohen kulturellen Niveau des armenischen Volkes.

Der ganze Komplex liegt, von Etschmiadsin aus gesehen, rechts auf
einer kleinen Anhöhe. Am Eingang sind Tafeln mit Erklärungen in
armenischer, russischer und englischer Sprache angebracht. Ein kleines Museum ist den ganzen Tag bei freiem Eintritt geöffnet. Dort
kann man Rekonstruktionen der alten Kathedrale und interessante
Funde wohlgeordnet sehen. So findet man – wohl einmalig in armenischen Kirchen – auch Dekorationen mit einem *Adler*, dem Symbol
der alten *Urartu-Herrscher*, und neben Weintrauben und Granatäpfeln
auch *Schafe* und *Ochsen*. Man wird an den »armen«, d. h. ländlichen
Barock in Apulien erinnert, der ebenfalls Schafe und Ochsen in seine
Dekorationen miteinbezog. In den prächtigen Fassadenresten herr-
schen jedoch die geometrischen und Pflanzenornamente vor.

Garni

Auf der entgegengesetzten Seite von Etschmiadsin, d. h. südöstlich
und 45 km von Eriwan entfernt, befindet sich der alte *Tempel von
Garni*, das einzige in der Sowjetunion erhaltene Denkmal aus der
hellenistischen Epoche.

Die Straße nach Garni führt durch die malerische Schlucht von Avan
durch eine zerklüftete Landschaft – mehr als sonst wird man daran
erinnert, daß Armenien wirklich das »Land der Steine« ist, bis man
eine grüne Oase, das Dorf Garni am Asat-Fluß, erreicht.

Es scheint, daß diese Gegend schon im 2. Jahrtausend vor unserer Zeitrechnung bewohnt war. Das hat einen triftigen Grund, denn das Uferplateau, 100 m zum Fluß steil abfallend, war schwer einnehmbar. Dennoch wurden das hier existierende Schloß, der Tempel und die Festung von den Römern unter Pompejus zerstört. Erst unter *Nero* (45–68) fand die armenische Opposition gegen Rom ein Ende. Armenien wurde offiziell unter *Tiridates I.* selbständig, praktisch jedoch zu einem Pufferstaat unter der Protektion Roms. So war es Nero, der die Mittel zum Wiederaufbau des Tempels stiftete.

Dieser Tempel ist wirklich das Meisterwerk der hellenistischen Architektur Armeniens. Durch ein Wunder, wenn man so sagen darf, entging es der Zerstörungswut der ersten Christen, weil Tiridates III. das alte Schloß als Sommerresidenz seiner Schwester geschenkt hatte. Die von heiligem Eifer ergriffenen Neukonvertierten begnügten sich damit, die Statuen der Götter in den Fluß zu stürzen und »sündige« Mosaiken in den römischen Bädern zu zerstören. Villa und Schloß blieben so erhalten, bis sie 1679 ein Erdbeben vernichtete.

Ein Schweizer Architekt, Friedrich Dubois, legte 1843 einen Entwurf zur Rekonstruktion des Tempels vor, und 1885 wurde auf dem V. Russischen Archäologischen Kongreß von dem Forscher Graf A. Uwarow die Frage aufgeworfen und diskutiert, wie dieses seltene Bauwerk wiederherzustellen sei. Die Verwirklichung des Wiederaufbaus dieses einzigen existierenden Tempels aus der hellenistischen Epoche in Rußland war den Sowjets vorbehalten, und es ist verständlich, daß man hier darüber stolz ist. Im Historischen Museum ist der Werdegang der Rekonstruktion sehr eindrücklich dokumentiert.

Bei dem *Tempel* handelt es sich um einen massiven viereckigen Bau mit 24 Säulen mit ionischen Kapitellen und einem breiten Säulenfries. Man muß ihn sich im Zentrum, zusammen mit einem Schloß, einer Festung mit 14 Türmen, vorstellen. Eine breite Treppe führte zum Tempel, sie diente gleichermaßen als Sockel des Bauwerks. In der *Villa* fand man Reste von Wirschaftsräumen und römische Bäder, in *frigidarium*, *tepidarium* und *laconium* geteilt; in Röhren aus Keramik zirkulierte warme Luft. Von den einstmals sicherlich wunderbaren *Mosaiken* ist nur eines mit *Wassergöttern* gut erhalten, offenbar war es den eifernden Christen entgangen.

Wenn auch der Ausflug nach *Garni* außerordentlich reizvoll ist, so kann er – sollte er nicht möglich sein – durch einen Besuch im Historischen Museum **(14)** ersetzt werden. Anders verhält es sich mit dem Höhlenkloster Gegard, das nicht zu sehen wirklich ein einmaliger Verlust ist. Leider steht der Besuch nicht auf allen Reiseprogrammen, oder es werden im letzten Augenblick Schwierigkeiten gemacht. Man sollte aber darauf bestehen und notfalls auch eine Extragebühr bezahlen, es lohnt sich unbedingt. Das Höhlenkloster liegt ungefähr 10 km von Garni entfernt im Gebirge, 1750 m hoch.

Höhlenkloster Gegard

In den tragischen Zeiten, als sich in Armenien die feindlichen Heere der Seldschuken, Mongolen, Türken, Araber, Ottomanen ablösten, errichteten die Armenier ihre Kirchen im Inneren der Berge, um ihre Kultur lebendig zu erhalten, und es ist charakteristisch für diese Klöster, daß z. B. auf den Mauern von Gegard die Waffen der Prinzen Prosch eingraviert sind, die eine vergebliche Revolte gegen die Türken unternommen hatten.

Die Gründung des Klosters, dessen ursprünglicher Name *Ayrivank* (*Ayr* – Höhle, *vank* – Kloster) lautete, soll schon in den ersten Jahren der Christianisierung stattgefunden haben, also noch zu Zeiten von Gregor dem Erleuchteten. Doch ist mit Sicherheit nur nachzuweisen, daß die *heutigen* Gebäude und Kirchen des Klosterkomplexes auf den Anfang des 12. Jh. zurückgehen. Es ist jedoch sehr wahrscheinlich, daß schon vor dieser Zeit Mönche hier ihre Zuflucht gesucht hatten.

Gegard oder *Gegardavank* (Gegard – Lanzenspitze) bezieht sich auf die dort einst aufbewahrte Reliquie eines *Fragmentes der Lanze*, mit der Jesus auf dem Kreuz verwundet wurde. Der Splitter soll von Thaddäus nach Armenien gebracht worden sein, jenem Apostel, der in den alten Legenden um die Anfänge des Christentums in Armenien zu finden ist, der aber, wenn wir bei der historischen Forschung bleiben, niemals den Boden Armeniens betreten hat. Der kostbare Splitter der Lanze befindet sich heute in Etschmiadsin.

Der älteste erhaltene Teil des Klosters ist die kleine Kapelle *St. Gregorio* (die früher St. Astwazazin – Muttergottes hieß). Sie liegt im östlichen Teil, außerhalb der Klosterbefestigungen, höher als die Hauptkirche, und ist zur Hälfte in den Berg gebaut. Eine dortige Inschrift aus dem Jahr 1160 berichtet von der Schenkung eines gewissen Ourbat an das Kloster als Fürbitte für das Seelenheil seines verstorbenen Bruders. Das Kloster scheint schon im 12. Jh. über einen großen Landbesitz verfügt zu haben, denn es gibt eine ganze Reihe dieser Inschriften an den alten Klostermauern.

Diese überaus aufschlußreichen Inschriften finden sich auf den sogenannten *»Chatschkar«* – das Wort wird aus *Chatsch* – Kreuz und *kar* – Stein gebildet. Es sind in den Stein gemeißelte Kreuze verschiedener Größe, die teils Erinnerungsstelen, teils Exvoten darstellen, und deren Inschriften viel dazu beigetragen haben, die Vorgeschichte des Klosters und seine allmähliche Entwicklung zu erforschen.

Der Klosterkomplex war von einer Mauer mit halbrunden Türmen umgeben. An diesen Mauern im Osten und im Westen befinden sich die aus dem 16. Jh. stammenden Wirtschaftsräume. Das Kloster hat zwei Eingänge: den Haupteingang im Westen und einen kleineren auf der entgegengesetzten Seite. *Außerhalb* der Mauern befanden sich nur die oben erwähnte alte Kapelle des *St. Gregorio* und ein großer gewölbter Saal, der aber zum Teil eingestürzt ist. Außerdem gab es eine Unzahl von in den Fels gegrabenen Zellen, ungefähr 100 m oberhalb des Klosters. Der Tuffstein vulkanischen Ursprungs aus dem Gebirge eignete sich besonders gut dafür.

Der Klosterkomplex besteht aus der *Hauptkirche*, dem *Gavit* (einer großen Vorhalle), zwei *Felsenkirchen* und einem *Zamatoun* (einer als Friedhof dienenden Vorhalle).

Die **Hauptkirche** eines armenischen Klosters wurde *Katogike* genannt, und man kann hier ihr Baujahr genau feststellen, denn eine Inschrift über dem Südeingang gibt das Jahr 1215 an. Sie ist eine Kreuzkupplkirche, wie sie in Armenien seit dem 12./13. Jh. gebaut wurde. Es ist ein außerordentlich ausgewogener Bau. Im Innern werden die Inschriften der Stifter gezeigt: Diese waren nicht nur hochstehende Persönlichkeiten, Fürsten und Aristokraten, sondern am Bau der Kirche hatten Leute aus allen Bevölkerungsschichten mitgewirkt. Wir erfahren, daß die rechte Eckkapelle von einem Askha gebaut, der zweite Stock von einem gewissen Nakhavka, daß Stefan die Steinplatten des Fußbodens legen ließ und zwei weitere

Kapellen stiftete. Ihre Namen stehen neben denen des Vetters des regierenden Fürsten und seiner Gattin.

Um 1250 gewann das Kloster weiter an Bedeutung und wandelte seinen alten Namen von Ayrivank in Gegard u. Wenn das Innere wie in fast allen armenischen Kirchen eher schlicht gehalten ist, so finden wir an den Außenseiten bedeutende Arbeiten der damaligen Steinschnitzkunst. Von besonderer Schönheit sind die Dekorationen – Trauben und Granatäpfel – über dem südlichen Hauptportal.

An der Westseite der Hauptkirche schließt sich der **Gavit** (Vorhalle) an, ein typisches Element der altarmenischen Kirchen: ein viereckiger großer Vorsaal, der kirchlichen und administrativen Zwecken diente. Von hier aus konnten die Neubekehrten (Neophiten) der Messe beiwohnen, hier wurden Versammlungen abgehalten, an den Innenwänden wurden Gesetze und Verordnungen eingraviert. Außerdem gab es Gavit, die (s. unten) als Begräbnisstätten fürstlicher Familien verwendet wurden. Es steht nicht ganz fest, wann der Gavit der Hauptkirche errichtet wurde, man darf jedoch annehmen, daß er fast gleichzeitig entstanden ist. Das *Innere* ist durch vier mächtige Säulen in einen Hauptraum und acht kleinere Nebenräume geteilt. Die Seitenräume sind verschiedenartig gedeckt, es gibt Trichternischen zwischen den rechtwinklig aufeinanderstoßenden Mauern, solche mit Stalaktitwölbungen orientalischen Ursprungs etc.

Die **erste Felsenkirche** wurde um 1250 nordwestlich der Hauptkirche gebaut. In ihrem Innern befindet sich eine Quelle, die in alten Zeiten verehrt wurde und heute noch sorgfältig gepflegt wird. Das Innere der Kirche ist in den Tuffstein gegraben, durch eine zentrale Stalaktitkuppel erhält sie von oben ein dämmriges Licht, das außerordentlich suggestiv wirkt.

Die **zweite Felsenkirche** erreicht man durch die Nordpforte des Gavit. Man kommt zuerst in einen kleinen Gavit, der sichtlich als Zamatoun, d. h. als Friedhof oder Bestattungssaal diente, und zwar den *Prinzen Prosh*: In einer doppelbögigen Nische ist noch der Platz zu sehen, wo der Sarkophag stand. Darüber sind zwei aneinandergekettete Löwen dargestellt, ein Adler mit dem Kopf eines Schafes in den Krallen und der Kopf eines Ochsen – wahrscheinlich Wappen der Familie oder mit ihrem Geschlecht zusammenhängende Symbole. Gedämpftes Licht fällt durch ein schmales Fenster.

Tempel von Garni ▷

Von diesem Raum aus gelangt man in die Kirche, die eher ein Saal
mit einer auf vier Säulen ruhenden Kuppel ist und Licht durch eine
Öffnung in derselben erhält. Die Wände sind mit plastischen Motiven
belegt: Tauben, Ritter in Rüstungen, viele Chatschkar, geometrische
und pflanzliche Ornamente. Eine Inschrift an der Mauer zeigt das
Baujahr 1283 und den Stifter, Prinz Prosh, an.

Zu dem zweiten, dem großen oder oberen **Zamatoun,** führt eine
steile, in den Stein gehauene, aber vorsorglich für die Touristen mit
einem Geländer versehene Treppe hinauf. Schon längs der Treppe
können wir in den Stein gemeißelte Chatschkar verschiedener Di-
mensionen und verschiedener Stile bewundern; auch die Wände der
nun folgenden Galerie, die zum Gavit führt, sind von ihnen bedeckt.
Auf einer der vier in der Mitte des Saales stehenden Säulen ist die
Jahreszahl des Baues, 1288, eingraviert; man nimmt an, daß er von
einem Sohn des Prinzen Prosh gestiftet wurde. Bemerkenswert ist,
daß einige der Chatschkar in diesem Raum nicht, wie die übrigen,
aus dem Stein gehauen, sondern freskenartig gemalt sind. Auch der
Name des Erbauers, Galdzak, soll an der Kuppel eingemeißelt sein.

Das Kloster hinterläßt bei allen einen starken Eindruck. Man wird
sich bewußt, daß die Religion für die Armenier eine ganz besondere
Bedeutung hatte: eine Identifikation mit dem Begriff »Armenier sein«.
Ihre Kirche hatte sich nie den Mächtigen gebeugt, war nie einen
Kompromiß eingegangen und konnte vielleicht daher im Herzen
aller überleben, weil sie stets auf Seiten des Volkes geblieben war.
Auf einer Marmortafel im Kloster Etschmiadsin sind die Namen der
großmütigen im Ausland lebenden Spender armenischen Ursprungs
eingraviert, allen voran Robert Gulbekian, einer der reichsten Männer
der Welt. Ein Armenier vergißt weder sein Land, noch seine Kirche,
sollte er auch noch so weit entfernt von ihr leben.

◁ Höhlenkloster Gegard

Von Eriwan nach Tbilissi

Wer sich auf eine Reise in die Sowjetunion begibt, sollte immer darauf achten, eine Touristenkombination zu buchen, bei der auch *Busreisen* vorgesehen sind. Denn nur auf solchen erhält man einen objektiven Eindruck von Land und Leuten. Die Rundreise durch die altrussischen Städte (s. »Der Goldene Ring«) sieht diese vor; in Sibirien ist es möglich, den Baikalsee von Irkutsk aus mit dem Bus zu erreichen (s. »Sibirien und Zentralasien«), und wer Transkaukasien auf dem Programm hat, kann während der Sommermonate die Strecke von oder nach Tbilissi von Eriwan aus über den Sewan-See mit dem Reisebus zurücklegen.

Von *Eriwan* aus führt der Weg über die Ausfallstraße nach *Tbilissi* links am Botanischen Garten **(30)** und am Zoo **(31)** vorbei; rechts liegen neuerstandene Wohnquartiere. Ein Denkmal aus rotem Tuffstein zeigt links die Grenze der Stadt an. Eine breite doppelte Fahrbahn mit einem Grünstreifen und Blumen in der Mitte hat bis dahin geführt. Nun wird die Straße etwas schmaler und windet sich in Kurven in die Höhe der Berge des Kleinen Kaukasus. Wiederum auf der linken Seite sehen wir auf einem nackten Felsen einen riesigen Adler mit ausgebreiteten Flügeln: Das Symbol der *Urartu*-Herrscher. Ein Meilenstein zeigt an, daß es jetzt noch 242 km bis Tbilissi und 42 nach dem Sewan-See sind; zwanzig Kilometer haben wir schon von Eriwan bis hierher zurückgelegt. An einer scharfen Kurve wird der Autobus meist noch einmal halten: Die Reisenden können aussteigen und sich mit größeren oder kleineren Obsidianstücken versehen, jenem dunklen glasähnlichen Ausfluß vulkanischen Ursprunges, der im Steinzeitalter wegen seiner Härte ein hochgeschätztes Tauschobjekt darstellte. Als es noch keine Metalle gab, diente er als Werkzeug und Waffe. Die Berge rechts und links der Fahrstraße sind nun kahl und steinig: Armenien ist »ein Land der Steine«, und die grünen Parks in Eriwan, die Gemüsegärten und Felder werden mit unendlicher Mühe und nie endendem Fleiß einer kargen, wasserarmen Natur abgerungen. Nach 63 km erreichen wir auf 2000 m Höhe inmitten des Gegamski-Gebirges den

Sewan-See

Gorki nannte ihn ein auf die Erde gefallenes Stück Himmel. Im Altertum hieß er *Siuma* (Meeresauge). Er ist nicht nur einer der größten, sondern auch der ältesten Gebirgsseen der Welt, denn seine Entstehungszeit geht auf die Eiszeitperiode des Quartärs zurück, und sein Wasser sammelte sich hier in den vergangenen 25000 Jahren.

Im 3. und 2. Jahrtausend v. Chr. lebten dort allem Anschein nach reiche Volksstämme, die Vieh züchteten und vor allem Pferde aufzogen. Im *Historischen Museum* **(14)** in Eriwan sind die 1956 in den Grabstätten von Ltschaschan entdeckten Funde ausgestellt: drei- und sogar vierrädrige Wagen und Miniaturen, außerdem eine Stele in Keilschrift, die den Sieg des urartischen Herrschers im 8. Jh. v. Chr. festhält. Argitschi I. eroberte den See und die umliegenden Siedlungen – für ihn ein strategisch wichtiger Punkt. Damals wurde auch die alte Stadt Kijechuni zerstört, die direkt am Seeufer lag. Später vom Wasser überspült, kam sie erst 1949 wieder ans Licht, als man einen Tunnel für das unterirdische Wasserkraftwerk zum Rasdanfluß baute, und der Wasserspiegel sich um fast 18 m senkte. Vom archäologischen Standpunkt aus sind diese Reste von außergewöhnlicher Bedeutung.

Der Sewan-See besteht aus zwei Becken – dem Großen und dem Kleinen Sewan – die jedoch durch einen natürlichen 8,5 km breiten Kanal verbunden sind. An der breitesten Stelle mißt der See 37 km, und seine Gesamtoberfläche erreicht 1016 qkm. Seine Tiefen sind unterschiedlich: Der kleine Sewan bringt es auf 98 m, der Große hingegen nur auf 50 m.

Was die Gegend vor allem auszeichnet, ist das sonnige Wetter. Im Juli/August erreicht die Lufttemperatur im Durchschnitt +32°C und die Wasseroberfläche +17 bis 18°C. Es ist also ideal zum Baden. Im Januar allerdings sinkt auch hier die Temperatur stark und soll sogar –40°C erreichen. Wir sagten schon, daß im Winter über den verschneiten Paß keine Autobusse verkehren; die Strecke Eriwan –Tbilissi wird dann mit dem Flugzeug zurückgelegt. Der See selbst jedoch soll wegen seiner großen Tiefe nur sehr selten einfrieren. Die vielen Zuflüsse machen ihn besonders sauerstoffhaltig; er ist reich an Plankton, was die Fischaufzucht begünstigt. Es gibt hier Forellen,

»ischkhan« – Prinz genannt, die 6 kg schwer werden. Auch die aus anderen Gewässern, dem Ladoga-See und selbst dem Baikal-See hierher verpflanzten Fischarten haben sich gut akklimatisiert.

Das Ufer des Sewan-Sees wird heute immer mehr als ganzjähriges Touristenzentrum ausgebaut, denn im Winter bieten die umliegenden Berge gute Skipisten. Wer im Sommer mit dem eigenen Wagen kommt, findet im Motel »Sewan« (220 Betten) komfortable Doppelzimmer mit Vollpension. Ein neuer Touristenkomplex ist am westlichen Ende des Sees im Bau, wo man auch ein Wäldchen am Ufer angelegt hat. Die Busreisenden werden in den meisten Fällen im dortigen Hotel-Restaurant das Mittagessen vor der Weiterfahrt in Richtung Tbilissi einnehmen.

Vorher hat man die Wahl, die Wartezeit von 1–2 Stunden auf dreierlei Art zu verbringen. Man kann ein Bad am Strand nehmen, mit dem Schiff eine wunderschöne Rundfahrt über den See machen oder auf der Landzunge zum Hügel mit den beiden alten Kirchen hinaufsteigen.

Die Kirchen Astwazazin (Muttergottes) und Arakeloz (Apostelkirche)

Im Jahre 874 wurde auf dem Eiland ein Kloster für die Fürstin Mariam errichtet; später soll es als Verbannungsort für den armenischen Adel gedient haben. Hier unterscheiden sich jedoch die Informationen: Einige Quellen behaupten, dorthin seien nur Damen wie unbequem gewordene Gattinnen großer Fürsten oder hochstehender Persönlichkeiten verbannt worden; andere sprechen von in Ungnade gefallenen adligen Priestern, während wiederum andere den Sammelbegriff »verbannte Adelige« benutzen, was für die Betroffenen sicher vergnüglicher gewesen wäre. Wie dem auch sei, von diesem Kloster sind lediglich die beiden Kirchen übriggeblieben. Wer sich der Mühe unterzieht, die 260 geländerlosen Stufen hinauf zu klettern, wird mit Erstaunen feststellen, daß die größere dieser gottverlassenen, einsamen Kirchen »noch im Betrieb« ist. Sie ist heute eine Wallfahrtskirche. Man wird sich erinnern, daß wir im Kapitel »Etschmiadsin« darauf hingewiesen haben, daß die armenische Kirche viele alte heidnische Bräuche übernommen hat, die in den anderen christlichen

Konfessionen längst symbolischer Natur geworden sind. Hier am Sewan-See wird im Juli noch ein altes Fest gefeiert; wahrscheinlich handelt es sich um antike Gepflogenheiten, für die Ernte zu danken, bei denen auch Tiere – Lämmer, Geflügel – geopfert werden wie in den alten Zeiten.

Die größere, die *»Muttergotteskirche«*, in den ersten Jahren des 10. Jh. erbaut, ist eine Kreuzkuppelkirche und besitzt in der Apside eine der schönsten Stelen mit Christus am Kreuz, ebenfalls aus dem 10. Jh. In dem kleinen *Museum*, das in einem Teil der Kirche eingerichtet wurde, sind interessante Dokumente zu sehen, u. a. ein Manuskript aus dem Jahre 1494, in schwarzes Leder mit außerordentlich schönen Silberbeschlägen gebunden.

Um die »Muttergotteskirche« ist noch ein Hof erhalten.

Die kleinere, die *»Apostelkirche«*, die etwas tiefer liegt, wird nicht mehr als Gotteshaus benützt.

Der größte Lohn für die mühselige Ersteigung des Hügels aber ist die unwahrscheinlich schöne Aussicht, die man von dort über den Sewan-See und die seltsam kahlen Berge hat, die ihn umgeben.

Die kurze Fahrt zum Touristenzentrum und zum Hotel »Sewan« führt an einer schwarzen Statue vorbei, die der Legende nach einer gewissen Tamara gewidmet ist, der armenischen Variante von Lean-der (Hero und Leander).

Nachdem man zum letzten Mal »auf armenisch« ausgezeichnet im Hotel »Sewan« gespeist hat, geht die Fahrt immer noch leicht aufwärts weiter durch das Gebirge. Man kommt an vielen kleinen Dorfsiedlungen vorbei, deren Bewohner nur ein karges Auskommen in dieser steinigen Gegend zu haben scheinen. Im Sommer fallen vor allem die vielen Bienenstöcke auf. Links am Straßenrand bieten Frauen Honig zum Verkauf an. Er ist ausgezeichnet, aber eine eher teuere Angelegenheit – 6 Rbl. das Kilo. Hier oben leben noch Angehörige der Sekte der Molohanen.

Endlich ist der höchste Punkt des Passes erreicht: 2114 m, 84 km von Eriwan entfernt. Der Autobus hält an einer Biegung, und vor uns öffnet sich die Dilischan-Schlucht, ein grünes Tal. Der Kontrast ist überwältigend: Aus dem »Land der Steine« scheint man in eine andere Welt zu kommen. Niemand wird darauf verzichten wollen, eine Fotografie zu machen!

Nach der dritten Serpentinenkurve durch die steilen Hänge des Pam-
back-Gebirges treffen wir rechts auf eine freundliche Raststätte mit
Tischen und Sonnenschirmen an einem Wasserfall. Die Luft wird
zunehmend milder, Nadel- und Laubwälder beginnen. Nach 18 km
– 102 km von Eriwan entfernt – sind wir im Tal der Schlucht und im
Höhenlufkurort Dilischan angelangt.

Dilischan

Dilischan liegt am Agstew-Fluß und ist in der ganzen Sowjetunion als
Kurort bekannt. Die Wälder und Täler um den Ort sind Naturschutz-
gebiet. Der Führer wird auf die seltenen Eibenhaine aufmerksam
machen. Dilischan ist besonders für Lungenkranke geeignet; man hat
den Eindruck, daß der ganze Ort aus Erholungsheimen und Sanatorien bestehe. Es ist bedauerlich, daß in dieser Busfahrt von Eriwan
nach Tbilissi kein Abstecher von Dilischan nach dem in der Nähe
gelegenen See Pars-Litsch (durchsichtiges Wasser nach seiner Klarheit
benannt) und dem alten, aber noch gut erhaltenen Klosterkomplex
aus dem 13. Jh., *Agarzin*, einbegriffen ist.
Dilischan aber ist nicht der einzige Höhenluftkurort, dem wir begegnen. Auf unserer Fahrt kommen wir noch an dem fast schon eine
kleine Stadt zu nennenden Ishawan vorbei. Hier gibt es einen Mar-
morbruch, Teppichknüpfereien und eine Konservenfabrik, denn in
den Tälern, die wir jetzt durchfahren, finden sich Äpfel-, Birnen- und
Pflaumenplantagen. Ishawan ist die letzte armenische Stadt, die wir
passieren, kurz danach erreichen wir die Grenze der Republik Aser-
baidschan: ein Schlagbaum, Fahnen. An einer breiten Straßengabe-
lung steht ein Schild, das rechts den Weg nach Baku, links nach
Tbilissi anzeigt.
Wieder ändert sich die Landschaft, das Tal ist nun breit und flach
geworden, die Berge rücken mehr in die Ferne. Die Dörfer sind hier
in hellem Backstein erbaut. Man sieht sehr viel Wein- und Tabak-
felder sowie Vieh auf den Weiden. Der Unterschied zu den kargen
Siedlungen um den Sewan-See ist groß. Kurz vor der Grenze nach
Georgien befindet sich rechts ein großer mohamedanischer Friedhof
mit aufrechtstehenden Grabsteinen.

Hinter der Grenze mit der Republik Georgien ändert sich wiederum die Landschaft: Die Gebirge rücken näher und die Gegend wird kahl, unwirtlich und steinig, bis wir unvermittelt zu einer »neuen Stadt«, dem Zentrum der Metallindustrie Georgiens, *Rustawi*, kommen. Der Verkehr auf der Straße wird lebhaft, man sieht rauchende Schlote und neue weiße Wohnblocks. Von dort ist es nicht mehr weit nach Tbilissi. Die Gegend wird wieder grün und freundlich. An Straßenrändern bieten Frauen aus den Kolchosen verlockendes Obst an. Der freundliche armenische Fahrer, der uns bisher stumm, gut und sicher über die kurvigen Straßen gebracht hat, erhebt nun die Stimme; in leidlichem Französisch warnt er: »Mesdames, Messieurs, les Georgiens sont tous des voleurs!« Wir sind an der letzten Etappe unserer Transkaukasienreise angelangt: In Tbilissi.

Georgien

Geographie und Wirtschaft

Georgien (oder *Grusinien*, wie es die Russen nennen) liegt im südlichen Vorland des Kaukasus. Eingerahmt von den Gebirgsketten des Großen Kaukasus im Norden und des Kleinen Kaukasus im Süden, wird die Mitte durch das Scheidegebirge von Suram in das Rion-Becken mit der Schwarzmeerküste und in das hochgelegene Berg- und Hügelland der oberen Kura geteilt.

Georgien, *Grusinskaja SSR*, bildet heute die *Georgische Sozialistische Sowjetrepublik* und erhielt seine jetzige Verfassung im Jahre 1937. Es ist 69 700 km² groß, davon sind 87% Gebirge, mit 5 Millionen Einwohnern und der Hauptstadt *Tbilissi* (Tiflis). Georgien grenzt an die Türkei, an die Armenische SSR, die Aserbeidschanische SSR, die kleine Dagestanische ASSR, die RSFSR (Russische Föderation SR) und im Westen an das Schwarze Meer. An diesem liegen auch drei wichtige Städte – *Suchumi*, *Batumi* und *Poti* –, während sich das durch chemische und Textilindustrien wichtige *Kutaissi* südwestlich des Kaukasus befindet. Das Lnd ist reich an Bodenschätzen wie Mangan, Kohle, Erdöl, Eisen, Wolfram, Baumwolle, Tabak, Südfrüchten, Mais, Weizen. Es ist stark industrialisiert unter Ausnützung der vorhandenen Wasserkräfte.

Sprache und Schrift

Die georgische *Sprache* ist eine der ältesten noch lebenden Sprachen der Welt und die wichtigste der südkaukasischen oder *Kharthwelsprachen*. Sie besitzt als einzige kaukasische Sprache eine alte, bedeutende Literatur. Das Neukaukasische ist stark mit neupersischen und türkischen Elementen durchsetzt. Über den Ursprung der georgischen *Schrift*, dem *Mshedruli* (Ritterschrift), die im Mittelalter neben der Kirchenschrift, *Chuzuri*, entstand, sind sich die Forscher nicht ganz einig; vermutlich hat sie sich unter dem Einfluß der griechischen und der aramäischen Schrift herausgebildet.

Geschichte

Die Georgier nennen sich selbst Kharthweler, ihr Land Sakartwelo, das von den Russen jedoch Grusinien genannt wird. Sie gehören zum südlichen Zweig der kaukasischen Völker, der in sieben Stämme geteilt wird. Die meisten sind Christen, ein kleiner Teil Mohammedaner, doch wohnen in Georgien auch Armenier, Russen, Juden und Turko-Tartaren.

Georgien war seit der Urgeschichte besiedelt, und die frühen Kulturen, die sich hier abwechselten, beginnen in der Stein- und Bronzezeit im 3.–1. Jahrtausend v. Chr. In den letzten Jahrzehnten wurden interessante Ausgrabungen gemacht, die planmäßig fortgesetzt werden. Durch Georgien führt zudem die im Altertum und frühen Mittelalter wichtigste Handelsstraße Europas nach dem Fernen Osten über den Kaukasus.

Im *6. bis 4. Jh. v. Chr.* kam es zur Formierung von zwei Staatsgebilden, die die ältesten des Kaukasus sind: *Iberien (Kartli)* im damaligen Ostteil Georgiens und *Kolchis (Egrissi)* in Westgeorgien, dem Staat der Kolcher.

Das Iberische Reich (Kartli) umfaßte das heutige Zentralgeorgien und hatte als Hauptstadt *Armazi* (das Wort stammt von *Armasziche*, dem »Kremel«, der Hauptfestung) – *Mzcheta. Kolchis* hingegen umfaßte den Westen, die Gebiete von Mingrelien und Imeretien.

In diesen beiden Königreichen bildete sich das heraus, was die sowjetrussische Geschichtsschreibung eine »Sklavenhaltergesellschaft« nennt, während die Städte im Hochgebirge noch in der freien Urgesellschaft lebten. Durch ihre geographische Lage waren die beiden Reiche unendlich exponiert, und im Laufe ihrer wechselvollen Geschichte lösten sich hier persische, römische und später arabische und mongolische Eroberer ab.

Kolchis, das Land der Kolcher, war das sagenumwobene Vaterland
der Medea und Ziel der Argonauten, die im 5. Jh. v. Chr. das Fell des
goldenen Widders, der Phrixos und Helle über den Hellespont getra-
gen hatte, zurückerobern wollten. Während der Zeit des Hellenismus
wurde Kolchis zu einem bedeutenden Handels- und Gewerbezen-
trum, wo sich die griechischen Tauschhandelsplätze schnell zu größeren Städten entwickelten. Es waren vor allem drei an der Schwarzmeerküste; die erste *Phasis*, das heutige *Poti* an der Mündung des
Flusses Rioni. Es existiert noch ein lebendiger Bericht des byzantinischen Philosophen Temistios (4. Jh. n. Chr.) von einem Zentrum mit
einer bedeutenden Akademie für Rhetorik und Philosophie, die auch
von Fremden besucht wurde. Die zweite der bekannten Städte am
Schwarzen Meer war *Dioskuria*, das später von einer Springflut zerstört wurde. Die Stadt befand sich dort, wo heute der Kurort *Suchumi*
liegt. Hier haben 1953 am Meeresboden gemachte Ausgrabungen
Fragmente einer Grabstelle aus dem 5. bis 4. Jh. v. Chr. ans Licht
gebracht.
Dioskura wurde schon von Strabo (63 v. Chr. bis 20 n. Chr.) als ein
Treffpunkt für Kaufleute aus über 70 verschiedenen Völkern beschrieben, und nach Plinius waren nicht weniger als 150 Dolmetscher
zur Abwicklung der Geschäfte nötig. Timostenes (3. Jh. n. Chr.)
erwähnte auch breite Straßen und Bäder. Die dritte der von den
Griechen gegründeten Städte ist *Pithyunt*, das heutige *Pizunda*.
Der Staat *Iberien* (Kartli) hingegen besaß schon früh eine eigene, für
die damaligen Zeiten hochentwickelte Landwirtschaft, Handwerk
und eine bedeutende Warenproduktion. Die Hauptstadt wurde in
der hellenistischen Epoche *Mzcheta*, das schon in der Bronzezeit eine
kleine Siedlung gewesen war. Sie blieb Hauptstadt bis ins 5. Jh.
n. Chr., als diese von den Königen nach Tbilissi verlegt wurde. In
Mzcheta wohnten die georgischen Herrscher sowie der höchste
Würdenträger, der Eristawen oder Pitischschan. Hier stand vor allem
das Kunsthandwerk auf einem hohen Niveau; erhalten sind noch
Goldschmiedearbeiten des 6. und 5. vorchristlichen Jahrhunderts
und Silbermünzen, die ebenfalls ins 6. Jh. v. Chr. zu datieren sind.
Zu Beginn des *3. Jh. v. Chr.* gelang es dem König Pharnawas, die
Fremdherrschaft für Iberien abzuschütteln und selbständig zu
werden.

65 v. Chr. wurde *Kolchis* von den Römern unter Pompeius erobert und formell zur *römischen Provinz* gemacht; beherrscht wurde es jedoch weiterhin von den einheimischen Adelsgeschlechtern, die Träger der Kultur waren.

Auch *Iberien* kam zu jener Zeit unter *römischen Einfluß;* sein Bündnis mit Rom aber diente gemeinsamen Interessen, es richtete sich vor allem gegen die Parther. Der König von Iberien galt als ein treuer Freund und Verbündeter Roms. So besuchte z. B. Parsman II. mit seiner Gattin Rom und wurde dort von Antoninus Pius (Kaiser von 138 bis 161 n. Chr.) mit allen Ehren empfangen; und Rom erkannte die Grenzverschiebungen des Königreichs Iberien an, das im 2. Jh. n. Chr. seine Besitzungen besonders nach Südwesten ausgedehnt hatte.

Der Übergang von der römischen Staatsordnung zum *Feudalismus* begann im *4. Jh.*, doch erst im *6. Jh.* hatte er sich vollständig herausgebildet. Es war eine Entwicklung, die mit der *Christianisierung* des Landes Hand in Hand ging. Im Königreich Iberien (Kartli) wurde die christliche Religion sehr früh, 330, zur Staatsreligion, und seine Herrscher versuchten sich dadurch und durch eine weitere Annäherung an Rom dem Zugriff der persischen Sassaniden zu entziehen. Schon im 4. Jh. existierten in Westgeorgien, vor allem in Trapezunt und Bitschwinta (Pizunda), ansehnliche Christengemeinden. Mit der offiziellen Annahme des Christentums verband Georgien so seine Kultur für lange Zeit mit der Europas. »Die Einführung des Christentums«, schreibt Edith Neubauer, »diente außerdem politischen Zielen. Es war eine Abkehr von Persien und dem Mazdaismus. Die christliche Religion, die der Legende nach vor allem durch die Predigten der heiligen Nino verbreitet wurde, war die Ideologie des Widerstandes, war Ausdruck nationaler Befreiungs- und Vereinigungsbestrebungen.« Die Verbreitung der neuen Religion zog einerseits die Vernichtung heidnischer Denkmäler nach sich, aber andererseits auch die Übernahme von Elementen aus der alten Religion in die neue.

Seit der frühesten Epoche des Christentums stellte Georgien hervorragende Gelehrte, die auch außerhalb Georgiens zu Fragen der christlichen Weltanschauung Stellung genommen haben. Es sei hier nur auf den bekanntesten hingewiesen, den wir als *Johannes Chrysostomos* kennen – Joane Okropiri (Goldmund) –, der von 398 bis 404 Patriarch von Konstantinopel war und als einer der bedeutendsten Prediger des christlichen Altertums gilt. Von ihm sind 156 Arbeiten in georgischer Sprache erhalten. Ein anderer bedeutender Georgier war *Petrus der Iberer* (Prinz Murman, später Bischof von Miun), der Autor des Traktats »Corpus areopagiticum«, einer der Grundlagen der mittelalterlichen Philosophie. Im 6. Jh. gab es schon georgische Klosterniederlassungen in Jerusalem, Antiochia, Edessa usw. Das Auftreten des Säulenheiligen Simeon aus Antiochia fand auch in Georgien Widerhall: Zwei Kirchen in Kazchi auf einer 40 m hohen Felsennadel dienten im 5. und 6. Jh. als Behausung für die Einsiedler. *Ende des 5. Jh.* konnte Kartli unter seinem Herrscher Wachtang Gorgassalis – wir werden seinen Denkmälern auf unserer Reise oft begegnen, und Wachtang ist auch heute noch einer der beliebtesten Vornamen – die Sassanidenherrschaft etwas abschütteln, und es kam zu einer *antipersischen Koalition zwischen Georgien, Armenien und Albanien.* 485 wurde ein Friedensvertrag geschlossen, der die *georgische Selbstverwaltung* ermöglichte. Im 6. Jh. wurde zudem Persien durch seine Kämpfe mit Byzanz – 571 bis 591 – so geschwächt, daß sein Einfluß in Kartli nur noch gering war. In den achtziger Jahren des 6. Jh. begann dieses sogar, seine eigenen Münzen zu prägen, und unter Stephan I. – 590 – gelang es Kartli, eine fast vollständige politische Autonomie zu erlangen.

Im *5. und 6. Jh.* entwickelte sich in enger Wechselwirkung mit dem Christentum eine *frühfeudale Gesellschaftsordnung.* Die aristokratische Oberschicht war von den *Asnauren* gebildet. Wie ihre armenischen Nachbarn waren sie relativ selbständig. Im Dienst der Könige von Kartli und der Asnauren standen die *Msachuren;* die abhängigen Bauern und das einfache Volk wurden von den *Uasno* gestellt, auf der untersten Stufe der sozialen Leiter standen die *Sklaven.* Das Königreich Kartli selbst war in von Adelsgeschlechtern verwaltete Gebiete aufgeteilt.

Mächtig und selbständig war die *Kirche* von Beginn an; der *Erzbischof von Mzcheta* war zudem der größte Grundbesitzer. Am Ende des 5. Jh. wurde er unter Wachtang I. zum *Katholikus* ernannt; er erhielt zwar seine Weihe noch bis ins 8. Jh. in Antiochia, doch war die Kirche schon seit dem 5. Jh. verhältnißmäßig selbständig.

Auf der 2. Synode von Dwin, 608–609, wurde durch die *Verurteilung des Monophysitismus* (Lehre von der unteilbaren gottesmenschlichen Natur Christi) der Bruch mit der armenischen Kirche vollzogen. Die georgische Kirche vereinigte sich mit der byzantinischen und nahm die *orthodoxe Konfession* an. Als tragische Folge eines neuen Krieges zwischen Byzanz und Persien wurde Georgien im Jahre 628 zwischen beiden geteilt. Es folgte Mitte des 7. Jh. der *Einfall der Araber*, die neue Hauptstadt Tbilissi wurde Sitz eines Emirs und Georgien steuerpflichtig. Im nächsten Jahrhundert schien der wirtschaftliche und kulturelle Niedergang unaufhaltsam. Doch da der Handelsweg nach dem Fernen Osten weiter durch den Kaukasus führte, gelang es dem Land immer wieder, sich zu erholen.

In der Mitte des *9. Jh.* kam es nach mehreren schweren Aufständen zu einer Schwächung des Kalifats. Aber erst 1001 gelang es Bagrat III., die einzelnen georgischen Feudalfürstentümer zu vereinen, und unter seinem Sohn, Bagrat IV. (1027–1072), wurde endlich im Jahre 1048 Tbilissi von den Arabern befreit. Ein nochmaliger Einfall der Seldschuken wurde von König David dem Erneuerer (1089–1125) zurückgewiesen und Tbilissi endgültig wieder zur Hauptstadt Georgiens gemacht, denn nach dem Einfall der Türken im 7. Jh. war sie nach Kutaissi verlegt worden.

Nun, im *12. Jh.*, begann jene Zeit, die die Georgier noch heute ihr »*Goldenes Zeitalter*« nennen. Es ist unlösbar mit dem Namen der großen Königin *Tamara* (1184–1213), auch sie aus dem Geschlecht der Bagratiden, verbunden. Sie war die Tochter Georgs III. (1156 bis 1184), und unter ihrer Herrschaft blühten Dichtkunst, Philosophie, Wissenschaften; eine lebhafte Bautätigkeit schuf einige der schönsten Kirchen des Landes. Die Kultur erreichte eine später nie mehr erklommene Höhe. Nach dem Tode ihres Vaters war sie erst nach lang andauernden Verhandlungen mit den kirchlichen und weltlichen Würdenträgern als Regentin anerkannt worden. Der Preis für diese Zustimmung war ein verstärkter Einfluß des Adels auf die Staatsgeschäfte gewesen. Doch mit sehr viel Geschick gelang es der klugen Königin, die Politik ihres Vaters fortzusetzen. Mit der Eroberung von Byzanz durch die Kreuzritter war 1204 die Macht der Stadt gebrochen; auch im Osten waren die Seldschuken geschwächt, und Georgien konnte bald seinen Einfluß vom Schwarzen Meer bis zum

Kaspischen Meer ausdehnen. Was Bagrat III. und David der Erneuerer eingeleitet hatten, wurde vom 11. bis 13. Jh. Wirklichkeit. Auch mit den Rus pflegte die Königin gute Beziehungen. Ihr erster Gatte, Juri Andrejewitsch, war ein Sohn des Großfürsten von Wladimir, Andrei Bogoljubski.

Im *13. Jh.* begannen die *Einfälle der Mongolen.* Schon die Tochter Tamaras, Rusudan (1223–1247), wurde dem Chan tributpflichtig. Noch einmal gelang es König Georg V. (1314–1346), der den Beinamen »der Prächtige« trug, für eine kurze Zeit ein geeintes Königreich wiederherzustellen, aber bald setzten die Raubzüge Timurs (Tamerlans) und der Einfall der Türken im 15. Jh. allem ein Ende. Am einschneidensten aber war die Eroberung Konstantinopels 1453 durch die Osmanen, denn von da an vermied der Welthandel den unsicher gewordenen Weg über den Kaukasus. Georgien wurde von Europa abgeschnitten, und es sank von seiner einstigen Größe zu einem Pufferstaat zwischen Persien und der Türkei herab.

Langsam kam es zu einem Verfall der einheitlichen georgischen Feudalmonarchie, die sich in kleinere Königreiche spaltete: Kartli, Kachetien und Imeretien. 1555 wurde Transkaukasien zwischen den Türken und Persern geteilt. Am Ende des *16. Jh.* kam es zu schweren Aufständen gegen die Türken in Gori, das von diesen zerstört wurde, und zu Beginn des *17. Jh.* zu einer zwei Jahre andauernden Revolte gegen Persien in Ostgeorgien. Der in Kachetien regierende König Theimaras I. (1605–1663), der sich besonders um die georgische Literatur und Kunst verdient gemacht hatte, erkannte 1639 die *russische Oberhoheit* an. Seinem Beispiel folgte 1651 der König von Imeretien, Alexander. Das christliche Zarenreich bot den einzigen Schutz gegen die willkürlichen Übergriffe der Türken und Perser. 1722 begann während der Regierungszeit Peters des Großen der russische Feldzug gegen Persien. 1762 vereinigten sich noch einmal die beiden Königreiche Kartli und Kachetien. Nachdem der türkisch-russische Krieg 1744 mit der Niederlage der Türken geendet hatte, schloß 1783 die russische Regierung mit Grakli I., nunmehr König von Kartli und Kachetien, einen Freundschaftsvertrag ab. 1795 versuchten die Perser einen neuen Einfall in Georgien. 1801 starb der letzte georgische König, Georg XII., und das Land schloß sich freiwillig dem russischen Zarenreich an.

Von 1922 bis 1935 bildete Georgien, zusammen mit Armenien und Aserbeidschan, die *Transkaukasische Sowjetrepublik*. Seit 1937 ist es wieder selbständig als Bundesrepublik der Sowjetunion.

Kunst- und Kulturgeschichte

In Georgien existieren heute noch nahezu 5000 Denkmäler aus der alten Zeit. Mehr und mehr werden Kunstreisen nach diesem interessanten und von den Touristen noch verhältnismäßig unerforschten Land organisiert. Zu lange stand seine Kunst im Schatten von Byzanz und Armenien. Der vorliegende Führer hat keinesfalls den Ehrgeiz, ein kunsthistorisches Werk ersetzen zu wollen; dennoch glauben wir, daß ein kurzer Abschnitt über die Kunst des alten Georgien auch jenen Reisenden von Nutzen sein dürfte, deren Reiseprogramm nur Tbilissi und Umgegend vorsieht. Die Besonderheit der altgeorgischen Architektur tritt ihm auch in den wenigen Kirchen entgegen, die auf seinem Programm stehen. Vielleicht machen ihm daher die folgenden Zeilen Lust, das nächste Mal eine kunsthistorische Tour durch Georgiens Festungen, Höhlenklöster, Schlösser und Kirchen zu buchen.

Georgien war als Grenzgebiet zwischen Asien und Europa ständig feindlichen Überfällen ausgesetzt und kämpfte seit der Frühzeit unermüdlich um seine Unabhängigkeit. Es war daher gezwungen, viele Kräfte und Mittel für den Bau von *Befestigungen* auszugeben. Jene, die bis in unsere Tage erhalten geblieben sind, stellen nur einen Teil des komplizierten Sicherungssystems dar, das im Laufe der Jahrhunderte geschaffen wurde. Auch *Palastbauten* aus dem 8., 9. und 10. Jh. sind zu sehen, aber die größte Bedeutung unter den alten Denkmälern ist den *Sakralbauten* zuzuschreiben.

Die ersten christlichen Kirchen waren hauptsächlich an zentralen Stätten der alten heidnischen Religion errichtet worden. Nach erhalten gebliebenem Material zu urteilen, waren die Kirchen des *4. Jh.* klein, ohne festgelegte architektonische Formen. So war z. B. *Sweti Zchoweli* (siehe dort) aus Holz und hatte einen quadratischen Grundriß. Die spätere Entwicklung der *Kuppelarchitektur* wurde iranischen und syrischen Einflüssen zugeschrieben; archäologische Forschungen jedoch beweisen, daß die Wölbetechnik wie auch die Kuppelform

im Wohnbau der vorchristlichen Zeit auf georgischem Boden aus-
reichend verbreitet war. Der aus der römisch-hellenischen Welt
übernommene Basilikatyp erlebte keine Verbreitung.
In der Mitte des *6. Jh.* entwickelte sich eine eigenständige Architektur,
die sog. *Dreikirchenbasilika:* drei nebeneinandergereihte Kirchen-
räume mit Tonnengewölben, die untereinander durch Türen verbunden sind. Das Ringen um eine eigenständige Kunst im Verlauf
des 5. und 6. Jh. wurde am Ende des 6. und zu Beginn des *7. Jh.* durch
eine einzigartige Blüte der georgischen Architektur gekrönt, zu einer
Zeit also, als Georgien endgültig den Weg des Feudalismus ging und
die Errichtung von monumentalen Gebäuden den Rang von Staats-
aufträgen und das Bauwesen eine klassische Vollendung erlangten.
Die *Kreuzkuppelkirche von Zromi* (625–634) ist ein Beispiel dafür.
Interessant für die Epoche ist die Vielfalt der Lösungen bei Zentral-
kuppelkirchen, u. a. das sog. »freie Kreuz«.
Im *9.* und *10. Jh.* erfreuten sich die Dreikirchenbasiliken weiter einer
großen Verbreitung. Nach der ersten Hälfte des 11. Jh. wurde diese
Technik nicht mehr angewandt.
Die grusinische Kunst hat sich parallel zur armenischen entwickelt,
die frühen Bauwerke wie die *Dschwari-Kirche* bei Mzcheta (siehe dort)
standen der Art nach den armenischen Kirchen nahe. Doch – wie
der russische Kunsthistoriker Alpatow hervorhebt – »obwohl auch
der Typ der georgischen Kreuzkuppelkirche auf die gleichen Ausgangspunkte zurückging wie die armenischen Kirchen, unterschied
er sich von diesen grundlegend.« Ein Vergleich der Kathedrale Sweti
Zchoweli in Mzcheta mit z. B. der Gajané-Kirche zeigt das deutlich.
Die georgischen Kirchen sind hochgestreckt, die Kuppeltrommeln
sind besonders schlank, was die Kirche den romanischen ähnlich
macht, doch bleibt bei der georgischen Kirche stets die Mittelkuppel
beherrschend. Ihre besonderen Eigenarten sind außerdem der reiche,
steingeschnitzte Schmuck ihrer Fassaden, das dominierende Kreuz
und die Fenster und Arkadenverkleidungen. Im Gegensatz zur
romanischen Architektur zerstört jedoch der Bauschmuck niemals
die Mauerfläche, und gegenüber der byzantinischen sind die Formen
deutlicher und die Proportionen klarer.
Vom *10.–14. Jh.* entwickelte sich in Georgien auch eine eigene Schule
der *Monumentalmalerei;* ebenso waren die *Silberarbeiten* und *Emails* an

Ikonenbeschlägen und Prozessionskreuzen von hohem künsterli-
schem Wert.

Zur Zeit des Spätfeudalismus entwickelte sich die georgische Architektur vor allem in Ostgeorgien in den damals selbständigen Königreichen von Kachetien und Kartli. Sie ist durch die Übernahme iranischen künstlerischen Formengutes gekennzeichnet. Besonders gut
erhalten sind der *Glockenturm* in Ninozminda aus dem *16. Jh.* und
der *Burgkomplex mit Kirche in Gremi*, der einstigen Hauptstadt des
Königreichs Kachetien am Flusse Inzob, ca. 18 km von Telawi entfernt gelegen, oder das *Kloster Ananuri* (16.–17. Jh.). Im *18. Jh.* nimmt
die Qualität der Bauten ab, etwa bei der Sioni-Kirche in Tbilissi
(siehe dort).

Trotz der verschiedenen Stämme gab es eine einheitliche georgische
Literatur, die anfänglich *geistlichen Inhalts* war, Übersetzungen aus der
Bibel und Heiligenlegenden im 5. Jh. hervorbrachte und mit dem
»Leben des heiligen Gregor von Chandstha« im 10. Jh. ihren Höhepunkt
erreichte.

Im 12. Jh. wurde sie von der *höfischen und ritterlichen Literatur* abgelöst,
die Übertragungen aus dem Persischen und Arabischen brachte. Der
bedeutendste Dichter dieser Zeit wurde *Schota Rustaweli*, dessen
Denkmälern man auf der Reise vor allem in Tbilissi begegnet. Er
war der »georgische Homer«, sein bedeutendstes Werk ist »Der Mann
(oder der Recke) im Pantherfell«, das er zu Ehren der großen Königin
Tamara geschrieben hat, die von 1184 bis 1213 regierte. Ruth Neu-
komm, die feinfühlige Übersetzerin georgischer Literatur, schreibt
dazu: »Die vornehmste Geistestradition Georgiens fand darin Ausdruck, die bei allen Einflüssen aus dem Christentum, aus griechischer
Antike und aus Persien ein Weltbild unverkennbarer eigener Art
bewahrte.« Rustaweli war zur Erkenntnis gekommen, daß Wissen
allein, wenn es nicht Taten zur Folge habe, keinen Nutzen bringe.
»Ich habe die Kurzlebigkeit des Bösen erkannt, das Gute bedeutet
sein Ende.« Er glaubte an die Fähigkeit des menschlichen Verstandes,
er forderte von den Herrschern Vernunft und strenge Beachtung
der Gesetze sowie Ehrerbietung vor der Würde des Menschen; alle
Untertanen sollen vor Willkür bewahrt bleiben. Außer dem »Mann
im Pantherfell« ist von ihm noch »Wisramiani«, ein georgisches Pen-
dant zu Tristan und Isolde, erhalten geblieben.

Das 12. Jh. wird von den Georgiern gern als ihr »*Goldenes Zeitalter*« bezeichnet. Die Literatur dessen, was sie später ihr »*Silbernes Zeitalter*« nennen, wurde dann auch durch die Mitarbeit der Könige Theimuras I. (gest. 1663) und Artschill (gest. 1713) bereichert.
Im 19. Jh. ragte als Erzähler *Ilja Tschawtschawadse* (gest. 1907) hervor; unter den modernen Erzählern kann man *Micheil Dschawachischwill* (1880–1937), *Niko Lordkipanidse* (1880–1944) oder die noch lebenden *Konstantine Gamsachurdia*, *Lewan Gotua* und *Grigol Tschikowani* nennen.

Historische Stätten

Wir möchten nun in zeitlicher Reihenfolge wenigstens einige der bedeutendsten georgischen Denkmäler erwähnen. Der eine oder andere Ort – so z. B. Mzcheta – wird sich, wenn auch leider meist nicht mit allen seinen Sehenswürdigkeiten, auf jedem Touristenprogramm finden. Von den anderen können wir Ikonen, Mosaiken, Goldschmiedearbeiten im Museum von Tbilissi bewundern. Eine nähere Beschreibung soll dazu verhelfen, diese besser einzuordnen und interessierte Touristen zu einem eingehenderen Studium anregen.

Mzcheta

Der Ausflug nach Mzcheta steht glücklicherweise auf jedem Programm; die Fahrt dorthin ist sehr reizvoll: man rollt auf der alten grusinischen Heerstraße dahin, die 210 km lang von Tbilissi bis Ordschonikidse führt. Schon Strabo (gest. 20 n. Chr.) beschreibt sie in einem seiner 17 berühmten Reisebücher »Geographika«. Nach der Besetzung durch die Russen im Jahre 1801 wurde sie ausgebaut. Wir fahren an Kolchosen vorbei, der Weg ist schattig, Frauen bieten in der Sommerzeit Melonen und andere Früchte zum Kauf an. Links sieht man ein wenig erhöht das moderne Gebäude der *Landwirtschaftlichen Hochschule*, später rechts und links niedrige Kiefernwälder. Der Verkehr auf der Straße ist sehr lebhaft. Nach einer Kreuzung begegnet

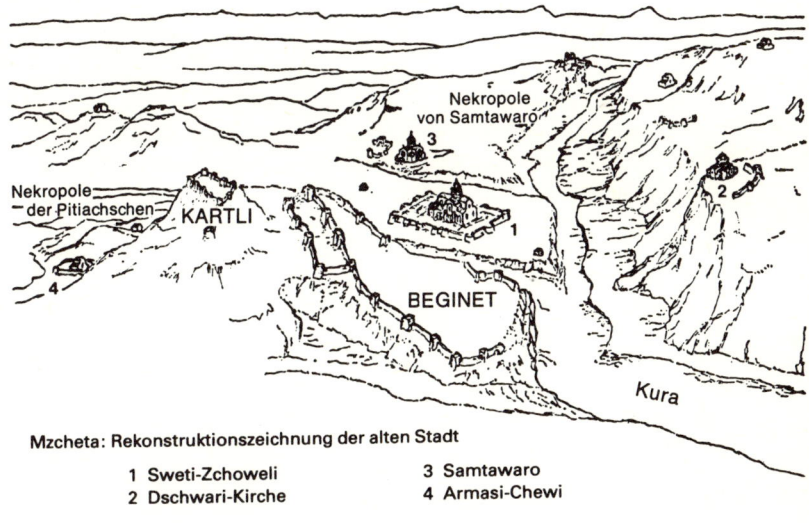

Mzcheta: Rekonstruktionszeichnung der alten Stadt

1 Sweti-Zchoweli   3 Samtawaro
2 Dschwari-Kirche   4 Armasi-Chewi

man einer großen elektrischen Zentrale und dann dem Wahrzeichen Mzchetas, der Dschwari-Kirche auf der Höhe.

Das alte *Armazi-Mzcheta* wird man nicht besuchen; dennoch soll die Beschreibung Mzchetas und seiner Sehenswürdigkeiten damit beginnen. In Mzcheta kreuzten sich zwei Handelsstraßen: die eine führte nach Westen über *Uplisziche* und *Gori*, die andere nach Norden. Am Zusammenfluß von *Kura* und *Aragwi* gelegen, war Mzcheta ein begünstigter Ort in der gebirgigen Hochebene, der sich durch große Naturschönheit auszeichnete und seit Jahrtausenden Menschen zur Besiedlung anzog. Bis in die Bronzezeit – hier im 3. Jahrtausend beginnend (im Abendland um 1800 v. Chr.) – gehen die Spuren vorgesellschaftlicher Niederlassungen zurück.

Vom 4. Jh. v. Chr. bis ins 5. Jh. n. Chr. war Mzcheta die Residenz der Könige von Iberien. Seit 1937 werden hier systematisch Ausgrabungen vorangetrieben, die interessante Funde zutage gebracht haben. Der *älteste Baukomplex* ist die Königsresidenz *Armasziche*, auf einer Terrasse des Beginet-Berges gelegen; sie stammt aus dem 4.–3. Jh.

Erhalten sind noch Reste der Befestigung und ein großer rechteckiger *Raum* mit 6 Säulen. Von seiner repräsentativen Architektur leiten viele Archäologen Einflüsse auf die frühchristlichen Basiliken in Georgien ab. Die Oberstadt umfaßte einst die Burg des Herrschers und seines Gefolges – die untere Stadt, die sich den Berghang hinabzog, die Stadtbevölkerung. Man entdeckte auch am Fuß des Beginet-Berges das *Grab* einer Fürstin, das man auf das 1.–2. Jh. n. Chr. datierte. Am westlichen Ortsrand konnte eine ausgedehnte *Nekropole* mit künstlerisch gestalteten Familiengrüften, Monolithsarkophagen und interessanten Grabbeigaben wie Gold- und Silbermünzen und Schmuck ausgegraben werden. Man erkannte darin Beziehungen zum nahöstlichen ebenso wie zum römisch-hellenischen Kulturkreis, aber auch spezifisch georgische Elemente, wie die Bevorzugung farbenprächtiger Verzierungen aus Edelsteinen oder die Emaillearbeiten aus Gold, die auch noch im späten Mittelalter typisch für den in Georgien hergestellten Schmuck waren. 1937/38 wurden auf der Anhöhe *Armasi-Chewi* **(4)** Teile der *Residenz* der Könige freigelegt: Ruinen des Palasts, Grundrisse von Wohnungen und Badeanlagen aus dem 2.–3. Jh. n. Chr. Interessant ist eine zweigeschossige Heizung im Keller von römisch-hellenischem Typ, darüber die Baderäume mit Wänden aus senkrechten Hohlziegeln, in denen die Heißluft aufstieg.

Die beiden alten Städte *Armazi* (Residenz des Königs) und *Mzcheta*, die sich am Kura-Ufer gegenüberlagen, verschmolzen schon im 1. Jh. v. Chr. zu einer einzigen Stadt und waren von Festungsmauern umgeben.

Die **Dschwari-Kirche (Kirche des Heiligen Kreuzes) (2)** ist heute das Wahrzeichen Mzchetas. Der Führer oder die Führerin wird gern darauf hinweisen, daß sie Lermantow zu einem Gedicht begeistert hat, aber nur ganz selten wird ihr Besuch im Touristenprogramm eingeschlossen sein. Der Weg auf den steilen Felsen, an den die Ausläufer des Kaukasus-Massivs heranreichen, ist mit zu großen Strapazen verbunden. Die Kirche liegt direkt über dem steilen Abhang am Zusammenfluß von Kura und Aragwi; nur die alte Mzcheta-Feste liegt noch höher.

Man kann den Bau von *Dschwaris-Sakdari* – wie sie im Land heißt – heute auf die Jahre zwischen 586 und 587 datieren. Sie wurde an der

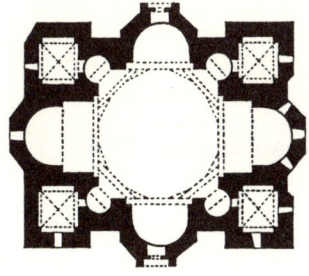

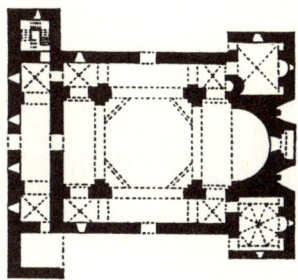

a Dschwari-Kirche   b Zromi-Kirche

Grundrisse

Stelle einer heidnischen Kultstätte errichtet. Der Legende nach hatte schon Nino, der die Verbreitung des Christentums in Georgien zugeschrieben wird, hier im 4. Jh. ein Kreuz aufstellen lassen. Guaram, Herrscher von Kartli, ließ nördlich des Kreuzes eine kleine Kapelle bauen, sein Sohn Stephan I. errichtete um das Kreuz herum eine große Kirche. »Dschwari«, das georgische Wort für Kreuz, gab ihr den Namen. Die Kirche wurde bald außerordentlich populär; Christen aus dem ganzen Kaukasusgebiet pilgerten hierher. Der Sockel des alten Kreuzes ist noch erhalten.

Für den Baumeister war die Errichtung der Kirche wegen des hohen Steilabhangs mit großen Schwierigkeiten verbunden. Im Ringen um eine absolut eigenständige Kunst wurde diese Kirche zu einem der bedeutendsten Denkmäler Georgiens; der Baumeister hatte kein unmittelbares Vorbild vor Augen. Sie wurde das Resultat der vorangegangenen Entwicklung in der Architektur, und dieser Typ der Kreuzkuppelkirche fand bald überall Nachahmung und Verbreitung. Die Kirche ist außen wie innen mit behauenen, gleich großen Steinquadern von einer warmen gelben Farbe verkleidet. »Die Einmaligkeit von Dschwari«, schreibt der georgische Kunsthistoriker Mepisaschwili, »besteht nicht nur in seiner Verschmelzung mit der sie umgebenden Natur, sondern hauptsächlich in der harmonischen Bewältigung der komplizierten architektonischen Formen und der künstlerischen Gestaltung der Fassaden.«

Der von der Kuppel gekrönte Innenraum hat vier halbrunde Nischen-
wölbungen und an den Ecken vier separate Räume. Der Übergang zur
Kuppel vollzieht sich mit drei Trompenreihen, Hilfskonstruktionen
in der Form einer Trichternische zwischen rechtwinklig aufeinanderstoßenden Mauern.

In den Tempeln der Antike diente der Innenraum zur Aufnahme des
Kultbildes – in den christlichen Kirchen wurde er zum Kultraum.
»Doch während die byzantinischen Architekten die Raumbegrenzung
gleichsam zu entmaterialisieren versuchten, bildet der Innenraum der
georgischen Kirchen ein ausgewogenes und gutbeleuchtetes Raum-
ganzes, dessen Helle keine mystische Versenkung oder Weltfremdheit
fördert« (E. Neubauer). Von den Nebenräumen (Pastophorien) war
der südwestliche den Frauen vorbehalten, die anderen den Diakonen.
In der Ostapsis, wo auch der Altar stand, befindet sich ein Mosaik.

Die Geistlichen und die männlichen Gläubigen betraten die Kirche
durch die beiden Tympanonportale im Süden und Norden. Alle vier
Fassaden sind mit gleicher Sorgfalt behandelt, allerdings konzentriert
sich die Bauplastik auf die Süd- und auf die Ostseite.

Es ist ein großes Glück, daß diese Kirche nicht nur von Zerstörungen, sondern auch von Umgestaltungen verschont geblieben ist.
Um die Kirche sind noch die Reste der Umfassungsmauer zu
sehen.

Am Südportal sieht man das *Tympanonrelief* mit der Darstellung der
Kreuzeserscheinung: Zwei Engel tragen das Kreuz. Im Innern ist
das Postament des zu Beginn des 4. Jh. angeblich von der heiligen
Nino selbst aufgestellten Holzkreuzes zu sehen. An der *Südfassade*,
links vom Portal, gibt es Reste des Portikus und über dem Portal
selbst ein Stifterrelief, an der *Ostfassade* zwei Stifterreliefs, Ardanese
und Demetrius, Brüder Stephans I., mit Schutzengeln. Vor Ardanese
steht sein Sohn, der spätere König Stephan II. Auf dem mittleren
Relief segnet Christus den knienden Stifter, auf den beiden seitlichen
streben die Stifter und die über ihnen schwebenden Engel auf die
Mitte zu.

Nun sind wir bei Georgiens größtem mittelalterlichen Bau angelangt,
der **Sweti Zchoweli-Kathedrale (1).** Der Name bedeutet »Lebende
Säule« und bezieht sich auf eine alte Legende, wonach eine hier
gewachsene Zeder Material für eine Säule abgegeben habe, der

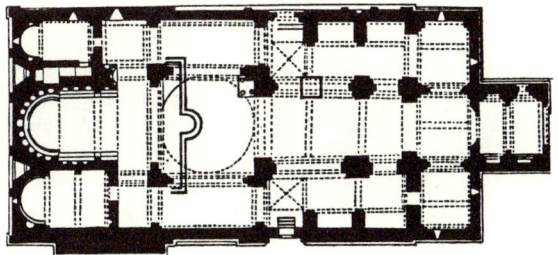

Mzcheta: Grundriß Sweti Zchoweli

Wunderheilungen zugesprochen wurden. Schon der Vorgängerbau
aus dem 4. Jh. trug denselben Namen.

Sweti Zchoweli wurde 1010–1029 in der Residenz des Katholikus
der georgischen Kirche als nationales Heiligtum erbaut und ist auch
heute noch für den Gottesdienst geöffnet.

Nachdem der erste Bau aus dem 4. Jh., ein Holzbau, einzustürzen
drohte, wurde im 5. Jh. eine dreischiffige Basilika aus Stein mit Galerien an der Nord- und Südseite errichtet. Restaurierungsarbeiten aus
der jüngsten Zeit legten sie frei. Sie war noch von König Wachtang
Gorgassali erbaut worden und hatte den alten hölzernen Bau um-
schlossen.

Im 11. Jh. wurde auch die Basilika baufällig. Eine Inschrift an der
Ostfassade bezeichnet den neuen Bauherrn und seinen Baumeister:
»Lobpreist im Namen Christi des Herrn Melchisedek, Katholikus
von Khartli, Amen. Errichtet wurde diese heilige Kirche durch die
Hand Eures armseligen Knechtes Arsukidse. Möge Gott seiner Seele
Frieden geben«. Und unter dem Bogen der Nordfassade ist eine
Hand mit einem Winkel herausgemeißelt. Rechts davon steht eine
Inschrift: »Die Hand des Knechtes Arsukidse. Vergebung.« Einige
Führer erklären es so: Eifersüchtig, daß der Architekt auch anderswo
eine ebenso schöne Kirche erbauen könnte, sei ihm zuerst die Hand
abgeschlagen und er selbst dann hingerichtet worden.

Die Kirche, die man heute sieht, wurde in den Jahren zwischen 1010
und 1029 errichtet. Sie ist ein Zentralkuppelbau mit Vorhalle und

darüberliegender Empore sowie zweistöckigen Nebenräumen (Pastophorien). Blendbögen gliedern an allen Seiten des Baues die Fassaden, die durch prächtigen Ornamentschmuck und eingefügte figürliche Reliefs belebt werden. Ursprünglich hatte die Kirche an drei Seiten Anbauten, von denen jedoch nur noch die Fundamente erhalten sind.

Die Jahrhunderte haben die Kirche sehr mitgenommen: 1283 ein schweres Erdbeben und dann vor allem zu Beginn des 15. Jh. der Einfall Tamerlans und seiner Horden. Damals stürzte die Kuppel ein. König Alexander I. (1412–1443) betrieb die Wiederherstellung des nationalen Heiligtums und baute dabei den Westteil der Anlage um. Im 17. Jh. wiederum mußten die Kuppel und der Tambour erneuert werden, und im 19. Jh. entfernte man die seitlichen Anbauten.

Natürlich erlebte auch der dekorative Schmuck an den Fassaden – eines der Kennzeichen der georgischen Architektur – Erneuerungen, aber aus dem *11. Jh.* stammen noch das Blendbogenwerk aller vier Fassaden, der dekorative Schmuck des oberen Teils der *Westfassade* mit einer Gruppe von Skulpturen, die die Majestas Domini darstellen, und der *Lebensbaum* an den Seiten der Apsis. An der *Ostfassade* ist das Hochrelief eines Löwen und eines Adlers angebracht. Auch der obere Teil der *Nordfassade* ist unversehrt geblieben. Die zwei Stierköpfe an der Ostfassade gehören noch zur Basilika aus dem 5. Jh.

Der Überlieferung nach soll in der Kirche, die den Königen als Begräbniskirche diente, auch Wachtang Gorgassali beigesetzt worden sein. Erhalten sind lediglich die Gräber von Erekle II. und seinem Sohn Georg XII., dem letzten georgischen König von Kartli-Kachetien (gest. 1801).

Das *Innere* der Kirche ist besonders sehenswert. Dem Touristen wird auch an einem Werktag die Zahl der einheimischen Besucher auffallen, die links am Eingang ein Kerzlein erstehen, es anzünden und in die großen, mit Sand gefüllten Messingschalen rechts und links vor der Altarschranke stecken. Auch läuten am Sonntag in Sweti Zchoweli noch die Glocken zur Messe, wird versichert. Vor der Altarschranke ist das »Kreuz von Tschari« errichtet, freistehend und mit den für Georgien so typischen Merkmalen: auf einem steinernen Sockel ruhend und mit einer kleinen »Mütze« an der Spitze. Fast alle georgischen Kreuze besitzen diese kleinen Hauben, die die Holzkreuze, die oft vor der Kirche standen, gegen Regen oder Schnee schützen sollten. An der Nordwand sind, mit weißer Farbe hervorgehoben, die Konturen der Bogen aus dem 5. Jh. klar zu erkennen, an der Südwand hingegen sind noch Fresken erhalten. Der ebenfalls im Südteil der Kirche stehende bemalte Baldachin stammt aus dem 15. Jh.

Ursprünglich muß man sich den Bau von Palast- und Wirtschaftsgebäuden umgeben vorstellen. Im Südwestteil sind 200 qm dieser Palastmauern freigelegt worden; auch ein Palastsaal aus dem 11. Jh. wurde ausgegraben. Man darf annehmen, daß er ebenfalls von dem berühmten Baumeister Arsukidse gebaut worden war. Auch der im westlichen Teil der Umfassungsmauer 1964–65 ausgegrabene ursprünglich zweistöckige Eingang mit einem kleinen Glockentürmchen darüber stammt aus dem 11. Jh. und wird, da vollendet in seiner technischen Ausführung, ebenfalls Arsukidse zugeschrieben. Auch heute noch umgibt eine gezackte Umfassungsmauer die alte Kirche.

Ganz am Ende der südlichen Umfassungsmauer in der Ecke führt eine wackelige Treppe zu einem kleinen *Museum* hinauf, das meistens unbeachtet bleibt. Man sollte dennoch nicht den Abstecher scheuen. Es ist eigentlich ein Heimatmuseum und hat mit der alten Kirche nichts zu tun. Wie in allen russischen Museen ist es didaktisch interessant aufgebaut: Man sieht, wie die alten georgischen Bauernhäuser im Innern aussahen, welche Geräte benutzt, welche Stoffe gewebt wurden. An einer Wand sind die Kämpfer für Georgiens Unabhängigkeit dargestellt, und hier stoßen wir auf ein Jugendbildnis von Stalin, eines der ganz wenigen, die von ihm aus der Frühzeit erhalten sind.

Mzcheta ist ein freundlicher Ort mit 30 000 Einwohnern, in dem man gerne seine Sommerferien verbringen möchte. Der *Andenkenladen* vor dem Eingang zur Kirche bietet keine besonderen Souveniers an. Die dafür eingelegte Wartezeit sollte man benutzen, um eine andere Kirche zu bewundern, die unverständlicherweise meistens nicht auf dem Programm steht.

Samtawaro (3) gehört zu dem gleichnamigen Kloster, das heute als Priesterseminar dient und deswegen nicht gezeigt wird. Dabei ist es einer der reizvollsten Kirchenbauten Georgiens. Seine heutige Form stammt aus dem 11. Jh., der Überlieferung nach aber soll der Grundstein schon von König Mirian und der Königin Nana gelegt worden sein, unter denen Georgien im 4. Jh. das Christentum annahm. Es ist

eine kleine Kuppelkirche, deren Kuppel auf den Apsiswänden und
auf den beiden westlichen Stützen ruht. Sie ist aus behauenem gelb-
lichem Stein, ihre ornamentale Ausschmückung ist von höchster Vollendung. Sie ist in fast malerisch-barockem Stil gehalten. Die Nord-
und die Südfassade sind besonders geschmückt. An der *Nordfassade*
umrahmen die Ornamente das breite Mittelfenster und füllen die
ganze Fassadenbreite aus. Reizvoll wirkt der Kontrast zwischen den
stark hervortretenden Blattreliefs der Bogenfüllung über dem Dop-
pelfenster und den Umrahmungen der Fenster in Flachreliefs. Die
Südfassade ist ruhiger und ausgewogener gehalten. Kuppel und Tambour stammen aus dem 13. und 14. Jh. Im *Innern* der Kirche sind
noch Wandmalereien aus dem späten Mittelalter erhalten, ein Anbau
mit Vorraum ist aus dem 11. Jh. Im Westteil der Kirche sind Grabplatten aus dem 19. Jh. eingefügt.
Wenn man schon nicht das Innere betreten darf, sollte man beim
Führer doch darauf dringen, die Kirche wenigstens von außen betrachten zu dürfen – es lohnt sich.

Zromi

Wenn wir hier kurz die Spass-Kirche von Zromi erwähnen, so, weil
man im Staatlichen Kunstmuseum in Tbilissi Fragmente des Mosaik-
schmuckes auf Goldgrund sehen kann, der von besonderem Interesse ist. Zromi liegt westlich von Gori ebenfalls im Tal der Kura und
war im Königreich Kartli ein bedeutendes städtisches Zentrum. Leider wurde die schöne kleine Kirche durch ein Erdbeben zerstört. Sie
steht in Verbindung mit einem der ersten heilig gesprochenen Märty-
rer der georgischen Kirche. Er war ein Perser, Raschden geheißen,
der, nachdem er sich zum Christentum bekehrt hatte, als georgischer
Heerführer gegen Persien kämpfte, gefangengenommen und in
Zromi gekreuzigt wurde.
Die Datierung der Kirche ist möglich, weil an der Südfassade eine
Inschrift den Bauherrn Hypatos Stephanos nennt. Wahrscheinlich
residierte er noch vor seiner Thronbesteigung in Zromi. Die Kirche
wurde also zwischen 626 und 634 erbaut und gehört zur zweiten
Etappe der georgischen Architektur, der sogenannten »klassischen

Epoche«, während die alte Kirche Dschwari in Mzcheta noch zu der vorhergehenden gehört. Zromi hat eine Kreuzkuppelkirche, deren Architekt eine Neuerung einführte: vier freistehende Sützen, auf denen Tambour und Kuppel ruhen. Ebenso wie in der Dschwari-Kirche ist der innere Aufbau im äußeren Massiv wiedergegeben.

In der *Hauptapsis im Inneren* befand sich jenes monumentale Mosaik auf Goldgrund, das nach den erhaltenen Fragmenten rekonstruiert werden konnte und im Staatlichen Kunstmuseum in Tbilissi (siehe dort) zu sehen ist.

Felsenstadt Uplisziche

Jeder, der eine Reise nach Georgien bucht, sollte sich vorher vergewissern, ob bei den Ausflügen außer Mzcheta auch Gori auf dem Programm steht, es entgeht ihm sonst ein wichtiges Denkmal der alten Zeit. Gori liegt 90 km von Tbilissi entfernt. Sollte es nicht offiziell einkalkuliert sein, lohnt es sich, einen Extraausflug dorthin zu unternehmen.

Im alten Staat *Iberien* (Kartli) zog sich längs des Flußtals der Kura eine Kette von wichtigen Städten entlang. Eine der interessantesten ist zweifellos *Uplisziche*, das noch bis ins 18. Jh. bewohnt war.

Uplisziche liegt in der Nähe von Gori am linken Ufer der Kura an einem Bergabhang. Diese einmalige Felsenstadt, deren Besiedlung bis ins *3. Jahrtausend* nachzuweisen ist, war von Festungsgräben umgeben und auf der Südseite vom Fluß geschützt. Trotz der vielen Erdbeben, die gerade diesen Teil Georgiens in den Jahrhunderten heimgesucht hatten, blieb von der riesigen Felsenstadt soviel erhalten, daß man seine einstige Ausdehnung und seine Anlage gut rekonstruieren kann.

Wenn man bedenkt, daß Uplisziche im Mittelalter 20000 Einwohner hatte, kommen uns andere Handelsstädte wie Nowgorod oder Kiew in den Sinn. Auch Uplisziche lag an einem günstigen Verkehrsweg, sonst könnte man sich diese Ausdehnung auch nicht erklären. Längs der Kura führte eine der wichtigsten Straßen in den Orient.

Uplisziches Felsarchitektur zählt zu den bedeutendsten der Höhlenbauweise, denn die Stadt setzte sich nicht aus regelmäßig über-

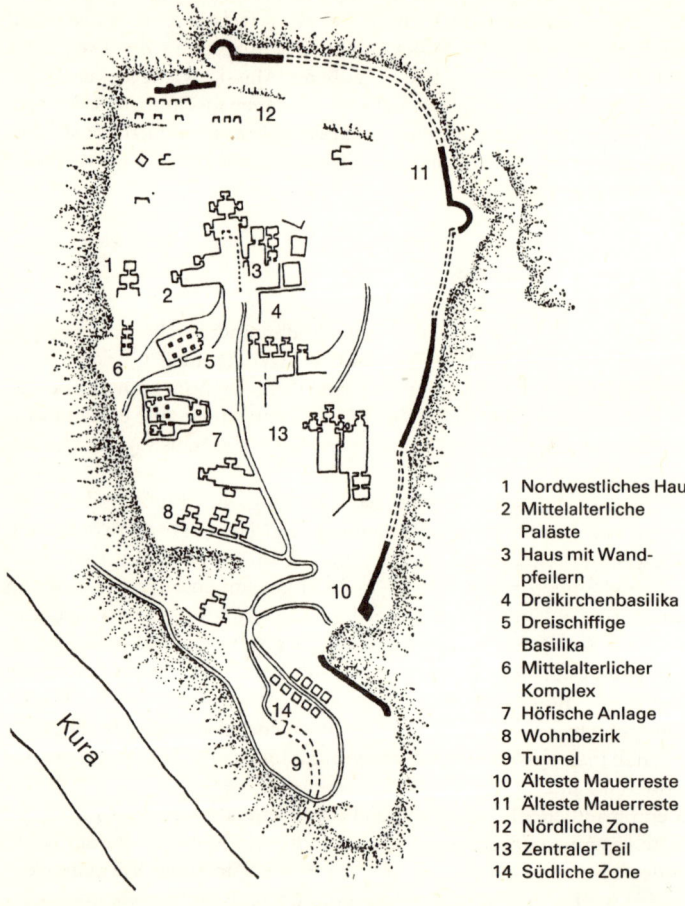

1 Nordwestliches Haus
2 Mittelalterliche
  Paläste
3 Haus mit Wand-
  pfeilern
4 Dreikirchenbasilika
5 Dreischiffige
  Basilika
6 Mittelalterlicher
  Komplex
7 Höfische Anlage
8 Wohnbezirk
9 Tunnel
10 Älteste Mauerreste
11 Älteste Mauerreste
12 Nördliche Zone
13 Zentraler Teil
14 Südliche Zone

Grundriß der Felsenstadt
Uplisziche

einanderliegenden, gleichartig gestalteten Terrassen zusammen, sondern seine Felswohnungen sind unregelmäßig angelegt. Eine Besonderheit des alten Uplisziche sind seine teilweise sogar freistehenden Monolithbauten. Es gab Häuser bis zu drei Etagen mit Loggien, Balkons und Vorhöfen. Diese Wohnungen in den Felsen bestanden aus hintereinandergelegenen Räumen. Der vordere, der meistens der größte war, besaß eine zentrale Feuerstelle, die zugleich zum Wärmen der Räume diente. Die hinteren, unbeleuchteten waren Schlafräume. Erhalten ist ein großer Felsensaal mit Giebel an der Fassade, »Saal der Tamara« genannt. Das Gewölbe zeigt große achteckige Rosetten mit kleinen quadratischen dazwischen, d. h. eine römisch beeinflußte Dekoration. Die aus Stein gehauene Decke ist in der Form einer Holzkonstruktion nachgearbeitet.

Bei größeren Räumen wurden sogar Pfeiler als Stützen verwendet. Man kann noch heute deutlich zwischen privaten und öffentlichen Gebäuden unterscheiden. Es gab höfische Komplexe, sogar Plätze und Straßen mit Rinnen an den Seiten für den Abfluß des Wassers. Ein repräsentativer Eingang bildete den Hauptzugang. Die Lage der Stadt machte sie praktisch uneinnehmbar. Im mittleren Teil lagen die Wohnhäuser und die Kirchen, im südlichen das Handwerks- und Handelszentrum. Auf der Höhe steht noch eine Kirche aus dem frühen Mittelalter.

Das Kloster Gelati

Es ist bedauerlich, daß eine Tour durch Transkaukasien in Georgien nicht die Zeit dazu läßt, auch eines der alten Klöster zu besichtigen. Wie wir schon am Anfang dieses Kapitels gesagt haben, ist Georgien allein eine Reise wert. Weil damit zu rechnen ist, daß immer mehr Touristen sich für dieses einzigartige Land interessieren werden, sei in diesem Kapitel wenigstens *ein* Kloster besprochen. Die Wahl fiel auf Gelati, erstens, weil es noch aus der Zeit *vor* dem Mongoleneinfall stammt und zweitens, weil das Staatliche Kunstmuseum in Tbilissi eine ganze Reihe wertvoller Kultgeräte und anderer Kostbarkeiten gerade aus diesem Kloster zeigt.

Gelati liegt inmitten bewaldeter Berge etwa 12 km nordöstlich von Kutaissi, der Stadt, die nach dem Einfall der Türken Ende des 11. Jh. vorübergehend zur Hauptstadt Georgiens geworden war.

Gelati ist als königliches Hofkloster 1106 von König David IV., »dem Erneuerer«, gegründet. Es ist unzweifelhaft eines der bedeutendsten Kulturdenkmäler des mittelalterlichen Georgien. Der große Komplex liegt auf einem terrassenförmigen Gelände des Bergabhanges, und man genießt von dort eine wunderbare Aussicht auf das weite Tal des Rioni-Flusses. Vom Norden leuchten schneebedeckte Berge herüber.

Zeitgenössischen Chronisten zufolge sollte Gelati »ein neues Jerusalem des Ostens« werden. König David hatte bei der Errichtung des Klosters nicht gespart und seine Stiftung mit großzügigen Mitteln ausgestattet. Man berief auch namhafte Gelehrte nach Gelati, und so wurde es »zu einem Zentrum wissenschaftlich aufklärerischer und künstlerischer Tätigkeit« (E. Neubauer). Der Unterricht war nach dem Vobild byzantinischer Schulen organisiert worden. Unter anderen lehrte hier der berühmte Philosoph Petrizi (gest. 1125), der an der Mangana-Universität von Konstantinopel gearbeitet und studiert hatte. Er gehörte zur Neuplatonischen Schule, jener letzten großen Systembildung der griechischen Philosophie, die seit etwa 200 n. Chr. wirkte. Petrizis Lehre war von humanistischem Gedankengut erfüllt; alles Dogmatische, Asketische oder Fantastische war ihm fremd.

In Gelati wurden während des 12. und 14. Jh. Werke der Philosophie, der Geschichte, Mathematik, Astronomie und Literatur verfaßt, die einen hohen kulturellen Wert haben. Außerdem bestand dort schon seit dem 12. Jh. eine berühmte Gold- und Silberschmiedewerkstatt (s. auch *Staatliches Museum in Tbilissi*).

Gegen Ende des 12. Jh. hatten die georgischen Niederlassungen auf dem Berge Athos und anderswo an Bedeutung verloren, und Gelati trat kulturell an ihre Stelle. Vor allem von diesem Gesichtspunkt aus fiel seine Gründung in eine Blütezeit der georgischen Geschichte, und das Kloster nahm voll und ganz daran teil.

Zu Beginn des 16. Jh. nahm der Niedergang seinen Anfang. Schon 1510 hatten die Türken das Kloster ausgeplündert und zerstört, aber die Könige ließen es wieder aufbauen. Um 1520 wurde es Sitz des Erzbischofs, und bald darauf verlegte auch der Patriarch von Pizunda

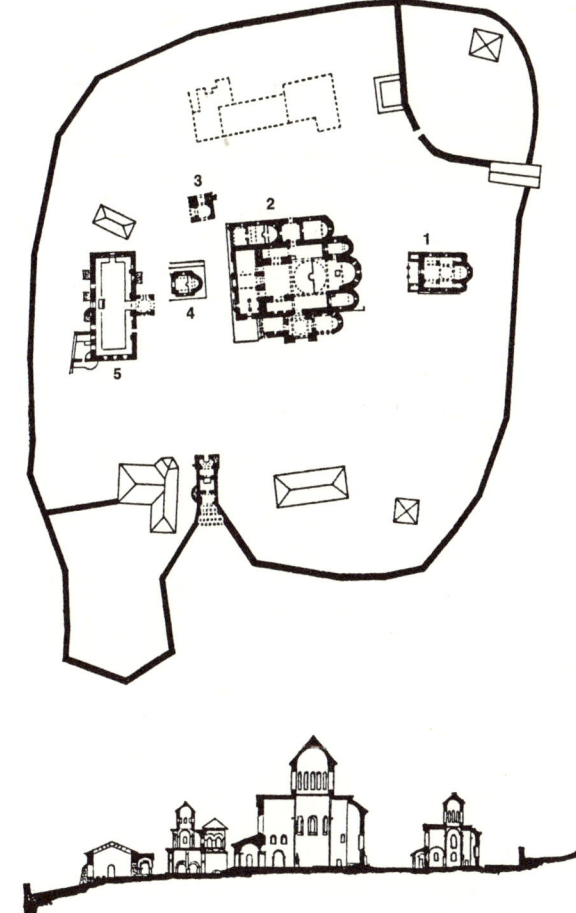

Das Kloster Gelati

1 Georgskirche 13. Jh.
2 Hauptkirche 1106–1125
3 Glockenturm 13. Jh.
4 Nikolauskirche 13. Jh.
5 Akademie Anfang 12. Jh.

seine Residenz hierher. Die ehemalige Akademie wurde damit zum Refektorium der Mönche. In der Mitte des 18. Jh. wurde das Kloster wiederum geplündert. Es war die Zeit der Kämpfe gegen die Türken in Westgeorgien. Bei diesem Überfall wurde die schöne Muttergottes-kirche in Brand gesetzt, und viele wertvolle Kunstschätze gingen verloren.

Heute ist Gelati eine Filiale des Historisch-Ethnographischen Institutes von Kutaissi. Der Komplex besteht aus:

der **Gottesmutter-Kathedrale (Hauptkathedrale)** **(2),** die im Zentrum des Klosters liegt; sie wurde noch von David IV. errichtet (um 1106–1125). Sie ist eine Kreuzkuppelkirche, um deren dreischiffigen Kernbau im Westen, Süden und Norden niedrige Vorhallen und Kapellen liegen. Diese staffeln sich stufenförmig und gipfeln in einer Kuppel. Die *Ostseite* besitzt fünf hohe polygonale Apsiden. Im Gegen-satz zu den vorher beschriebenen georgischen Kirchen konzentriert sich bei der Hauptkathedrale der Schmuck wie in den byzantinischen Kirchen auf das Innere. Besonders schön ist das große Mosaik in der Altarnische. Vermutlich stammt es von georgischen Meistern, die in Konstantinopel ausgebildet worden waren, denn sie bedienen sich byzantinischer Stilmittel, während die Mosaikkunst in ihrer Heimat weitgehend unbekannt war. Das Mosaik zeigt die Gottesmutter mit dem Kind, flankiert von den Erzengeln Michael und Gabriel. Vor dem Goldgrund heben sich wunderbar das blaue Gewand der Ma-donna und die fliederfarbenen Tuniken der Erzengel ab.

Der Stifter, König David, erlebte übrigens nicht mehr die Fertigstel-lung des Baues, und auch das Mosaik stammt schon aus der Zeit seines Sohnes Demetrius. Es wurde zwischen 1125 und 1130 fertig-gestellt. Im *südlichen* Anbau der Hauptkathedrale finden wir – übrigens gleich zweimal – das Porträt König Davids IV., einmal in Mönchs-tracht und einmal im Königsgewand, mit dem zusammengerollten Plan in der Rechten und dem Modell der Kathedrale in der Linken. Er steht neben einem griechischen Bischof, in dem man den Kirchen-vater Athanasius erkennen will. Dieses Fresko entstand in der zweiten Hälfte des 16. Jh. In der Vorhalle (dem Narthex) der Kirche ist auch ein Fresko des dritten und vierten ökumenischen Konzils sehens-wert, die im 5. Jh. tagten. Die Inschriften beziehen sich auf den Kampf der einzelnen Kirchenparteien im Kaukasus.

Mzcheta. Sweti Zchoweli-Kathedrale ▷

Die kleine **Georgskirche (1)** im Osten, also hinter der Hauptkathedrale, stammt aus dem 13. Jh. und ist in ihrer usrsprünglichen Form erhalten. Im 16. Jh. ließ sie der Katholikus von Abchasien völlig ausmalen. Kunsthistoriker beurteilen diese Wandmalereien als zu den besten Leistungen der georgischen Monumentalmalerei gehörend. Neben Szenen aus dem Leben des heiligen Georg sind dort auch historische mit Porträts bekannter Persönlichkeiten zu sehen.

In der *Hauptkathedrale* wurden die Könige Westgeorgiens begraben. E. Neubauer schreibt dazu: »In ihrer geistesgeschichtlichen Bedeutung als Bewahrerin byzantinischer Tradition und zugleich des nationalen Kulturerbes läßt sie sich der Sophien-Kathedrale in Kiew, der Krönungskirche der Kiewer Fürsten, gleichsetzen, hier byzantinisch-*georgische* Kunstentfaltung, dort byzantinisch-*altrussische*«.

Westlich der Gottesmutter-Kathedrale liegt die kleine zweigeschossige **Kirche des heiligen Nikolaus (4)**, ebenfalls aus dem 13. Jh. Eine steinerne Außentreppe führt zum zweiten Stock.

In der ehemaligen südlichen Eingangshalle zum Kloster befindet sich das Grab Davids IV., des Erbauers, unter einer Grabplatte. Der Grabstein ist so angelegt, daß jeder beim Durchgang darauftreten muß. Es heißt, der König selbst habe diesen Platz für seinen Grabstein ausgesucht, um so seine Demut zu dokumentieren.

Ein kleiner **Glockenturm (3)**, ebenfalls aus dem 13. Jh., erhebt sich als selbständiges Bauwerk über einem Brunnen. Das besondere an ihm ist, daß es sich um einen der ersten freistehenden in Georgien handelt.

An das ehemalige **Akademiegebäude (5)** erinnern nur noch Ruinen. Es war eines der ältesten Bauwerke und wurde schon im 12. Jh. errichtet. Heute sind nur die Reste einer großen rechteckigen Halle, ein Saalbau mit Satteldach und der östliche Portikus aus dem 13. Jh. zu erkennen. In der Halle sieht man noch die Sitze der Studenten und die Nischen für die Ablage ihrer Bücher sowie eine Kanzel für den Lehrer.

◁ Uplisziche. Felsenstadt mit Basilika

Tbilissi (Tiflis)

Geschichte

Wie Mzcheta war auch Tbilissi seit der Bronzezeit besiedelt. Als
Stadt gehört sie zu den ältesten der Sowjetunion, Der Sage nach soll
hier Wachtang Gorgassali um 502 auf Fasanenjagd gegangen sein
und zufällig eine warme (tbili = warm) Quelle entdeckt haben, als
nämlich der angeschossene Vogel ins Wasser fiel und gargekocht
wurde. Daraufhin habe sich der König entschlossen, dort eine Stadt
zu bauen. Soweit die Legende. In Wirklichkeit hatten die Herrscher
von Kartli Tbilissi schon gegen Ende des 5. Jh. als zweite Hauptstadt
anerkannt. Man darf daher annehmen, daß sie bereits im 4. Jh. ein
bedeutender Ort war, auch, weil die ältesten Teile der *Narikala-
Festung* **(6)** (4) auf eben dasselbe Jahrhundert zurückgehen. Im 6. Jh.
wurde Tbilissi alleinige Hauptstadt des Königreiches Kartli, während
Mzcheta noch einige Jahrhunderte lang Sitz des Katholikus blieb.
Aus der alten Zeit ist nur noch ein einziges Bauwerk erhalten: die
dreischiffige Basilika Antschischati **(11)** (2).

Die Stadt

Weitläufig auf beiden Seiten des Flusses Kura, 450 m ü. d. M. gelegen,
ist Tbilissi seit 1936 auch amtlich die Hauptstadt der Georgischen
SSR. Sie hat heute ca. 1,1 Millionen Einwohner und besitzt daher
auch eine Untergrundbahn. Sie ist der kulturelle Mittelpunkt Georgiens mit einer Akademie der Wissenschaften, wissenschaftlichen
Instituten, 14 Museen, 10 Theatern, einer Oper und neun noch für
den Gottesdients geöffneten Kirchen. Außerdem hat Tbilissi ein
großes Studienzentrum und auffallend viele Krankenhäuser, weil die
warmen Heilquellen besonders Rheumakranken Erleichterung bringen. Eine bedeutende Industrie – Seide, Textil, Teppiche, aber auch
Hütten- und Gießereiwerke – wurden in den letzten Jahrzehnten
entwickelt.
Tbilissi ist schwer übersehbar, und der erste Eindruck verwirrt. Ob-

wohl sie ein »Orientalisches Viertel« hat, ist die Stadt durchaus euro-
päisch. Man wird an Neapel erinnert. Der rasende Autoverkehr der
privaten Zigulis reißt auch in der Nacht nicht ab. Das moderne und
elegante Zentrum um den Prospekt Rustaweli, wo sich die Oper
befindet, Ausländerhotels, Cafés und Restaurants sich aneinander-
reihen und von Waren überquellende Geschäfte liegen, könnte ebenso
gut in Palermo oder in einer anderen Stadt Südeuropas sein.
Das »Orientalische Viertel« **(18)** oberhalb der alten Metechi-Kirche
(8) (3), das auf den meisten Besichtigungsprogrammen steht, wirkt
von unten gesehen außerordentlich malerisch; in Wirklichkeit ist es
noch abbruchreifer als die »bassi« in Neapel. Die Bewohner jedoch
weigern sich, dort auszuziehen, und so wird der Abbruch – laut Führer – von Jahr zu Jahr hinausgeschoben. Während in Eriwan fast alle
alten Stadtteile niedergerissen wurden, um unpersönlichen, ziemlich
trostlos eintönigen Wohnwaben Platz zu machen, die allerdings Bad,
elektrisches Licht und Fernheizung besitzen, haben in Tbilissi außer
dem sogenannten »Orientalischen Viertel« auch noch gemütliche,
alte Stadtviertel überlebt. Sie liegen sogar gar nicht so weit von
dem vornehmen Prospekt Rustaweli entfernt und ziehen sich bergauf-
wärts bis zur Schwebebahn **(19)**, ja, fast bis zum alten Kloster des
heiligen David **(9)** hin. Sie bestehen aus höchstens zweistöckigen
Häusern, viele mit einem Garten dahinter; die Straßen sind mit Bäumen gesäumt. Nur mit größter Schwierigkeit windet sich der Touri-
stenautobus hindurch, weil die privaten Zigulis, in Ermangelung
geeigneter Garagen, die schon schmale Fahrbahn noch weiter ein-
engen.
Tbilissi ist eine Stadt der Kontraste, eine unsowjetische Stadt, um es
auf einen Nenner zu bringen. Die vorprogrammierten Besichtigungen
sind meistens anders, als man sie zu Hause im Reiseprogramm gelesen
hatte. Es ist eine Stadt, die man selbst erkunden muß. Im folgenden
werden wir das beschreiben, was man gewöhnlich zu sehen bekommt,
und darauf hinweisen, was man außerdem sehen sollte.

Einkäufe

Wenn wir die Preise in Tbilissi mit denen in Eriwan vergleichen, wird
sich vielleicht jemand an das Wort erinnern, das der armenische

Tbilissi

1 Hotel »Iveria«
2 Hotel »Intourist«
3 Hotel »Tbilissi«
4 Hotel »Adscharija«
5 Botanischer Garten
6 Narikala-Festung
7 Mutter Georgiens
8 Metechi-Kirche

9 Kloster hl. David
10 Sioni-Kathedrale
11 Antschischati-Kirche
12 Denkmal Wachtang
   Gorjassalis
13 Rustaweli-Denkmal
14 Lenin-Denkmal
15 Zentralpark Stalin

16 Ethnologisches Museum im
   Siegespark
17 Museum der Künste
18 Orientalisches Viertel
19 Zahnradbahn
20 Zoo
21 »Mtazminda«
22 »Budapest«

23 »Darjal«
24 Siegespark (»Pobeda«)
25 Städt. Dramentheater
26 Oper u. Ballett
27 Sportwaren »Dynamo«
28 Geschenkladen »Podarki«
29 Univermag »Tbilissi«

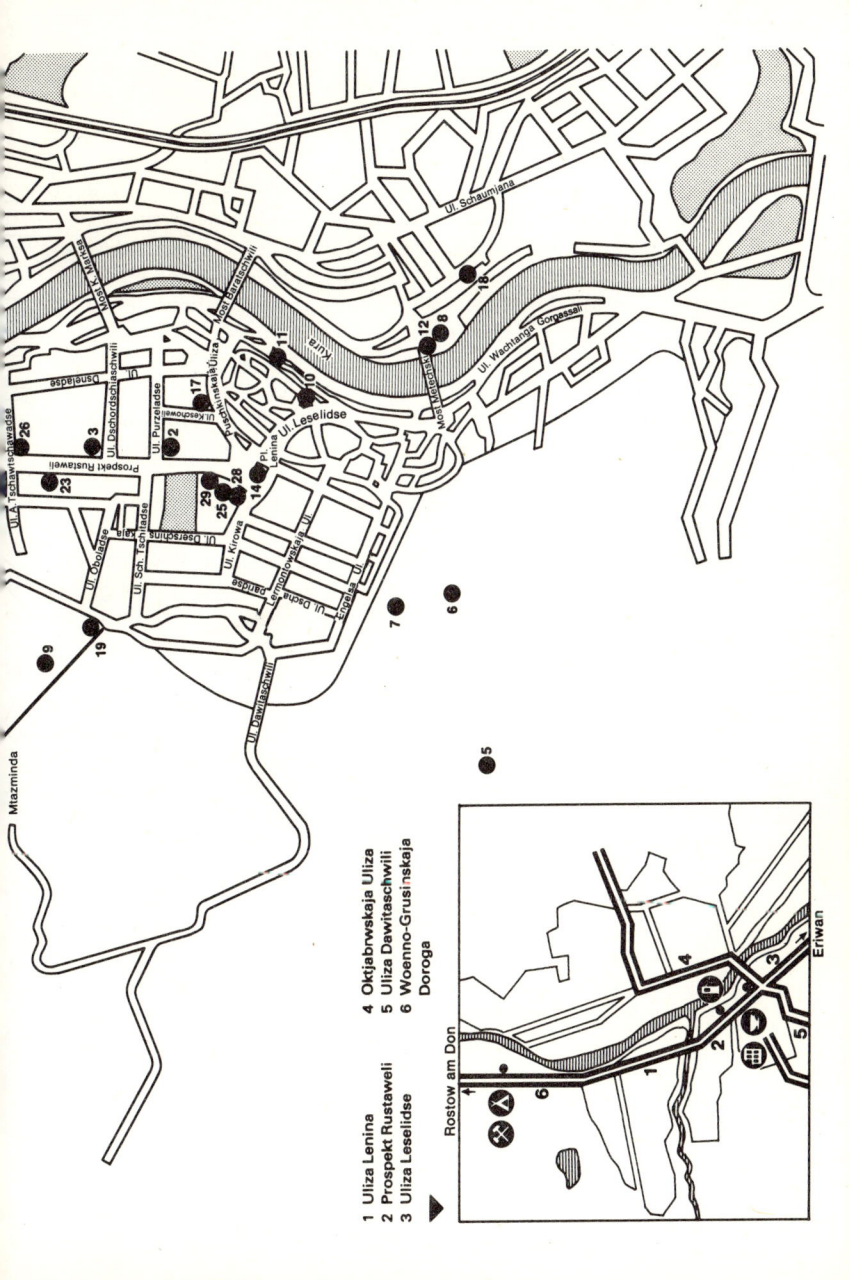

Mtazminda

1 Uliza Lenina
2 Prospekt Rustaweli
3 Uliza Leselidse

4 Oktjabrwskaja Uliza
5 Uliza Dawitaschwili
6 Woenno-Grusinskaja
  Doroga

Rostow am Don

Eriwan

Chauffeur, der uns von Eriwan nach Tbilissi brachte, den Touristen zurief: »Alle Georgier sind Diebe«.

Im *Geschenkladen* »*Podarki*« (28) am Leninplatz kann man konstatieren, daß derselbe hübsche Messingtopf für den türkischen Kaffee, den man in dem Berjóska-Laden des alten Klosters in Etschmiadsin gekauft hatte, hier das doppelte – in Rubel – kostet. Auch im *Univermag* »*Tbilissi*« (29) im Rustaweli Prospekt 2/4 an der Ecke des Leninplatzes wird man nichts besonders Charakteristisches entdecken können. Interessant ist, daß es hier einen *Sportwarenladen* »*Dynamo*« (27) ebenfalls im Rustaweli Prospekt 50 gibt. Wirklich raten kann man eigentlich nur zu dem *Teeladen* des Staatlichen Museums der Künste (17), in derselben Straße aber auf der anderen Seite gelegen: Uliza Keschoweli. Die Teeplantagen in Westgeorgien sind berühmt; sie stehen, was die Qualität anbetrifft, an dritter Stelle in der Weltproduktion. Es gibt unzählig viele Sorten. Georgier raten zu der 100 g-Packung »Buket Grusii« (eine weiße Packung mit roter Beschriftung). Man kann denselben Tee auch in gewöhnlichen Lebensmittelläden finden. Einer befindet sich (für jene, die im »Adscharija« (4) untergebracht sind) gleich rechts vom Ausgang unter dem Laubengang.

Die *Berjóska-Läden* in Tbilissi sind uninteressant, vielleicht, weil es eine verhältnismäßig große Auswahl an anderen Läden gibt. Einen nicht zu teueren – in dem man auch in Rubel bezahlen kann – findet man an dem 25 km von der Stadt entfernt liegenden *Flughafen*. Da der Rückflug von Tbilissi nach Moskau sehr früh am Morgen startet, wird das Frühstück am Flughafen eingenommen. Das Hotel versorgt den Reisenden mit einem mäßigen Frühstückspaket, aber die Auswahl an Getränken und Speisen ist am Flughafen groß, und es bleibt immer Zeit genug, sich den Berjóska-Laden anzusehen. Uns fielen 6 kleine Becher auf, die besonders geschmackvoll waren und sich gut als »Mitbringsel« eignen.

Wem die Stadterklärungen unter der Metechi-Kirche (8) (3) auf dem Platz zu lange dauern, kann sich in dem dortigen modernen *Laden (Rubel und Valuta)* umsehen. Er hat eine große Auswahl.

Hotels

Von der Lage der Hotels hängt weitgehend ab, ob man viel oder wenig von der Stadt hat. Am vorteilhaftesten sind jene Reisenden bedient, die im 16-stöckigen
»Iveria« **(1)** unterkommen. Das Hotel liegt am Ende des Rustaweli-Prospektes, nur ein paar Schritte von der Metrostation des Rustaweli-Platzes, und erlaubt so am Abend oder am Nachmittag einen bequemen Bummel durch das Zentrum.
Das gleiche ist von zwei anderen, etwas älteren und weniger komfortablen Hotels zu sagen, die ebenfalls am Rustaweli-Prospekt liegen:
»Intourist« **(2)** Prospekt Rustaweli 7,
»Tbilissi« **(3)** Prospekt Rustaweli 13.
Weniger glücklich treffen es jene ,die in dem neuerrichteten
»Adscharija« **(4)** wohnen. Es liegt jenseits des Zoos in einem neuen Stadtteil mit Blick auf einen weiten Platz; aber es gibt keine Metrostation in der Nähe, und bis zum Zentrum zu Fuß sind es 50 Minuten, mit dem Trolleybus Nr. 6 zehn Minuten. Auf dem offiziellen Stadtplan heißt der Platz Konstituzii, auf dem den Touristen in die Hand gedrückten Zimmerausweis Platz Ordschonikidse. Auch die Telefonnummern stimmen nicht überein, aber das sollte niemanden stören, denn Telefonnummern sind in der ganzen Sowjetunion Glückssache.
Sehr schön im Grünen gelegen, wenn auch ebenfalls weit vom Zentrum entfernt, liegt am 5. Kilometerstein der alten georgischen Militärstraße, Richtung Mzcheta, das *Motel »Uschba«*.
Außerdem gibt es noch drei weitere Hotels in Tbilissi, die aber für westliche Reisende nicht in Frage kommen.

Kirchen und Klöster

In Tbilissi sind noch 9 Kirchen für den Gottesdienst geöffnet, einige andere als Museum erhalten; unter diesen ist die Metechi-Kirche die wichtigste. Wir beginnen mit ihr, weil wir sie, während uns der Führer vom Platz der Metechi-Brücke gegenüber die Narikala-Festung erklärt, immer auf der Höhe links vor Augen haben.

Während der Mongoleneinfälle im 13. Jh. war die Bautätigkeit im
Königreiche Kartli sehr zurückgegangen. Dennoch gelang es dem
König Demetrius II. – er wurde später von den Mongolen hingerichtet und trägt den Namen »der Selbstaufopferer« –, die **Metechi-
Kirche (8)** (3) in den Jahren zwischen 1278 und 1289 zu errichten.
Man darf wohl annehmen, daß sie auf einem Baugrund steht, wo
sich vormals eine von den Mongolen zerstörte Kirche mit einem dazu-
gehörenden Palast befunden hatte. Vermutlich waren diese schon
von Wachtang Gorgassali im 5. Jh. gebaut worden. Alte Chroniken
erwähnen sie und den Palast schon im 12. Jh. Hier residierten bis ins
17. Jh. die georgischen Könige.

Die Kirche liegt auf dem spitz zulaufenden Plateau über dem Steilufer
der Kura und bildet den zentralen Blickpunkt im alten Tbilissi. An der
äußersten Spitze des Plateaus steht die Reiterstatue des legendären
Gründers der Stadt, Wachtang Gorgassali **(12)**.

Die *Metechi-Kirche* ist ein Kreuzkuppelbau, der auf vier freistehenden
Pfeilern ruht. Der Grundriß ist fast quadratisch. Bemerkenswert an
der *Ostwand* sind drei hohe halbrunde Apsiden, was diese Kirche sehr
von der Mehrzahl der georgischen Kirchen des 13. Jh. unterscheidet.
Manche Kunsthistoriker meinen, daß sie vielleicht darin der von den
Mongolen zerstörten Kirche ähnelte.

Ihre *Besonderheit* aber liegt in der neuartigen Gliederung der Fassade,
die nicht mehr vertikal, sondern horizontal unterteilt wurde. Auf
halber Höhe umgibt ein querlaufendes Band alle vier Fassaden gleich-
mäßig und gliedert so den Bau optisch in zwei Etagen. Leider hat der
dekorative Schmuck sehr unter der Zeit gelitten, eigentlich ist nur
noch der untere gut zu erkennen. Charakteristisch sind auch die
ornamental gerahmten schmalen Fenster und die monumentalen
Kreuze darüber, deren Schmuckmotive sich durch Wiederholungen
an den Nebenapsiden verdreifachen. Das gibt der Ostfassade ein
ganz besonderes Gepräge.

Manchmal werden im Sommer auf dem Platz vor der Kirche *Konzerte*
abgehalten. Intourist wird dafür extra kassieren, aber man sollte sich
dies nicht entgehen lassen. Die Kirche ist dann wunderbar beleuchtet
und gewinnt etwas von ihrem alten Glanz zurück.

Kloster des heiligen David (9): Von dem Platz an der Metechi-
Brücke aus wird der Führer noch auf eine andere Kirche aufmerksam

machen. Man kann sie zwar auch nicht besichtigen, aber später aus der Schwebebahn, die hinter dem Hotel »Iveria« abgeht, sehr gut von oben betrachten. Sie gehörte zu dem ehemaligen Kloster des hl. David und schimmert weiß auf halber Höhe aus dem Grün der Bäume hervor, die den Steilhang zum Funkturm und zum Stalin-Park **(15)** bedecken. Auf dem zum Kloster gehörenden Friedhof liegt nicht nur Stalins Mutter, sondern auch jener sympathische russische Gesandte, Alexander Sergéjewitsch Gribojédow begraben, der 1829 in Persien ermordet wurde. Er war mit einer jungen Georgierin, Nina Tschawtschawadze, verheiratet gewesen, die bei seinem Tode erst 16 Jahre alt war. Gribojédow ist 34 Jahre alt geworden. Seine Frau ließ für ihn und für sich – sie starb mit 42 Jahren – im Friedhof des Klosters ein Grabmal errichten mit der Inschrift: »Die Erinnerung an dich und meine Liebe werden immer währen.

Kirchen stehen in Tbilissi nicht auf dem Touristenprogramm, wahrscheinlich, weil sie noch alle »in Betrieb« sind. Dennoch sei hier auf zwei aufmerksam gemacht, die leicht zu erreichen sind. Die **Sioni-Kathedrale (10)** (1) hat keinen großen künstlerischen Wert mehr, obgleich ihr Grundstein schon im 6. Jh. gelegt wurde und sie mit der unten beschriebenen zu jenen gehörte, die innerhalb der alten Befestigungsmauern der Narikala-Festung lagen. Ihre heutige Gestalt stammt aus dem 18. Jh., als die künstlerische Qualität der Bauten abgenommen hatte und die Baumeister meist nur Wiederholungen nationaler Vorbilder schufen. Sie ist aber insofern interessant, als in ihr auch heute noch der *Katholikus von Georgien* die Messe liest. Sie trägt daher auch die Bezeichnung »Kathedrale«.

Wenn man, vom nördlichen Ufer kommend, die schon des öfteren genannte Metechi-Brücke überschreitet, gelangt man auf der anderen Seite in die Uliza Leselidse, die von eben dieser Brücke aufwärts bis zum Lenin-Platz und zum Prospekt Rustaweli führt. Den breiten, aus rötlichem Ziegel bestehenden Unterbau der Kuppel mit den dekorativen Ornamenten um die schmalen Fenster und dem silbern schimmernden, spitzen Dach kann man schon vom andern Ufer aus gut sehen. Die Kathedrale liegt in der zweiten Seitenstraße rechts, der Sionskaja Uliza. Diese schmale Nebenstraße des lauten und von Autos und Bussen durchfahrenen Prospektes ist still, Bäume stehen dort, niedere Häuser und ein Brunnen. Die Kirche liegt etwas unter dem Straßenniveau. Zu ihr gehören noch weitere Baulichkeiten, die sich um einen mit Bäumen bestandenen Hof reihen. Sie ist eine kleine, fast quadratische Kreuzkuppelkirche, die aber außerordentlich gepflegt anmutet und auch abends beleuchtet ist. Wenn man noch etwas weiter geht, kommt man zur Uliza Schabteli und trifft dort auf die

Antschischati-Kirche (Antischischatskaja Zerkow) (11) (2): Die heute geschlossene Kirche ist das einzige noch erhaltene Denkmal Tbilissis aus dem 4. Jh. Sie ist eine dreischiffige Basilika. Das mittlere Schiff ist deutlich höher als die Seitenschiffe und dementsprechend mit einem Satteldach versehen, während die niedrigeren Seitenschiffe Pultdächer besitzen. In die Umfassungsmauern der alten Basilika wurde 1675 ein *Glockenturm* eingebaut, der das Ensemble besonders anziehend macht. Von dem Platz vor der Metechi-Brücke aus ist er besonders deutlich rechts von der Sioni-Kathedrale zu sehen. In seinem kubischen Unterbau befindet sich der Eingang, von dem aus Treppen zu der – heute sehr viel tiefer liegenden – Kirche führen. Im zweiten Geschoß des Glockenturms befindet sich ein Wohnraum, darüber ein Glockenstuhl mit einem Zeltdach. Besonders reizvoll ist die Zusammenstellung des unteren Massivs aus Ziegeln und dem Glockenstuhl aus grau-bläulichem Stein. Eine Inschrift an der Hauptfassade nennt den Katholikus von Kartli, Domenti, als Erbauer.

Früher einmal befand sich in der Kirche das *Triptrychon von Antschischati* (heute im Staatlichen Museum der Künste **(17)**), das einst fast so berühmt war und verehrt wurde wie die Ikone der Gottesmutter von Chachuli. Das Brustbild des Erlösers war getrieben, sein Antlitz gemalt. Es wurde zur Zeit der Herrschaft der großen Königin Tamara, Ende des 12. Jh., vom Bischof *Johanne Rkinaeli* in Auftrag gegeben.

Museen

Für den Touristen kommen von den 14 Museen im Grunde nur zwei in Frage.

Das **Ethnografische Museum im Siegespark (16)** ist ein Freilichtmuseum. Es wurde 1976 gegründet und umfaßt ein Terrain von fast 50 Hektar. Heute befinden sich ca. 40 Bauten dort, die in der Zukunft auf 300 anwachsen sollen. Sie geben einen faszinierenden Überblick über Georgiens Volksbaukunst: Wachtürme, alte Bauernhäuser, zum größten Teil aus dem 19. Jh., vollständig eingerichtet und bis ins Detail mit altem Hausrat, Teppichen etc. ausgestattet. Die Häuser stammen aus den verschiedenen Gegenden Georgiens, und man hofft, dieses »Museum« mit den Jahren noch zu vervollständigen.

Geöffnet: Täglich (außer montags) von 10 bis 17 Uhr.

Den Besuch des **Staatlichen Museums der Künste Georgiens (17)** kann man nicht warm genug allen Touristen empfehlen. Es ergänzt wenigstens zum Teil den allzu flüchtigen Besuch nicht nur Tbilissis, sondern Georgiens selbst.

Wenn man von der Uliza Leselidse rechts in die Puschkinskaja Uliza und dann gleich links in die Uliza Keschoweli abbiegt, steht man dort nach ein paar Schritten rechts an der Nr. 1, vor dem Museum.

Der wichtigste Teil des Museums, die »Schatzkammer«, befindet sich im *Erdgeschoß*, und der Besuch dort ist nur in kleinen Gruppen und mit Führer gestattet. Die Zimmer sind fensterlos und dunkel, während die Schaukästen hell erleuchtet sind. Die wichtigsten Ausstellungsobjekte befinden sich in der Mitte der Räume in Glasvitrinen. Es sei hier auf einige der interessantesten Stücke aufmerksam gemacht:

Das *goldene Brustkreuz der Königin Tamara* (1184–1213) jener bedeutenden Königin, die in so vielen Heldenliedern besungen wird, und deren Grab nie aufgefunden wurde, brachten die Menschewiken 1921 nach Paris. 1940 wurde es vom Staat zurückgekauft. Es entstand um die Wende des 12. zum 13. Jh. und besteht aus sechs Riesenperlen, fünf Rubinen und 4 Smaragden.

Mit dem Kloster *Gelati* stehen eine ganze Reihe von Ausstellungsobjekten in Verbindung:

Die drei *Goldplatten* mit Zellenemail, 17 cm breit und 10 cm hoch, ebenfalls aus dem 12. und 13. Jh, sind wahre Kleinodien. Es waren Teile einer größeren Komposition. Leider gingen die noch fehlenden 8 Platten – die sich in der Petersburger Sammlung von M.P. Botkin befanden – verloren. Die drei im Tbilisser Museum aufbewahrten stellen »Die Auferweckung des Lazarus«, die »Darbringung im Tem-

pel« und »Die Ausgießung des hl. Geistes« dar. Die Farben Rot,
Blaßgrün und Blaßblau im Kontrast zu den dunklen Gewändern und
dem goldenen Hintergrund sind von besonderer Schönheit.
Aus der 1. Hälfte des 11. Jh. stammt auch die *Ikone des Erlösers* aus
Gelati. Das ursprünglich gemalte Gesicht ist nicht mehr erhalten.
Interessant sind die Emailmedaillons auf dem Rahmen.
Das 1,47 m hohe und bei ausgebreiteten Flügeln 2,02 m breite *Triptychon*, das die Ikone von Georgiens berühmtester und verehrtester
Muttergottes von Chachuli enthielt, steht ebenfalls mit Gelati in Verbindung. Das Kloster Chachuli, in der Tortumer Schlucht im Südwesten Georgiens gelegen, soll noch von David II. Kuropalat (gest.
1001) errichtet worden sein. Es ist im Unterschied zu anderen aus
derselben Zeit stammenden Klöstern noch gut erhalten. Chachuli war
ein wichtiges Zentrum der Wissenschaften, Literatur und des Kunsthandwerkes. Der Muttergottes von Chachuli kam eine Bedeutung zu,
die nur mit der Ikone von Wladimir zu vergleichen ist. Das Triptychon wird auf das erste Drittel des 12. Jh. datiert. Es ist aus vergoldetem, mit Edelsteinen, Perlen und Email verziertem Silber. Von der
hl. Ikone selbst sind nur noch das Gesicht und die Hände erhalten. In
unruhigen Zeiten nach Gelati gebracht, wurde die wertvolle Ikone
bei der Plünderung des Klosters 1859 stark beschädigt.
Die Ikone ist das größte erhaltene Beispiel von Zellenemail aus dem
Mittelalter. Bei diesem Verfahren wird die Farbglasmasse nicht nur
auf die Metallplatte aufgetragen, geschliffen, mehrmals gebrannt und
moduliert, sondern auch zwischen hochkant gestellte Flachdrähte
»gesenkt«, die durch ihren Verlauf sogenannte Zellen ergeben. In
der *Mitte* sehen wir das lateinische Kreuz mit verlängerten Stand-
balken. Es war nicht nur das Zeichen der Passion und der Erlösung,
sondern galt – mit kostbarem Schmuck versehen und mit dem Chri-
stusbild im Schnittpunkt – seit dem 4. Jh. als Herrschaftssymbol.
Besonders schön ist im *Mittelteil* das von Perlen umgebene Bildnis
des Erzengels Gabriel in farbenprächtigem Gewand und feinen
Gesichtszügen als himmlischer Diakon dargestellt, in der Linken die
Weltkugel mit dem Kreuz, in der Rechten den liturgischen Fächer
(Rhipidion), mit dem der Diakon während der Wandlung über den
heiligen Gaben fächelt und die Anwesenheit des Heiligen Geistes
symbolisiert. Auf dem *rechten Flügel* ist in einer Inschrift König De-

metrius I. (1125–1155) erwähnt, der den Auftrag zu diesem Triptychon gegeben hatte. Auf einem mit Blattornamenten und Edelsteinen bedeckten Hintergrund sind Kreuze und Medaillons angebracht, die hauptsächlich von georgischen, einige aber auch von byzantinischen Emailkünstlern angefertigt worden sind.

Ebenfalls auf dem *rechten Seitenflügel* ist das Medaillon mit *Mariä Verkündigung* in höfisch elegantem Stil bemerkenswert. Mit einer sanften Geste übergibt Erzengel Gabriel der in einem Sessel sitzenden Madonna eine weiße Lilie. Über beiden Figuren schwebt die Taube des Heiligen Geistes. Die Gesichter sind überaus fein und deutlich gezeichnet, die Farben Blaßgrün, ein dunkleres Blau, etwas Rot im Gewand der Mutter Gottes auf goldenem Grund; nur der Raum hinter dem Engel ist hell geblieben, so als träte er aus einer andern Welt auf die Erde.

Aus der Fülle des ausgestellten Materials sei noch auf das *Triptychon der Antschischati-Kirche* aufmerksam gemacht. Es besteht ebenfalls aus vergoldetem Silber, und der Rahmen ist ein Werk des wohl berühmtesten Goldschmiedemeisters Georgiens im 12. Jh., Beka Opisari.

Es ist interessant, die beiden obigen berühmtesten und wertvollsten frühen Triptychen mit einem – ebenfalls ausgestellten – aus dem 16. Jh. zu vergleichen. Dieses stammt aus der Kahtedrale des hl. Georg in Alawerdi im östlichen Georgien, in Kachetien im Tal des Alasani gelegen. Die Kirche aus dem 11. Jh. gehört zu einer der schönsten Georgiens. Der hier aufgestellte Flügelaltar aus Silber mit vergoldeten Figuren wurde im Auftrag des Priors Pilipe angefertigt. Der Hintergrund ist mit Blattornamenten bedeckt und mit Edelsteinen geschmückt. Mit hohem technischem Geschick wurde die alte künstlerische Verfahrensweise angewandt.

Ein Kapitel für sich sind die wunderbaren *Prozessionskreuze*. Die berühmtesten sind jene von *Ischchani* und *Breti*. Ersteres wurde 973 angefertigt; es ist 51 cm hoch und 36 cm breit. Die Christusfigur mit den ausgestreckten Händen bedeckt fast das ganze Kreuz. Der Farbkontrast zwischen dem goldenen Kreuz und der silbernen Christusfigur verstärkt seine Wirkung. Das Kreuz von *Breti* ist etwas jüngeren Datums, es wird auf die Jahre zwischen 994 und 1001 datiert. Hier kennen wir den Namen des Künstlers: Gabriel Sapareli. Es ist sehr

viel realistischer als das Kreuz von Ischchani. Die Knie der Figur sind
angewinkelt, die Füße übereinandergelegt, der Gesichtsausdruck des
Kopfes betont das Leiden. Die Reliefs an den Enden des Kreuzarmes
stammen von einem anderen Meister.

Der Besuch des Museums beschränkt sich in den meisten Fällen auf
die Besichtigung der »Schatzkammer«. Manchmal wird der Tourist
in den *zweiten Stock* geleitet, wo sich eine Ausstellung lokaler »Naifs«
befindet. Leider wird der *erste Stock* übergangen. Wer sich aber für
alte georgische Architektur interessiert, dem sei geraten, dennoch
einen Blick hineinzuwerfen. Vor allem sind die *Altarschranken* sehenswert. Am besten erhalten sind jene aus Satchi, Anfang des 13. Jh.
Auch das rekonstruierte monumentale *Mosaik auf Goldgrund* aus der
Spass-Kirche in Zromi befindet sich dort.

Im Untergeschoß ist eine Sammlung westeuropäischer Maler ausgestellt. Man sieht Bilder aus der Schule des Caravaggio, Kopien von
Cardellino und Raffael und holländische und flämische Maler.

Geöffnet: Täglich (außer montags) von 10 bis 17 Uhr.

Auf keinem Touristenprogramm steht leider das **Staatliche Museum
Georgiens »S. Dahanachia«,** wo sich die meisten der in Mzcheta
aufgefundenen goldenen Schmuckstücke der späten Bronzezeit befinden. Es handelt sich zum größten Teil um Grabbeigaben in der
den Eristawen und Pitiachschen vorbehaltenen Nekropole. Man
kann dort goldene *Dolchscheiden*, *Gürtelschnallen* mit Gemmen und
farbigen Steinen, *Goldene Becher* (2. Jahrtausend v. Chr.), *Goldene
Ohrgehänge* und *Halsschmuck* (6. und 5. Jh. v. Chr.) sehen und interessante Vergleiche über die Entwicklung der Goldschmiedekunst an-
stellen.

Nur für Spezialisten ist das **Handschriften-Institut der Akademie
der Wissenschaften der Georgischen SSR »K. Kekelidse«** interessant. Wir finden hier *Handschriften* aus dem Kloster Gelati aus dem
12. Jh., das *Tetraevangeliar* aus dem Jahre 1050 aus Martwili, sowie
einen interessanten *Astronomischen Traktat* aus dem Jahre 1188 mit
den drei georgischen Schriften, dem *Nushuri*, dem *Asomtawruli* und
Mshedruli.

Die **Narikala-Festung (6)** (4) ist das älteste Bauwerk der Stadt, das

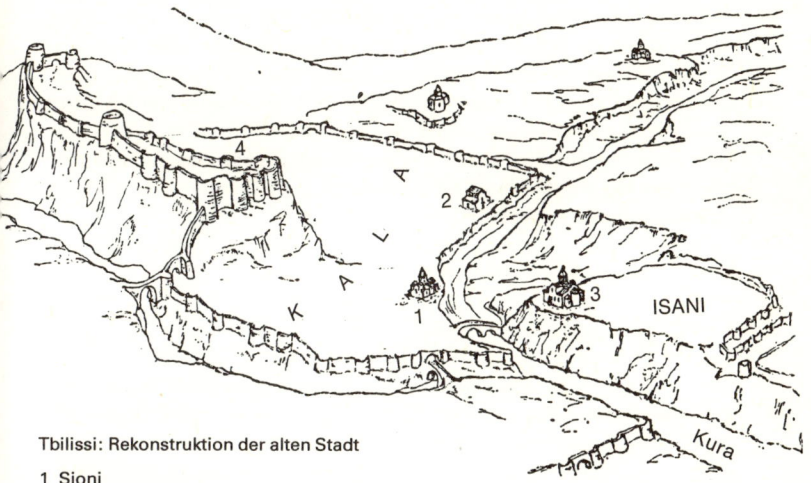

Tbilissi: Rekonstruktion der alten Stadt

1 Sioni
2 Antschischati-Basilika
3 Metechi
4 Narikala-Festung

jedoch auf keinem Besichtigungsplan steht. Wir wollen es dennoch
erwähnen, denn hier entstand das alte Tbilissi auf dem bewaldeten
Berggelände über dem Zusammenfluß der Taborizkali mit der Kura.
Hier bildete der Fluß nur einen engen Durchbruch, weil sich auf der
nördlichen Seite ein Steilhang befindet. Die Touristen sehen, auf dem
südlichen Ufer der Kura, die Reste der alten Festung am besten von
der Nordseite des Flußes aus. Die Führung durch die Stadt wird
meistens auf dem Platz unter der Metechi-Kirche **(8)** (3) haltmachen.
Schon im 4. Jh. stellte die Festung einen geschlossenen Verteidigungs-
komplex dar; weil sie aber mehrmals zerstört und wieder aufgebaut
wurde, trägt sie Züge verschiedener Bauepochen. Vom 5. Jh. an war
sie die königliche Residenz, doch von der Stadtmauer und den Türmen – es sollen mehr als 500 gewesen sein – blieben nur wenige Reste
erhalten. Von der Burg selbst stehen noch wesentliche Teile. Von hier
aus führten steile Mauern bis hinunter zum Fluß. Später verband eine
Brücke den südlichen mit dem seit dem 8. Jh. bestehenden nördlichen

Stadtteil, der sich auf dem Hochplateau jenseits der Kura ausbreitete,
wo sich heute das »Orientalische Viertel« befindet. Die Narikala-
Festung selbst dominiert immer noch majestätisch die Stadt.
Nur wenig unter ihr erhebt sich die 20 m hohe **Statue der »Mutter
Georgiens« (7),** die jener in Eriwan ähnelt. Nur trägt diese außer
dem Schwert (für die Feinde) auch ein Glas georgischen Weines (für
die Freunde) in der Hand. Die Statue ist aus Holz mit einem silbrig
glänzenden Metallüberzug.

Parks

Nur in Georgien existieren noch Straßen und Parks, die auch nach
dem Sturz des Diktators noch seinen Namen tragen. In Tbilissi gibt
es einen Stalin-Quai und den **Zentralen Kultur- und Erholungspark »Stalin«** auf dem Mtazminda **(15),** auf dem sich auch der 270 m
hohe *Fernsehturm* erhebt. Zu dem Park führt eine Zahnradbahn hinauf. Nachdem der Bus durch das gemütliche, mit privaten Zigulis
vollgestopfte Viertel hinter dem Prospekt Rustaweli gefahren ist,
gelangt man durch einen modernen Turm mit riesiger Wendeltreppe
zur Zahnradbahnstation. Die Fahrt ist aus mehreren Gründen wärmstens zu empfehlen. Man überquert die Fortsetzung der alten Viertel
und sieht von oben in Gärten und auf Wohnungen hinab, die sich
den Berg bis zum Kloster des heiligen David **(9)** hinziehen, und
vielleicht versteht man dann besser, warum die Menschen dort vor-
ziehen, im Grünen zu wohnen, statt in den vorfabrizierten anonymen
Wohnungen der Vorstädte. Individualismus ist hier Triumph; schattige Lauben und Balkons schützen vor der Hitze; der Nachbar ist
hier noch wirklich der Nebenanwohnende, mit dem man am Abend
zusammensitzt und zu dem man ein Verhältnis hat; die Gärten gehen
ineinander über; in der Enge stoßen die Balkone zusammen; der
Hauskater schläft friedlich auf der Bank, und die Frauen tauschen
Rezepte und Erfahrungen aus. Auch die alte Klosterkirche und der
Friedhof sind sehr gut von der Zahnradbahn aus zu betrachten. Je
höher es geht – bis 727 m – desto schöner wird die Aussicht. Tbilissi
breitet sich unter uns aus, und der Fluß in seinen Windungen scheint
das Band zu sein, das die einzelnen Stadtteile verbindet.

Kloster Gelati ▷

Der Park auf der Spitze ist einladend. Es gibt ein renommiertes *Restaurant*, das den Namen des Berges »Mtazminda« **(21)** trägt. Wer nur einen Spziergang machen will, dem sei das kleine *»Cafe«* rechts vom Ausgang der Zahnradbahn empfohlen; ein ausgezeichneter frisch ausgepreßter Fruchtsaft erinnert daran, daß hier im Süden der Sowjetunion eine Fülle von Obst wächst und gedeiht. Früher soll es an die 500 verschiedenen Weine gegeben haben, heute produziert Georgien immer noch 65 renommierte Sorten.

Von hier oben aus kann man auch hinter der Narikala-Festung **(6)** (4) den
Botanischen Garten (5) sehen. Er ist weniger bedeutend als der Botanische Garten in Eriwan und wird in keiner Besichtigung erwähnt, dennoch lohnt sich bei einem längeren Besuch in Tiflis auch der Besuch dort, vor allem an einem heißen Nachmittag. Dasselbe ist von dem
Zoo (20) zu sagen, der vor allem vom Hotel »Adscharija« sehr leicht zu erreichen ist. Noch etwas südlicher als der Zoo liegt der
Siegespark (»Pobeda«) **(24),** der am Ende des Prospekt Tschawtschawadse liegt und aus mehreren Gründen beachtenswert ist. Er wurde 1945 angelegt. Auf der anderen Seite des Prospektes stehen eine Reihe der bedeutendsten wissenschaftlichen Institute Tbilissis. An nichts wurde bei diesem Park gespart. Dem Eingang gegenüber, den man vom Prospekt über eine breite Treppe erreicht, fällt von der Höhe wie in Versailles und in Petershof bei Leningrad – nur sehr viel breiter und mächtiger – eine Wassertreppe herab, in der Mitte von riesigen Springbrunnen unterbrochen. In dem Park gibt es praktisch alles: von einem kleinen See zum Segeln bis zum Fußballplatz, von einem guten Restaurant »Budapest« **(22)** bis zum ethnologischen Museum.

Reisezeiten

Obwohl Tbilissi fast 450 m ü. d. M. liegt, ist der Sommer heiß und feucht. Man ist gut beraten, wenn man nicht gerade Juli und August als Reisezeit wählt. September ist der Monat, in dem man am meisten von Stadt und Umgegend hat.

◁ Tbilissi. Altstadt

Restaurants

Obwohl im Text schon einige der Restaurants genannt sind, führen
wir hier nochmals die bekanntesten auf. Natürlich gibt es in Tbilissi
noch eine Fülle von anderen Gaststätten, denn Georgien ist eines der
beliebtesten Ferienziele der Sowjetrussen, und im Sommer trifft man
hier auf bedeutend mehr Russen – für die Georgien und Armenien
ungefähr soviel bedeutet wie für den Norditaliener Neapel und Sizi-
lien – als auf Ausländer. Die unten angeführten Restaurants aber
kommen allein für eine Extramahlzeit des westlichen Gastes in Frage:
»Mtazminda« **(21)** im Kulturpark »Stalin«, bequem mit der Zahnradbahn **(19)** zu erreichen.
»Budapest« **(22)** im Siegespark **(24)**.
»Tbilissi« **(3)** im gleichnamigen Hotel auf der rechten Seite – immer
vom Leninplatz – Prospekt Rustaweli 13 gelegen. Das Restaurant
besitzt ein gutes Orchester und gute Sänger, und hier wird Intourist
meistens einen Extraabend – 10 Dollar, Essen inbegriffen – organisieren.
»Darjal« **(23)** ebenfalls auf dem Prospekt Rustaweli 22, aber auf der
linken Seite. Wer am Abend nach dem Essen im Hotel noch einmal
ausgehen möchte – dies gilt vor allem den Bewohnern des »Adscharija« **(4),** das nur eine außerordentlich langweilige Ausländerbar im
Untergeschoß hat –, dem sei ein besonders nettes Lokal für Ausländer
und Einheimische empfohlen: Es liegt am Ende des Rustaweli-
Prospektes rechts an der Ecke zum Hotel »Iveria« **(1).** Man sitzt dort
im ersten Stock auf einer Terrasse, schaut auf das Nachtleben herab
und trinkt einen ausgezeichneten Champanskoj, der so viel wie in den
»Nights« der Hotels kostet (20 DM), hier aber besser schmeckt.

Die Krim

Geographie

Die Krim ist jene im Süden des europäischen Teiles der Sowjetunion gelegene Halbinsel zwischen dem Schwarzen und dem Asowschen Meer, genau auf halbem Wege zwischen Äquator und Nordpol. In der Antike gehörte sie zu der geschichtlichen Landschaft Taurien oder Tauris oder auch Skythischer oder Taurischer Chersones (Chersones-Halbinsel), die in vielen vorgeschichtlichen Legenden eine große Rolle spielte – man denke nur an Iphigenie. Diese Landschaft umfaßte außer der heutigen Krim auch die nördlich angrenzenden Steppen. Durch die nur 6 bis 8 km breite Landenge von Perekop ist sie mit dem Festland verbunden, und hier verlief bis 1954 die Grenze zwischen Krim und Ukraine.

Geographisch gesehen zerfällt die Krim in drei Teile. Der *Norden* ist ein Flachland mit kontinentalem Klima: kalt, trocken und mit wenig Schnee im Winter. Auch im Sommer gibt es nur geringe Niederschläge, aber es ist sehr heiß. Die Vegetation hängt hauptsächlich von der Menge des im Winter gefallenen Schnees ab. Es werden Tabak, Gerste, auch Weizen und seit 1930 mit künstlichen Bewässerungskanälen Baumwolle angepflanzt. Große Teile sind auch heute noch versteppt. In dieser welligen, auf zwei Seiten vom Meer umspülten Landschaft besaßen die nomadischen Tatarenstämme ausgedehntes Weideland für ihre großen Herden und hatten unterirdische Kanäle für das Wasser aus dem Gebirge angelegt, das sie in steinernen Reservoiren sammelten. Nach der Besetzung des Landes durch die Russen 1754 verfielen diese Anlagen.

Die Steppe ist durch eine Unzahl von flachen Salzseen charakterisiert. Schon im Altertum versorgten diese die anliegenden Staaten mit Salz, und um die Jahrhundertwende lieferten sie über 242 000 Tonnen davon.

Die *Kertsch-Halbinsel* ist die östlichste Landzunge der Krim. Die
Meerenge zwischen Schwarzem und Asowschem Meer, die Straße
von Kertsch, ist 4 bis 37 km breit. Sie trennt die Krim von der gegenüber liegenden Halbinsel Taman, die aber nicht mehr zur Ukraine
gehört. Im Altertum bezeichnete man diese Meerenge als den »Kom-
merischen Bosporus«, um ihn vom »Thrakischen Bosporus«, der
heutigen *Straße von Istanbul*, der das Schwarze mit dem Marmarameer
verbindet, zu unterscheiden. Die Halbinsel Kertsch ist hügelig, man
fand Erdöl auf ihr, und es existieren ausgedehnte, bis zu 35% eisen-
haltige Metallager. Das Eisenerz wurde einst ausschließlich über das
Asowsche Meer zur Verarbeitung nach Schdanow – dem ehemaligen
Mariupol – geschafft. Heute gibt es in der Stadt selbst Hüttenwerke
und eine entwickelte Chemieindustrie. Die Hafenstadt erlebte nach
der Fertigstellung des Wolga-Don-Kanals 1942 einen großen wirtschaftlichen Aufschwung.
Nach *Süden* hin steigt die Krimhalbinsel zum Hochplateau des Jaila-
gebirges bis zu 1545 m an. Es ist ein unwirtliches, von tiefen Schluch-
ten durchzogenes Gebirge mit Flüssen, die jedoch nur während der
Schneeschmelze Wasser führen. Hier gibt es Hirsche und Mufflons,
und die aus Sibirien hierhergeschafften Bären haben sich gut akklimatisiert. Die Krimhalbinsel ist außerdem von jeher für die Zugvögel
aus dem Norden ein Treffpunkt gewesen. Der steile Südabhang ist
bewaldet.
Die karstigen Krimberge sind reich an Naturhöhlen. Die *Kizil-Koba*
soll sogar die größte Höhle der Sowjetunion sein. Sie beginnt an der
sogenannten Gribojedow-Passage, wo der bekannte sympathische
Graf angeblich seinen Namen in die Wand geritzt hat. Man nimmt
an, daß diese geräumigen Höhlen in der Urzeit bewohnt waren.
Die schmale *Südküste* der Krim hat ein ideales Mittelmeerklima und
dementsprechend eine Mittelmeerflora. Hier gedeihen die vorzügli-
chen Krimweine, Feigen, Oliven, Zitrusfrüchte, hier wachsen Palmen
und Maulbeerbäume. 2000 bis 2500 Stunden im Jahr scheint die
Sonne. Von der hohen Gebirgskette gegen die kalten Nordwinde
geschützt, ist diese Gegend seit Jahrtausenden bewohnt und folglich
interessant wegen der dort noch erhaltenen historischen Denkmäler.
Es gibt Ruinen aus der klassischen und der mittelalterlichen Epoche,
tatarische Dörfer, Moscheen, Klöster. Hier standen auch die luxuri-

ösen Villen der Zarenfamilie und des Adels, die zum größten Teil in
Kur- und Erholungsstätten umgewandelt wurden. In den Kapiteln,
die Jalta und den andern Badeorten der Krim gewidmet sind, werden
wir näher auf die einzelnen Orte eingehen.

Geschichte

Die Vorgeschichte der Krim verliert sich im Dunkel der Legenden
und Märchen. Die ersten Einwohner der Region, deren Spuren histo-
risch belegbar sind, waren *keltische Kimmerier*, ein Stamm der Thra-
ker, die im *7. Jh. v. Chr.* in Kleinasien eindrangen. Sie haben aber
nichts mit den gleichnamigen Kimmeriern zu tun, die bei Homer als
Anwohner des Okeanos am Eingang des Hades lebten, wo ständige
Dämmerung, die sogenannte Kimmerische Finsternis, herrschte. Im
selben 7. Jh. v. Chr. begannen sich auch griechische Kolonien an der
Südküste der Krim auszubreiten: die Dorier in Cheronesus, die Ionier
in Theodosia (dem heutigen Caffa) und die Mileten in Pantikapaion
(dem heutigen Kertsch). Diese Städte erlangten bald große Bedeutung,
und während die Kimmerier langsam den Skythen, jenem Reitervolk
aus den Steppen nördlich des Kaukasus, weichen mußten, verstanden
die Griechen sich gegen die Barbaren zu behaupten. Im Jahre *438
v. Chr.* ernannte sich der Archon der Stadt Pantikapaion unter dem
Namen Spartoco I. zum König des Bosporianischen Reiches. Pantikapaion besaß eine gemischte Bevölkerung von Mileten und Skythen
und wünschte eine starke geschlossene Regierung. Dieses Bosporische
Reich, auch Reich der Kimmerier genannt, dauerte fast 800 Jahre lang.
Erst im 3. Jh. unserer Zeitrechnung wurde es während der Völkerwanderung von den Goten zerstört. Auf der Grenze zwischen Asien
und Europa, auf beiden Seiten des Kimmerischen Bosporus gelegen,
wurde es bald zu einem blühenden und bedeutenden Staatsgebilde.
Es umfaßte Cheronesco Taurico (die heutige Kriminsel) und verschiedene andere Teile Südrußlands. Unabhängig blieb das Reich,
bis sich im ersten Jh. v. Chr. der letzte selbständige König, Pagrisa-
des V., der stark von den Skythen bedroht wurde, unter den Schutz

des Königs von Pontos Mithridates VI. (Eupator), 111–63, stellte.
Nach dem Tode des großen Mithridates, der von seinem eigenen Sohn
umgebracht wurde, kam das ganze Gebiet im Jahre *58 v. Chr.* unter
römische Herrschaft. Die Könige, die sich jetzt ablösten, waren Rom
tributpflichtig und außerdem in andauernde Kämpfe gegen Skythen
und Cherodoniten verwickelt.

Ende des *2. Jh.* unserer Zeitrechnung begannen jene Umgruppierun-
gen der Völker, die unter dem Namen Völkerwanderung zusammengefaßt werden. Der Süden des heutigen Rußland war eines der ersten
in Mitleidenschaft gezogenen Gebiete. *250 n. Chr.* drangen die von
den Hunnen bedrängten Goten und Alanen in die Krim ein; 376
folgten die Hunnen, im 8. Jh. türkisch-tatarische Stämme. 1016 kam
die Krim für kurze Zeit unter die Oberhoheit der Byzantiner, 1050
unter jene türkischen Stämme, die die Russen Polovzer, die Griechen
Kumanen nannten. 1237 eroberten die Tataren der »Goldenen Horde«
die Krim. Es ist interessant, daß in dieser Gegend im *13. Jh.* zuerst
Venezianer und dann Genuesen aufkreuzten. Letzteren gelang es,
Venedig die Handelsstützpunkte zu entreißen. Um 1262 schloß Genua
mit dem Tatarenchan Oran einen Vertrag ab: Für eine beträchtliche
Summe Geldes überließ dieser den Genuesen einige Städte der Südküste. Von diesen entwickelte sich Caffa (das ehemalige Theodosia
der Griechen) zu großer Bedeutung. Die Genuesen gründeten außerdem Soldaia (Sudak), 46 km südöstlich von Caffa gelegen. In der Nähe
von Sewastopol sind noch genuesische Befestigungen zu sehen. 1296
versuchten die Venezianer, Caffa zurückzuerobern, aber die Stadt
hielt der langen Belagerung stand. Die Krim erlebte nun unter der
Herrschaft der Chane und der Genuesen eine Periode der relativen
Ruhe und des Wohlstandes. Das nicht immer friedliche Nebeneinander
von Tataren und Genuesen dauerte bis zum Einbruch Timur-Lenks,
den die Russen Tamerlan nennen. Um *1400* zerstörten seine Krieger
das Reich der »Goldenen Horde«. Nach einer langen Periode des
Chaos kam die Krim dann wieder unter die Herrschaft eines Nachkommen der alten Tatarenfüsten, wurde von 1440 bis 1472 selbständig und später, ab 1440, dem türkischen Reich tributpflichtig. In
zahlreiche Kriege mit Polen und Russen verwickelt, wurde die Krim
endgültig am *26. April 1783* von Katharina der Großen annektiert
und mit Teilen der Ukraine zu einer Taurischen Provinz zusammen-

gefaßt. 1792 kam das Gebiet um das heutige Odessa hinzu, wo die Stadt 1794 an der Stelle einer alten türkischen Festung erbaut wurde.

Durch die türkenfeindliche Politik des Zaren Nikolaus I. (1825–1855) brach *1844* der Krimkrieg aus. Nikolaus I. hatte die Donaufürstentümer Moldau und Walachei besetzen lassen. Frankreich unter Napoleon III., sowie England traten auf die Seite der Türken und erklärten Rußland 1854 den Krieg. Auch Viktor-Emanuel I. entsandte ein kleines piemontesisches Truppenkontingent, eine Geste, die später Cavour erlaubte, an der Pariser Friedenskonferenz teilzunehmen. Als dann auch Österreich eine drohende Haltung annahm, zogen sich die Russen zurück. Die Krim wurde nun von den Westmächten besetzt. Nach fast einjähriger Belagerung fiel am *10. 9. 1855* die Festung Sewastopol. Die Verluste waren enorm: allein die Franzosen verloren 7551 Soldaten, darunter 5 Generäle und 142 Offiziere. Unzählige wurden von der Cholera dahingerafft. Nikolaus I. war unterdessen gestorben; der neue Zar, Alexander I., verzichtete im *Pariser Frieden 1856* auf eine russische Kriegsflotte im Schwarzen Meer und trat das südliche Bessarabien ab. In den sechziger Jahren des vorigen Jahrhunderts wurden 231000 Tataren umgesiedelt. Viele emigrierten in die Türkei. 1897 befanden sich bei einer Gesamtbevölkerungszahl von 524000 nur noch 188000 Tataren in der Krim.

Nach dem Ersten Weltkrieg und der russischen Revolution wurde die Krim zur Autonomen SSR innerhalb der russischen SFSR. Während des Zweiten Weltkriegs war sie zwei Jahre lang von deutschen und rumänischen Truppen besetzt (1941–1943). Odessa leistete heldenhaften Widerstand. Nach der Umsiedlung der nunmehr wieder auf eine Zahl von über 200000 angewachsenen Krimtataren unter Stalin wurde die Halbinsel 1945 Gebiet der russischen SFSR und ist seit 1945 der ukrainischen SSR angegliedert.

Simferopol

Simferopol ist das administrative, wirtschaftliche und im gewissen Sinne auch kulturelle Zentrum der Krimhalbinsel. Es betrachtet sich mit Recht als das Tor zur Krim und zu den Badestränden der Schwarzmeerküste. Für den im Auto Reisenden geht von hier aus die einzige Straße nach Jalta (Zweistundenfahrt; s. vordere Vorsatzkarte), und wer die Südküste nicht über Odessa mit dem Schiff anfahren will, muß von Simferopol das Flugzeug nach Sotschi oder Batumi nehmen. Die Bahnlinie, die von Kiew über Charkow nach dem Süden führt, endet in Simferopol. Der vom Norden kommende Reisende erblickt schon im Internationalen Wartesaal des Flughafens die ersten Riesenpalmen und weiß, daß er nun wirklich den Süden erreicht hat.

Simferopol wurde 10 Jahre vor Odessa, im Jahre 1784, gegründet und zählt heute ca. 300000 Einwohner. Bis zum Ende des 19. Jh. war es eine unbedeutende, verschlafene Provinzstadt, wenn es auch stolz ist, daß bedeutende Köpfe wie Puschkin, Gribojedow, Gogol, sogar Lew Tolstoi und Maxim Gorki sich hier vorübergehend aufgehalten hatten. Am Ende des 19. Jh. begann man damit, Konservenfabriken zu errichten. Dieser Zweig der Lebensmittelindustrie wurde später weiter ausgebaut und hat jetzt sehr zufriedenstellende Ausmaße erreicht. Im letzten Weltkrieg wurde die Stadt fast vollständig zerstört. Heute erinnert nur noch das Denkmal der Panzertruppen an die Kämpfe und die Verluste an Menschenleben jener tragischen Jahre. Simferopol ist eine typische Stadt des russischen Südens mit weißen Häusern, ausgedehnten Parks und fröhlichen Menschen auf der Straße.

Vor allem konnte endlich die Wasserversorgung der Stadt durch den Bau eines Stausees gelöst werden. Die Bewohner nennen ihn liebevoll ihr »Meer«, denn er speist nicht nur die Kraftwerke und versorgt die Landwirtschaft mit dem kostbaren Naß, sondern dient ihnen im Sommer auch als Badestrand.

Für den Touristen lohnen sich in Simferopol *zwei Ausflüge: Die Ausgrabungen des Skythischen Neapols* und *Bachschissarai.* Die Ausgrabungen liegen nur ungefähr einen Kilometer von der Stadt entfernt, an der Chaussee, die nach Aluschta führt. Man kann die Überreste von

Wohn- und Wirtschaftsräumen, Befestigungen und einer ausgedehnten Nekropole aus dem 5.–4. Jh. v. Chr. besichtigen.

Während diese skythischen Ausgrabungen sehr nahe an der Stadt liegen, befindet sich *Bachschissarai* 40 km entfernt. Es war die ehemalige Hauptstadt der mächtigen »Goldenen Horde« auf der Krim. Vollständig erhalten ist dort der Gebäudekomplex der Residenz der Chane, der außer den eigentlichen Palastbauten – die zwischen dem 16. und dem 18. Jh. entstanden waren – auch die Gärten, den Harem und die alte Moschee umfaßt. Sehr sehenswert ist das Museum mit einer interessanten Dokumentation des Krimfeldzuges. 1922 weilte auch Puschkin hier und wählte den Palast der Chane zum Schauplatz jenes kurzen Epos »Der Springbrunnen von Bachschissarai«, die Legende von der Liebe eines Tatarenchans zu einer gefangenen Polin, die von ihrer Nebenbuhlerin getötet wird.

Odessa

Odessa ist, wie Leningrad, keine organisch gewachsene, sondern eine auf dem Reißbrett entstandene Stadt und, ebenfalls wie Leningrad, nicht eigentlich »russisch«. Das beeinträchtigt jedoch in keiner Weise ihren Charme. Dort, wo 1794 die neue Stadt erbaut wurde, stand einst nur eine türkische Festung. Die Besonderheit Odessas ist seine Lage: 150 m über dem Meer, beherrscht es von seiner Höhe den weiten Bogen des Hafens und gibt den Blick auf die offene See in einem Maße frei, wie dies in anderen Hafenstädten selten möglich ist.

Odessa hat heute 1,05 Millionen Einwohner, doch im Unterschied zu den anderen Millionenstädten wird es wahrscheinlich ohne Untergrundbahn auskommen müssen, da sich unter der Stadt ein System von Karsthöhlen befindet, die sogenannten Katakomben, und die Einsturzgefahr sehr groß sein würde. Während der Besatzungszeit taten diese »Katakomben« als Zuschlupf für Partisanen große Dienste. Sie sind heute nur mit einer Sondererlaubnis und mit Sonderführern zu besichtigen.

Der wirtschaftliche Aufstieg Odessas war im 19. Jh. eng mit dem Getreidehandel verbunden. Die Schwarzmeerschiffahrt mit heute 250 Schiffen wird durch den ganzjährig eisfreien Hafen begünstigt. In Odessa gibt es aber auch Stahl- und Walzwerke, eine entwickelte Chemieindustrie und Großraffinerien. In den letzten Jahrzehnten kamen die Bekleidungsindustrie und der Maschinenbau hinzu. Von besonderer Bedeutung sind die – auch von ausländischen Studenten besuchten – wissenschaftlichen Forschungsinstitute. Doch der Tourist merkt von der Industrie wenig; von der Höhe der Promenade erblickt er wohl das Hafen- und Industrieviertel, aber die Stadt selbst bleibt von all dem unberührt. Wer Leningrad schon besuchte, wird sofort den Eindruck haben, daß hier die ehemalige Hauptstadt Pate gestanden hat: Die großzügig angelegten Straßen, die Paläste im neuklassischen Stil, die in freundlichen Pastelltönen gehaltenen zweistöckigen Privathäuser, die grünen Alleen und die vielen Parks erinnern an das alte Petersburg; nur ist Odessa sehr viel gemütlicher, seine Plätze haben menschliche Ausmaße und alles Sehenswerte liegt nahe beieinander. Man kann fast alles zu Fuß erreichen, und die Stadt ist so übersichtlich geplant, daß man sich vom ersten Tag an darin zurecht findet und sich nicht verirren kann.

Bahnhof (1)

Der Hauptbahnhof von Odessa liegt am Ende der Puschkinskaja Ul., einer der Hauptarterien der Stadt. Sie führt direkt bis zum Primorskij-Boulevard und zu der berühmten Treppe. An ihr liegen zwei Museen, eine der schönsten Kirchen der Stadt und die Philharmonie. Der Bahnhof wurde 1952 wieder auf dem Platz des im Kriege zerstörten neu errichtet.

Denkmäler

Richelieu (2) beherrscht am Primorskij Bulwar die früher seinen Namen tragende Potemkin-Treppe **(23).** Richelieu, der während der französischen Revolution als Flüchtling nach Rußland kam, war 20 Jahre in russischen Diensten und von 1803 bis 1814 der erste Gouverneur von Odessa und Neu-Rußland (Novorossija). Man sagt, er habe außerdem die Gunst der Kaiserin Katharina der Großen besessen. Nach seiner Rückkehr nach Frankreich wurde er zweimal Premierminister unter Ludwig XVIII. Das Denkmal wurde 1826 nach Zeichnungen von Malenkow und Martos errichtet. Es zeigt den Staatsmann im Gewand eines römischen Senators mit dem Lorbeerkranz auf dem Haupt.
Die Büste des großen Dichters **Puschkin (3)** steht ebenfalls am Primorskij Bulwar; sie wurde zum 50. Todestag des Dichters 1888 von der Bevölkerung Odessas durch eine Sammlung finanziert, an der sich – so heißt es – aber der Gouverneur Neu-Rußlands nicht beteiligt habe. Architekten: Polonskaja und Wasilew.
Ein imposantes **Lenin-Denkmal (4)** steht auf dem Platz vor dem Hauptbahnhof **(1),** dem Platz der Oktoberrevolution (Ploschdschadj Oktjabrskoi Rewoljuzij).

Odessa

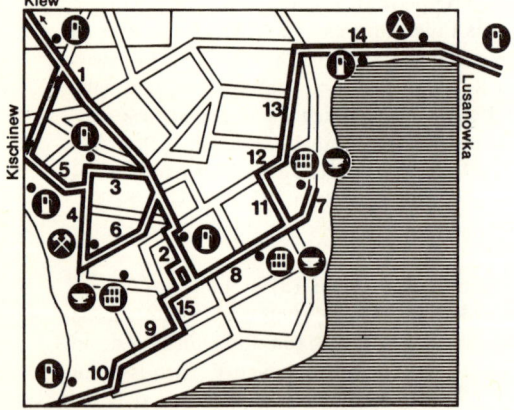

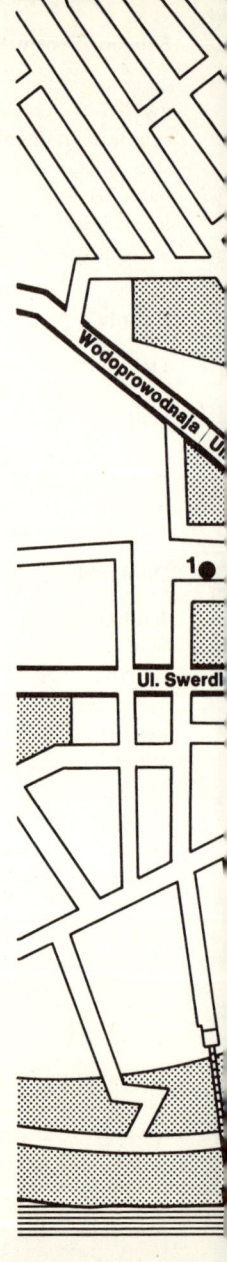

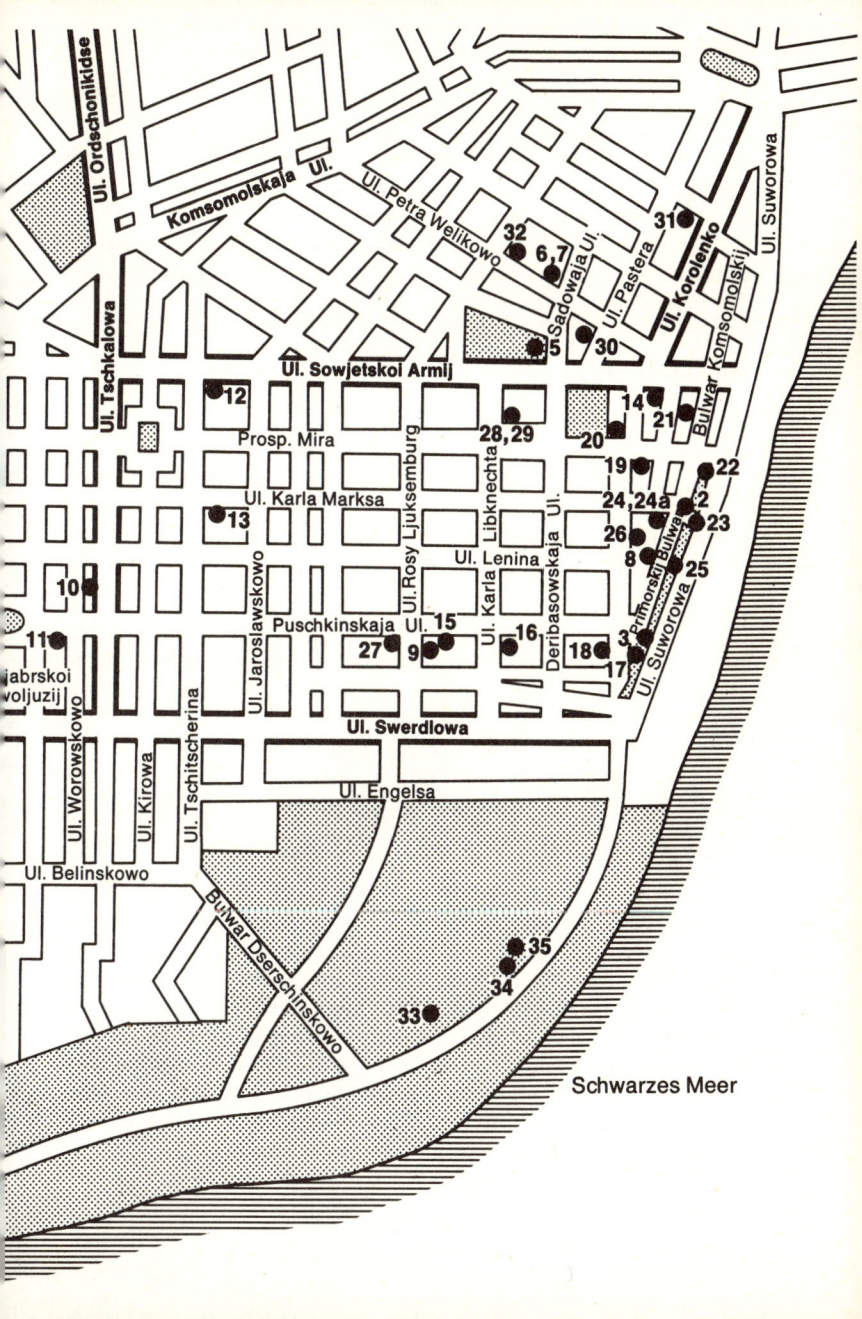

Das Denkmal **Woronzows (5),** langjähriger Gouverneur der Stadt und Puschkin wenig gut gesonnen, steht auf dem Platz der Sowjetarmee (Pl. Sowjetskoi Armij) und wurde von dem deutschen Bildhauer Brüger nach Zeichnungen von Beaufort geschaffen (1853). Die Reliefs der Sockel erinnern an berühmte Schlachten: die Eroberung von Warna 1828 und die Schlacht von Craonne 1814.

Hauptpost (6)

Sadowaja Ul. 7.

Haupttelegrafenamt (7)

im selben Gebäude, nur zur Ul. Podbelski hin.

Hotels

Für den ausländischen Gast kommen nur drei Hotels im Stadtinnern in Frage:
»Odessa« **(8),** Primorskij-Boulevard 11 (Tel. 22-50-19);
»Krasnaja **(9),** Puschkinskaja Ul. 15 (Tel. 22-72-20);
»Schwarzes Meer« **(10),** Ul Lenina 57 (Tel. 29-20-31).

Intourist

In jedem der drei oben genannten Hotels existieren Intourist-Büros; das Zentralbüro jedoch befindet sich im 1. Stock des Hotels»Krasnaja«. Außderdem gibt es im Erdgeschoß, links von der in den Oberstock führenden geschweiften Treppe, ein kleines *Postamt*, wo man schon frankierte Ansichtskarten von Odessa einzeln kaufen kann – sie werden an den Zeitungsständen und in anderen Hotels meistens in Heften zu 10 Stück abgegeben. Vor allem kann man hier die Aufnahmen von der berühmten Potemkin-Treppe oder der Ansicht des schönen Opernhauses erstehen. Das bedienende junge Mädchen versteht auch Englisch. Auf der rechten Seite der geschwungenen Treppe ist ein weiteres Touristenbüro für Extrabuchungen. Das Büro der

Aeroflot hingegen befindet sich in der Ul. Karla Marksa, dem Restaurant »Ukraine« gegenüber.

Kirchen und Kultstätten

In Odessa sind noch eine ganze Reihe von Gotteshäusern offen, nicht nur russisch-orthodoxe, sondern auch eine griechisch-orthodoxe, eine polnisch-katholische, eine Synagoge und eine der Baptisten. Keine zeichnet sich durch besonderen historischen Wert aus, doch sind sie alle ohne Ausnahme ausgezeichnet renoviert, Ikonen und Leuchter neu vergoldet und immer stark besucht. Eine Ausnahme macht die polnisch-katholische Kirche. Es gibt nur einen katholischen Priester, der aber auch die Katholische Kirche in Kiew zu versorgen hat, so daß in der Kirche von Odessa nur selten Gottesdienst abgehalten werden kann. Außer der Friedhofskirche, die mit den Trams 3 und 29 zu erreichen ist, sind in der Innenstadt drei Kirchen dem Gottesdienst geöffnet. Die anziehendste ist zweifellos die

Iljinskij-Zérkow (11) in der Puschkinskaja Ul. 76, schräg gegenüber dem größten Odessaer Warenhaus gelegen. Die Kathedrale von Odessa ist die

Uspenskij-Sobor (Kathedrale zur Himmelfahrt Mariä) **(12)** in der breiten Ul. Sowjetskoi Armij. Sie war schon immer die Hauptkirche, und ihre weithin sichtbaren Glockentürme sind die höchsten Gebäude der Innenstadt. Die

Griechisch-Orthodoxe Kirche (13) liegt von der Oper aus auf der linken Seite der Ul. Karla Marksa und ist zweifellos die prächtigste der drei. Sie wird nicht nur von Griechen, sondern von der ganzen Bevölkerung der umgebenden Straßenzüge besucht.

Polnisch-Katholische Kirche (14), Ul. Stepana Chalturina 3.

Synagoge, Lesnaja Pereolok (Lesnaja-Gasse), am Ende des alten Hafens in einer Seitenstraße der Moskowskaja Ul.

Baptisten-Tempel, Ul. Serowa.

Museen

Der Besuch von Odessas sehenswerten Museen sollte eigentlich in der zentralen Puschkinskaja Ul. beginnen, und zwar mit dem **Museum**

Puschkin (15), Puschkinskaja Ul. 13, gleich neben dem Hotel »Krasnaja« gelegen. Der Dichter, der dieser schönen Straße den Namen
gab, lebte zwischen 1823 und 1824 fast ein ganzes Jahr hier. 1820, im
gleichen Jahr, als sein romantisches Epos »Ruslan und Ludmilla«
erschienen war und einen großen Erfolg erzielte, wurde der damals
21jährige Puschkin, der als Kollegiensekretär im Kollegium (später
Ministerium) für Auswärtige Angelegenheiten in Petersburg arbeitete, wegen freiheitlicher Gedichte und scharfer Epigramme von
Alexander I. nach dem heutigen Dnepropétrowsk, das damals Jeka-
terinoslaw hieß, strafversetzt. 1823 kam er an die Kanzlei des Grafen
Woronzow nach Odessa. Doch auch hier dauerte sein Aufenthalt
nicht lange. Wegen abgefangener Briefe, die ihn des Atheismus ver-
dächtigten, wurde er – erst 25jährig – aus dem Staatsdienst entlassen.
Böse Stimmen meinen, daß der allmächtige Generalgouverneur nicht
unbeteiligt an dieser Entlassung gewesen sei, denn seine schöne Gattin, bekannt wegen ihrer verschiedenen Liebesaffären, habe ein allzu
großes Interesse für den jungen Dichter gezeigt. Während seines
Aufenthaltes in Odessa wohnte Puschkin in dem Haus, das ihm heute
als Museum gewidmet ist. Seltsamerweise wird man es auf keinem
Intourist-Programm finden, doch wer sich für Puschkin interessiert,
dem sei der Besuch wärmstens angeraten; außerdem führt er in das
fast unberührt gebliebene Innere einer Privatwohnung des 19. Jh.
Mit Liebe ist dort zusammengetragen, was im Zusammenhang steht
mit Puschkins Aufenthalt nicht nur in Odessa, sondern auch in der
Krim: Bilder, Fotos, Mansukripte, Briefe, Erstveröffentlichungen,
Zeitungsartikel etc.

Geöffnet: Von 10 bis 17 Uhr.

Das **Museum für Westliche und Orientalische Kunst (16),** Puschkinskaja Ul. 9, liegt nur einige Meter weiter. Es ist ein schöner Palast,
der 1857 nach Zeichnungen von A. Otton gebaut wurde. Hier finden
auch regelmäßig Ausstellungen russischer oder ausländischer Künstler statt.
1. Saal: Hier ist rechts das große Porträt des ersten Gouverneurs der
Stadt, Richelieu, zu sehen, den man sonst nur mit Toga und Lorbeerkranz auf dem berühmten Denkmal erblickt. Ihm gegenüber hängt

ein Damenbildnis von D. Morelli (1826–1901). Rechts vom ersten Saal finden wir zwei größere, die nur Waffensammlungen enthalten. Der Gang durch das Museum beginnt links mit einem kleineren Saal, der eine Kopie aus dem 17. Jh. des berühmten Selbstporträts von Rembrand zeigt. Man kommt danach in einen *runden Ecksaal*, der ein Bild von Brueghel (1576–1629) und zwei von Franz Hals, die Evangelisten Lukas und Matthäus, enthält. Im darauffolgenden *spanischen Saal* sind eine Kopie des Murillio »Die Anbetung der Madonna« von Rivera und das vielleicht schönste Bild des Museums »Die Dame mit den Perlen« von *Schustermanns* (1597–1681) ausgestellt. In dem darauffolgenden *italienischen Saal* kann man Bilder von *Guardi*, *Bellotti* und *Canaletto* und vier Landschaftsbilder von *Magnasco* sehen. Das größte Gemälde von *Caravaggio* »Der Judakuß« dürfte eine, wenn auch ausgezeichnete, Kopie des Originals sein. Auch die beiden folgenden Säle sind den Italienern gewidmet, hier sind außer einem großen Gemälde von *Sebastiano del Piombo* die Majoliken aus dem 16. Jh. und die Büste des Niccolo Uzzano von *Donatello* besonders schön. In diesen Sälen sind auch die antiken Möbel, vor allem im Empire-Stil, und in den Vitrinen altes Porzellan, u. a. Wedgewood, und Kristall gut ausgesucht.

Geöffnet: Von 10.30 bis 17.30 Uhr.
Geschlossen: Mittwochs.

Archäologisches Museum (17), Ul. Lastotschkina 4. Die vier Parallelstraßen Puschkinskaja Uliza, Uliza Lenina, Ul. Karla Marksa und Prospekt Mira enden alle in der Ul. Lastotschkina. Dort, wo die Puschkinskaja Ul. auf die Ul. Lastotschkina trifft, nimmt diese ihren Anfang an einem hübschen Platz mit Blumenrabatten. Rechts, etwas zurückliegend, steht das Archäologische Museum, ihm gegenüber auf der linken Seite das Marinemuseum. Das Archäologische Museum war immer ein Museum und nicht, wie die beiden vorhergehenden in der Puschkinskaja, ein altes Patrizierhaus. Es wurde 1825 gegründet und im neuklassischen Stil erbaut. Es ist zweifellos das interessanteste Museum der Stadt mit 150 000 Ausstellungsstücken, 50 000 Münzen und einer beachtlichen ägyptischen Abteilung. Der ausführliche und gutbebilderte Katalog an der Kasse ist leider nur auf russisch erhältlich. Es sei darauf hingewiesen, daß sich die *numisma-tische Abteilung* im Unterstock befindet mit Münzen aus verschiedenen Jahrhunderten, u. a. einem der sog. »Slatnik«, zur Zeit des Fürsten Wladimir in Kiew geprägt, und seltenem Goldschmuck aus dem 7. bis 4. Jh. v. Chr. – ein Teil der archäologischen Funde von den in den letzten Jahrzehnten gemachten Ausgrabungen im Schwarzmeerge-biet sind in dieses Museum gekommen. Besonders interessant sind, auch im Untergeschoß, die verschiedenen alten *Götzenbilder* der vor-christlichen Zeit, jene orginellen Statuen, die Fürst Wladimir in den Dnepr werfen ließ. Sie sind unverkennbar wegen der lustigen spitzen Hüte auf den Köpfen und des hellwachen verschmitzten Ausdrucks ihrer runden Gesichter. Die meisten erreichen nur 1,50 m Höhe, aber im Odessaer Museum steht eine über 2,50 m große: den spitzen Hut bis fast zur Nasenwurzel ins Gesicht gezogen, die lockigen Haare hinten freilassend, verschmitzter denn je auf die Besucher herabblik-kend. Wenn man dann draußen den stämmigen jungen Offizieren der Marineakademie in ihren flotten Uniformen begegnet, wird man be-troffen: fast alle haben ihre Mützen bis in die Stirn gezogen und das lockige Haar hinten freigelassen – sollten sie sich an dem alten Göt-zenbild inspiriert haben? Der Saal mit den *griechischen* Vasen und der darauffolgende mit *römischen* Mosaiken und Statuen ist besonders übersichtlich. In der *ägyptischen* Abteilung dominiert ein Sarkophag aus der XXII. Dynastie. Wie alle russischen Museen ist auch dieses didaktisch aufgebaut und streng nach Perioden geordnet, leider mit ausschließlich russischer Beschriftung.

Geöffnet: Täglich von 10–17.30 Uhr.

Museum der russischen Handelsflotte (18), Ul. Lastotschkina 6. Es ist ein niedriger hellgrün und weiß gestrichener Bau, der zwischen der Oper und dem Historischen Museum – diesem genau gegenüber – an der nun leicht ansteigenden Straße liegt. Es war früher der englische Klub.

Geöffnet: Von 10 bis 17 Uhr.
Geschlossen: Montags.

Museum für Geschichte und Heimatkunde (19), Ul. Lastotschkina 24a. Man folgt der leicht ansteigenden Lastotschkina, kommt rechts an der Oper vorbei, kreuzt die Ul. Karla Marksa und sieht dort, wo die Lastotschkina endet, dem Stadtpark gegenüber, den schönen, 1876 von dem Architekten Gonsiorowski erbauten Palast, der seit 1956 das Heimatmuseum enthält. Es sind 14 Säle, die sich mit der *Geschichte* Odessas befassen. Besondere Bedeutung wird den *73 Tagen der Verteidigung* während des letzten Weltkrieges und dem wirtschaftlichen *Wiederaufbau* der Stadt nach dem Kriege eingeräumt.

Geöffnet: Von 10.30 bis 17.30
Geschlossen: Freitags.

Naturhistorisches Museum (20), Ul. Chalturina 4. Das Museum liegt dem obigen gerade gegenüber, aber schon in der Ul. Stepana Chalturina. Auf der anderen Seite der Straße befindet sich die Polnisch-Katholische Kirche bei Nr. 3.
Kunstgalerie (21), Ul. Korolenko 5. Wenn man die kurze Ul. Chalturina längs des Parkes bis zum Ende geht, kommt man in die breite Ul. Sowjetskoi Armij. Man verfolgt sie rechts bis zu ihrem Ende, wo sie nach einer scharfen Biegung jetzt Ul. Korolenko heißt. Der Palast ist ein Kunstdenkmal für sich und einer der ältesten erhaltenen der Stadt. Er wurde, nur 10 Jahre nach der Gründung, für den Grafen Pototschi erbaut und ging 1880 in den Besitz der Kunstgesellschaft über. Die Galerie umfaßt heute 3000 Bilder aus vier Jahrhunderten. Wer die Puschkin-Galerie in Leningrad besichtigt hat, wird hier bekannte Namen wiederfinden: Isaac Levitan, Valentin, Serow, Iwan Schischkin und das berühmte Bild von Ilja Repin »Die Vagabunden«; auch Martiros Sarjan ist hier vertreten.

Geöffnet: Von 10.30 bis 17.30, montags bis 15 Uhr.
Geschlossen: Dienstags.

Primorskij Bulwar

Der 500 m lange Primorskij Bulwar ist zweifellos einer der schönsten
Boulevards der Sowjetunion, und die *Potemkin-Treppe*, die von ihm
zum Hafen führt, ist für Odessa, was der Eiffelturm für Paris ist. Die
Führung wird jedoch nicht an der Treppe, sondern am anderen Ende
des Boulevards beim *Palast der Jungpioniere* **(22)** beginnen. Es ist
das Palais des ehemaligen Gouverneurs der Neurussischen Gebiete
Graf Woronzow, der fast 30 Jahre hier residierte. Im neuklassischen
russischen Stil 1826–1827 von Beaufort erbaut, besitzt es an der
Ecke über der Klippe einen schönen Portikus mit dorischen Säulen.
Der Blick über den alten und den neuen Hafen ist von dort oben
überwältigend. Man wird darauf aufmerksam gemacht, daß es jetzt
über 140 metallverarbeitende Fabriken in Odessa gibt. Langsam
wandert man dann durch die Doppelallee zurück. Das *Haus Nr. 7* war
ehemals eine 1830 gegründete Bibliothek; später ging sie in den
Besitz des Zaren über, und heute sind städtische Büros darin. Das
halbkreisförmige *Haus Nr. 8* (an der Ecke) war zuerst als Privathaus
errichtet worden, wurde dann aber zu dem ehem. »Hotel Petersburg«
umgebaut. Heute sind die Büros der Schwarzmeerschiffahrtsgesell-
schaft dort. Man hat nun die Hälfte des Boulevards zurückgelegt und
ist vor dem *Denkmal* des Herzogs von Richelieu **(2)** und an der
berühmten *Treppe* **(23)** angelangt. Sie wurde 1837–1841 von dem
Architekten Beaufort entworfen. Sie hat 192 Stufen und 10 Rampen
und ist so gebaut, daß man von unten nur die Treppenstufen, von
oben nur die Rampen sieht. Diese scheinen alle die gleiche Breite
zu haben, aber auch das ist eine optische Täuschung: Die unteren
Rampen sind 21 m, die oberen nur 12,50 m breit. Die Statue des
ersten Gouverneurs der Stadt dominiert, während die beiden – von
Abraham Melnikow entworfen – halbkreisförmigen Bauten am
oberen Ende der Treppe harmonisch das Ganze vervollständigen.
Die Treppe hieß ursprünglich »Richelieu-Treppe«. Heute erinnert
der Name an die berühmte Revolte des Panzerkreuzers »Potemkin«
aus dem Jahre 1905, die von Eisenstein in seinem bekannten Film
verewigt wurde. Für jene, die keine Lust verspüren, die 192 Stufen
hinauf- oder hinabzusteigen, gibt es eine bequeme, mit Glas
überdeckte Rolltreppe zur Benutzung. Sie stört zwar erheblich die

Harmonie und die Fotoaufnahmen, aber dafür ist sie außerordentlich praktisch.

Man setzt den Spaziergang fort, kommt zuerst an der Ecke an dem »Kulturpalast der Marinesoldaten«, dem sog. Marmorpalais, das 1830, übrigens auch von Beaufort, gezeichnet wurde und in dem – so sagt man – die offizielle Geliebte des Grafen Woronzows gelebt hatte, dann an dem Intourist-Hotel *»Odessa«* **(8)** vorbei und steht nun vor dem von der Bevölkerung 1888 gestifteten Puschkin-Denkmal. Der Boulevard wird an seinem nördlichen Ende von dem grandiosen *»Städtischen Sowjet«* **(24)** abgeschlossen. Der eindrucksvolle Bau mit den korinthischen Säulen wurde 1829–1839 als Warenbörse von der reichen Kaufmannsschaft Odessas errichtet. An der einen Seite des Eingangs sehen wir Merkur, den Gott des Handels, in einer Nische, auf der anderen Seite Ceres, die Göttin der Feldfrucht und des Wachstums. Auch dieses Gebäude wurde von Beaufort entworfen. Am Sims ist eine große Uhr angebracht, über der zwei Statuen, den Tag und die Nacht darstellend, ruhen.

Im kleinen Grünplatz vor dem Stadtsowjet ist 1904 die *Kanone* **(25)** der englischen Fregatte »Tiger« aufgestellt worden. Sie wurde 50 Jahre nach dem Krimkrieg im Hafen gefunden. Das englische Kriegsschiff war von den Russen während der vergeblichen Verteidigung der Stadt versenkt worden.

Theater

Wenn man von Theatern in Odessa spricht, gehen die Gedanken sofort zu Odessas **Opern- und Ballett-Theater (26)** Ul. Lastotschkina 8, denn es wird (mit der Scala, der Oper von Paris, Wien und der Metropolitan von New York) zu den fünf schönsten Opern der Welt gerechnet. Direkt hinter dem Primorskij Bulwar gelegen, hat sie ihren Platz an einer der malerischsten Ecken des alten Odessa. 1809 wurde hier von dem Petersburger Architekten Thomas de Thonon, der dort die berühmte Warenbörse auf der Wassiljewski-Insel gebaut hatte, das erste Stadttheater zum 15. Jahrestag der Stadtgründung errichtet. Es hatte einen Säulenvorbau und blickte auf das Meer. In den Logen fanden nur 40 und im ganzen Theater 800 Personen Platz, es besaß noch kein Foyer und keine Heizung. Zur Beleuchtung mußten Öllampen und Kerzen herhalten. Am 2. Januar 1873 wurde es durch eine Feuersbrunst vollständig zerstört. Die Stadtväter schrieben 1874 einen Weltwettbewerb für das beste Projekt aus; sie waren gewillt, nicht zu sparen, denn Odessa war unterdessen reich und als Hafen bedeutend geworden. Heute behauptet man in Odessa, daß die Wahl dennoch nicht auf den besten Entwurf fiel, der – nach heutiger Ansicht – von den Odessaer Architekten A. Bernardazzi vorgelegt wurde. Nach jahrelangem Hin und Her entschied man sich für die beiden bekannten österreichischen Architekten G. Gelmer und F. Felner. 1884 wurde mit dem Bau begonnen, der 1887 beendet werden konnte. Interessant ist, daß die beiden Architekten die Arbeiten nicht überwachten, sondern daß sie Odessaer Architekten anvertraut wurden, u. a. A. Bernardazzi. Die Oper ist in dem sogenannten Österreichischen Barock-Stil erbaut und hat 1664 Sitzplätze. 1925 brach, nach der Vorstellung von Meyerbeers »Der Prophet«, wiederum Feuer im Theater aus. Danach wurde es innen renoviert. Glücklicherweise konnte es unversehrt durch die Besatzungjahre kommen. Besucher von Odessa sollten es sich nicht entgehen lassen, die Oper wenigstens innen zu besichtigen. Der Eingang ist heute nicht mehr von der Seite, die dem Meer zugewandt ist, sondern von der Uliza Lastotschkina aus.

Philharmonie (27), Ul. Rosy Ljuksemburg 15, Ecke Puschkinskaja Ul. Sagen Sie ihren Odessaer Freunden niemals, daß Sie das Gebäude (1899 von dem Architekten A.I. Bernarditschi im reinsten Libertystil als eine Mischung von Pharaonengrab und arabischer Moschee) etwa nicht prachtvoll fänden. Sie würden sie zu sehr enttäuschen. Die Philharmonie liegt nur einige Schritte vom Hotel »Krasnaja« **(9)** entfernt und auf derselben Seite.

Russisches Dramentheater Iwanowa (28), Ul. Karla Libknechta 48.
Operettentheater (29), Ul. Karla Libknechta 50.
Puppentheater (30), Ul. Pastera 62.
Ukrainisches Dramentheater (31), Ul. Pastera 15.
Zirkus (32), Ul. Podbelskowo 25.

Restaurants

In den oben angegebenen Intourist-Hotels gibt es Restaurantbetrieb, der auch von Nicht-Hotelgästen besucht wird, außerdem in der Innenstadt das *Restaurant »Ukraine«*, Ul. Karla Marksa 12, dem Aeroflot-Büro gegenüber. Natürlich existieren eine ganze Reihe in den Außenbezirken, im Hafen und am Meer, die aber für den Touristen nur ganz selten in Frage kommen.

Einkäufe

In Odessa sind die *Berjóska-Läden* der Hotels eher dürftig, es gibt aber einen guten in der Innenstadt, in der Ul. Karla Marksa, drei Häuser vom Restaurant »Ukraine« entfernt. Er heißt *»Kaschtan«*. Von Porzellan über Kunstbücher bis zu Pelzen gibt es dort fast alles gegen ausländische Währung.
Der beste *Bücherladen* (mit ausländischen Büchern) ist »Druschba« (Freundschaft) in der Ul. Sowjetskoi Armij 24. Vor allem findet man hier ausgezeichnete Ausgaben der DDR, die billiger als im Ursprungsland sind.
In derselben Straße, aber auf der anderen, der linken Seite Richtung Bahnhof, liegt das beste *Schallplattengeschäft* Odessas mit sehr großer Auswahl in klassischer und folkloristischer Musik.
Technische Literatur findet man in der Ul. Lenina 17 und Deribasowskaja Ul. 27. Von den beiden besten großen *Warenhäusern* liegt eines an der Ecke Puschkinskaja Ul. (Eingang) und Ul. Worowskowo, schräg gegenüber der Iljinski-Kirche, das andere in der Ul. Lenina, Ecke Ul. Rosy Ljuksemburg. Odessa ist besonders reich an Läden, die zwar stets überfüllt sind, aber ein verhältnismäßig großes Warenangebot haben.

Universität und Lehranstalten

Die Odessaer *Universität* (Uliza Welikowo 2) wurde schon 1865 gegründet, sie hatte damals 3 Fakultäten und 175 Studenten; heute sind
es 13000. Außerdem existiert ein *Polytechnikum* mit weiteren 17000
Lernenden. Es gibt erstaunlich viele Ausländer unter ihnen, vor allem
aus der Dritten Welt (Kongo, Bangladesch), doch auch viele aus der
DDR, vor allem im *Institut der Radioingenieure*. Die Odessaer Universität konnte unter ihre Professoren Weltberühmtheiten wie
Dimitrj Mandelejew zählen. In Odessa gibt es auch sog. *Musikschulen:*
Das sind keineswegs Konservatorien, sondern normale Oberschulen
mit Pflichtfach Musik.

Arkadija

Wer etwas länger in Odessa bleiben kann, wird den Vorortstadtteil
Arkadija besuchen. Er zieht sich im Südwesten der Stadt bis zu dem
40 km langen Strand hin, der eine Parkzone abgrenzt. Im Sommer
verkehrt, den Strand entlang, eine Schiffslinie bis zum »Goldenen
Ufer«, Odessas Badestrand. In dieser Zone steht auch ein Großteil
von Odessas 73 Kuranstalten, die Kranke und Erholungsbedürftige
aus ganz Rußland aufnehmen. Längs des Bulwar Proletarskij, einer
Straße, die durch einen Park zu führen scheint, finden wir auf der
rechten Seite (Fahrtrichtung Meer) Forschungsinstitute und einige
Sanatorien und links die farbigen Gebäude von Odessas berühmten
Champanski- und Weinfabriken.

Stadion

Das große Stadion von Odessa liegt in dem weitläufigen Stadtpark
Schewtschenko, der bis ans Meer reicht. Dort befinden sich auch das
große und moderne Observatorium **(33),** die Reste der noch aus der
türkischen Zeit stammenden Festung **(34)** und das sehr geschmackvolle Denkmal des unbekannten Soldaten **(35),** zu dem eine von
Blumenrabatten eingesäumte Allee durch einen Park führt, den man
schon fast einen Wald nennen könnte.

Reisezeit

Die beste *Reisezeit* für Odessa ist der Sommer, doch auch schon im
März, April, wenn es in Moskau noch schneit, beginnen die ersten
Tulpenrabatten vor der Oper und vor dem Archäologischen Museum
in der Ul. Lastotschkina zu blühen.

Mit dem Schiff von Odessa nach Jalta

Eine Schiffsreise von Odessa nach Jalta, an der Küste entlang, gehört zu den unvergeßlichsten Erlebnissen eines Odessa-Besuches. Es ist jedoch geraten, diese im Sommer vorzunehmen. Der Pier für den Reiseverkehr mit der Schwarzmeerflotte liegt der Potemkin-Treppe **(23)** gegenüber. Man erreicht ihn durch die Hafenstation und über eine Rolltreppe. Wenn man das geschäftige Treiben im Hafen betrachtet, wird man daran denken, daß Rußlands großer Dichter M.Gorki (1869–1935) hier 1891 als Hafenarbeiter beschäftigt war. Links können wir vom Pier noch einen Blick auf den alten Hafen werfen, an dessen Ende sich einst das Odessaer Judenviertel befand. Hier lebte Isaak Babel, 1894 geboren und 1938 verschollen. Seine berühmten »Kurzgeschichten« bringen das »alte« Odessa in den Sinn. Auch Ilja Ilf (1897–1937) und Jewgeni Petrow (1903–1942), bekannt wegen ihrer satirischen Romane »12 Stühle« und »Das goldene Kalb«, stammen aus Odessa.

Der stets vollbesetzte Dampfer, auf dem man übrigens auch gut zu Mittag speisen kann, umschifft zuerst Odessas *Leuchtturm* und setzt dann zur Fahrt um die Halbinsel an. Man kommt an der *Mündung des Dnepr* vorbei, mit 2285 km eine der längsten Wasserstraßen der Welt. Er entspringt in den Waldejhöhen und ist nach der Wolga Osteuropas größter Strom. Seine Stromschnellen bei Saporotschje wurden durch einen Stausee mit Kraftwerk und Schleusen überwunden. Ein weiterer großer Stausee befindet sich bei Kaschowka.

Nach ungefähr $2^1/_2$ Stunden Fahrt erblickt man die westlichste Ecke der Krim: *Kap Tarkankut* (oder Tarchan-Kut). Das Schiff nimmt Kurs auf *Sebastopol* oder *Sewastopol*. Heute ist es ein wichtiger Kriegs- und Handelshafen der Krim mit über 150 000 Einwohnern. Sebastopol wurde 1784 gegründet, war im Krimkrieg 1855 von Franzosen und Engländern besetzt worden und wurde im Zweiten Weltkrieg von den Deutschen erobert. Es ist vielleicht interessant zu wissen, daß in einer Zeit, als es noch keine Pressefotografen und keine gefilmte

Reportage von den Kriegsschauplätzen gab, Zar Nikolaus I. den bekannten deutsch-baltischen Maler Wilhelm Timm als zeichnenden Berichterstatter in den Krieg mitnahm. Diese wichtigen Dokumente wurden später zu einigen mächtigen Bänden gesammelt, kostbare Zeugen historischer Ereignisse. Wir umrunden jetzt das Kap Cherso-nes, befinden uns in der *Balaklawabai* und erblicken oben auf der Höhe einen alten Genueser *Wachturm*, der dort seit 500 Jahren steht. Die rötlichen Klippen, auf denen sich der Turm erhebt, sind im 10. Buch der Odyssee erwähnt. Zur Zeit der Genuesen war hier deren blühende Kolonie *Cembalo*. Das Schiff fährt am Kap Saritsch vorbei, dem südlichsten Punkt des europäischen Rußlands. Nicht weit von Kap Saritsch stand die Villa, in der Maxim Gorki zwischen 1933 und 1936 lebte und an seinem Klim Samgin schrieb. An ihn erinnert die »Gorki-Terrasse«; hier pflegte er zu sitzen und auf das Meer zu schauen, während sein Freund Schaljapin für ihn sang. Über Foros erblicken wir, weiß schimmernd, eine Kirche in byzantinischem Stil, berühmt wegen ihrer schönen Fresken. Noch eine weitere halbe Stunde, und wir sehen Neu-Kastropol mit seinen vielen Kurhäusern und Sanatorien auf uns zukommen. 1890 lebte Anton Tschechow hier. Wir haben jetzt einen guten Blick auf die Katzenberge (Kotschka), die, mit etwas Phantasie, wirklich aus der Ferne wie ein zum Sprung bereiter, buckliger Kater aussehen. Am Fuße liegt *Simeiz* und daneben *Alupka*, das man besonders gut vom Schiff aus sehen kann. Dann tauchen *Koreiz* und *Gaspra* auf, wo Lew Tolstoi zu wohnen pflegte. Wir kommen noch an der wärmsten Ecke der Krim, an *Miskor* vorbei, und dann sehen wir schon das berühmte »Schwalben-Nest«, das weiße Schlößchen mit den zackigen Türmen, fast schwerelos, eben wie ein Schwalbennest, auf der Klippe thronend: Wahrzeichen von *Ai-Todor*. Es folgen Oreander, von Felsen umgeben, die weißen Häuserfronten von *Liwadia* mit dem ehemaligen kaiserlichen Schloß und endlich *Jalta*, das die Reiseprospekte als die »Perle der Krimküste« bezeichnen.

Jalta

Geographie und Geschichte

Die Hafenstadt *Jalta* ist der älteste Kur- und Badeort an der Südküste der Krimhalbinsel. Sein Name ist mit einer Legende verbunden: Zur Zeit des byzantinischen Imperiums seien von Konstantinopel kommende Schiffe in einen Sturm auf dem Schwarzen Meer geraten und hätten erst nach vielen Tagen Land erblickt: »Jalos, Jalos« – ein Strand, ein Strand –, jubelten die Seeleute. Soweit die Legende. Doch erwähnen schon Dokumente aus dem 12. Jh. einen Jalita oder Yalita genannten Ort. Achäologische Funde nicht weit von der Stadt legten Begräbnisstätten frei, die beweisen, daß Jalta schon in der Stein- und der frühen Bronzezeit besiedelt war. Im Mittelalter hingegen blieb es bedeutungslos, vor allem, weil seine Küste zu sehr dem Wellenschlag ausgesetzt war.

1783 kam es mit der Krimhalbinsel zum russischen Zarenreich und wurde dem Gouvernement Taurien in dem als Neu-Rußland bezeichneten Gebiet eingegliedert. Katharina die Große und Potemkin hatten ihr somit den alten griechischen Namen »Taurien« wiedergegeben. Mit der Benennung »Neu-Rußland« folgten sie dem in den westlichen Kolonialländern üblichen Brauch, nach dem die neuerworbenen Ländereien in Übersee als Neu-England, Neu-Holland, Neu-Spanien bezeichnet wurden.

In einem der ersten französischen Reiseführer aus dem Jahre 1834 wird Jalta nur am Rande erwähnt als ein Ort mit 30 Häusern, 224 Bewohnern und dem – 1812 von Nikitsky angelegten – Botanischen Garten. Zwischen 1824 und 1832 wurde die Straße von Simferopol nach Jalta gebaut, vorher konnte man es nur per Schiff erreichen. Und endlich legte man 1861 einen großen Hafendamm mit einem hohen Wellenbrecher an, der die Lage von Jalta grundlegend verbesserte. In einem Konversationslexikon aus dem Jahre 1897 lauten die Informationen schon ganz anders: Jalta wird dort »ein beliebter Luft-

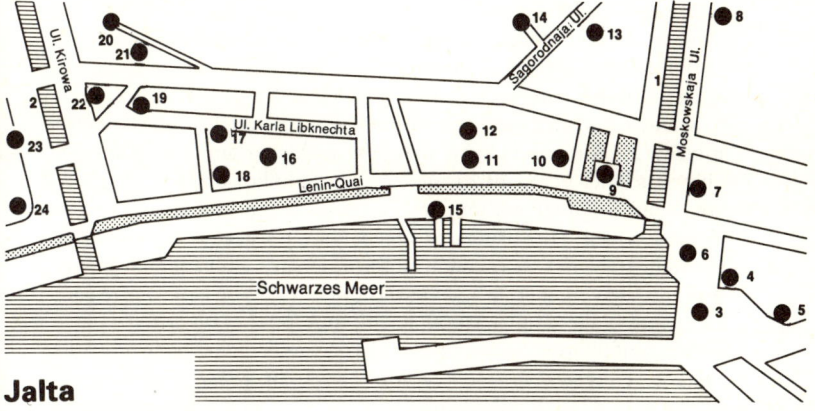

Jalta

1 Bystroja-Fluß
2 Wodopadnaja-Fluß
3 Passagier-Kai
4 Hotel »Jusnaja«
5 Bus-Endstation
6 Internationaler Seemannsklub
7 Hotel »Krim«
8 Autoreparaturwerkstätte und
  Benzinstation
9 Leninplatz
10 Hauptpost und Staatsbank
11 Restaurant »Ukraina«
12 Hotel »Taurida«
13 Museum für Archäologie

14 Museum für Literatur
15 Schiffsanlegestelle
  (Seehafenstation)
16 Sommer-Varieté-Theater
17 Theater »Tschechow«
18 Pavillon mit Weinprobenausschank
  der »Massandra«-Weinkooperative
19 Hotel »Ukraina«
20 Tschechows Haus (Museum)
21 Spartakus-Kino
22 Ethnographisches Museum
23 Freiluft-Kino
24 Hotel »Oreanda«

kurort« genannt, mit jährlich 6000 Gästen; es besaß zwei griechisch-orthodoxe, eine lutherische und eine katholische Kirche, außerdem eine Synagoge und war Sitz des Krimschen Bergklubs. Ein regelmäßiger Schiffsverkehr verband es mit Odessa und Sebastopol. Die Einwohnerzahl war auf 19572 angestiegen, aber vor allem hatte der russische Hof in *Liwadia* ein herrliches Schloß bauen lassen, und die Aristokratie war diesem Beispiel gefolgt und hatte nun ihrerseits Sommerresidenzen in Alpuka, Aluschta und anderswo angelegt.

Heute gehört Jalta zur ukrainischen SSR, hat ungefähr 77 000 Einwohner, und die Besucher und Kurgäste – in Jalta ist das ganze Jahr über Betrieb – zählen nach Millionen. Mehr als 50 neue Sanatorien sind entstanden, und der inzwischen weiter ausgebaute Hafen wird von russischen und den meisten ausländischen Schiffahrtsgesellschaften angelaufen. Außerdem kann man Jalta auch über Simferopol mit dem Flugzeug oder per Bahn erreichen. Am Bahnhof und am Flughafen von Simferopol stehen immer genügend Taxen und Busse, die den Touristen nach Jalta bringen können. Nach vorheriger Vereinbarung mit dem Intourist ist es auch möglich, einen Leihwagen zu mieten. Wer mit dem eigenen Wagen anreist, dem steht die neue ausgezeichnete Autostraße von Charkow nach Simferopol zur Verfügung.
Heute umfaßt die Südküste der Krim außer Jalta noch die Orte *Alupka, Gurzuf, Liwadia, Gaspra, Koreiz, Mischkor, Simeiz, Foros, Massandra* und andere kleinere Orte und wird unter dem Sammelnamen *»Groß-Jalta«* geführt.

Intourist-Zentralbüro

Lenin Quai 35/02.

Hotels

»Taurida« **(12)** liegt ebenfalls am Lenin-Quai und ist das berühmteste und älteste Hotel Jaltas. Es wurde 1875 erbaut. Schon ein Jahr später wohnte hier im Zimmer Nr. 68 *Nikolaj Nekrasow* (1821–1878), Rußlands erster sozialer Dichter, und beendete in Jalta eines seiner bekanntesten Werke »Wer lebt glücklich in Rußland?« Er blieb nicht der einzige berühmte Zeitgenosse, der hier abstieg. *Modest Mussorgski* (1839–1881) wohnte im »Taurida«, als er im Sommer 1879 in Jalta ein Konzert gab. 1894, als er zum dritten Mal nach Jalta kam, bezog *Anton Tschechow* das Zimmer Nr. 39 und schrieb seine Kurzgeschichte »Der Student«; 1924 wurde *Wladimir Majakowski* (1894–1930) dasselbe Zimmer gegeben, in dem *Nekrasow* fast ein halbes Jahrhundert vorher gewohnt hatte.
»Jusnaja« **(4)** ist das Hotel, das die am Hafen landenden Touristen als erstes erblicken; es liegt dem Landungssteg **(3)** gegenüber und

besteht aus zwei dreistöckigen Gebäuden. Wenn man von dort, den Internationalen Seemannsklub **(6)** links liegenlassend, stadteinwärts geht, trifft man auf der rechten Seite des Bystroja-Flusses **(1)** auf das große

Hotel »Krim« **(7)**, Moskowskaja Ul. 1.

»Oreanda« **(24)** ist heute das größte und eleganteste Intourist-Hotel Jaltas. Der Eingang ist von der Ul. Kommunariw 1/3, das Hotel aber, auf der linken Seite des Wopodnaja-Flusses gelegen, hat die ganze Front dem Lenin-Quai zugewandt, der längs des Meeres hinführt und Jaltas eigentliches Zentrum darstellt: mit den elegantesten Läden, den besten Restaurants und den herrlichen schattigen Bäumen.

Es gibt in Jalta ein Hotel »Ukraina« am Ende der Ul. Karla Libknechta und ein Restaurant »Ukraina« **(11)** dem »Taurida-Hotel« gegenüber.

Museen

Jalta besitzt einige sehenswerte Museen. Für den an russischer Literatur interessierten Touristen kommt vor allem das **Anton-Tschechow-Hausmuseum (20)** in der Ul. Kirowa 112 in Frage. Anton Tschechow (1860–1904), »der unsterbliche Einwohner Jaltas«, wie er hier genannt wird, kam oft hierher und verbrachte seine letzten Lebensjahre in diesem Haus. Er nannte es seine »Weiße Datscha«. Hier schrieb er einige seiner bedeutendsten Werke: »Die drei Schwestern« (1901) und in seinem Todesjahr den »Kirschgarten« sowie die Kurzgeschichte »Die Braut«. In Jalta erinnert man sich außerdem noch daran, daß auf seine Initiative hin ein Sanatorium für Kinder und eines für Bedürftige entstanden. In dem Hausmuseum sind sorgfältig alle Dokumente, Fotografien, Erinnerungsstücke des großen Dichters gesammelt und geordnet, und auch seiner vielen berühmten Besucher wird gedacht: Maxim Gorki, Isaac Levitan, Schaljapin u. a. Wer Gelegenheit hat, die Sowjetunion zu besuchen, wird immer wieder erstaunt sein über die Sorgfalt und Verehrung, mit der der Kult der Großen gepflegt wird und in der Jugend weiterlebt. Diese Hausmuseen, ob es sich um das bescheidene Wohnhaus der Dekabristen in Irkutsk oder das Stadthaus Puschkins in Odessa handelt, sind stets besucht, nie verstaubt und mit Liebe verwaltet.

Das Ethnographische Museum in Jalta hat drei Abteilungen: die
historische und archäologische **(13)**, die literarische **(14)**, beide in
der Sagorodnaja Ul. gelegen, und das Hauptmuseum **(22)** an der Ul.
Kirowa.
Das Jalta-Heimatmuseum hingegen befindet sich in der Ul. Pusch-
kina 21.

Post (10)

Ul. Lenina 34.
Das Gebäude der Hauptpost ist eines der wenigen im Zentrum, das
noch aus der alten Zeit stammt; es war früher das Zollhaus.

Theater

Zwischen der Ul. Karla Libknechta und dem Lenin-Quai befindet
sich Jaltas Kunst- und Theaterzentrum:
Stadt-Theater Anton Tschechow (17), Ul. Karla Libknechta;
Staatliche Philharmonie der südlichen Krimküste, Ul. Litkensa
13, und in dem angrenzenden Park das
Sommer-Varieté-Theater (16).
Obwohl es nichts mit Kunst zu tun hat und eigentlich unter die Rubrik
»Restaurants« fällt, wollen wir an diesem Punkt dennoch den viel-
besuchten, neben der Philharmonie gelegenen, berühmten
Weinprobe-Ausschank **(18)** der »Massandra«-Weinmarken erwähnen,
auch, weil wir weiter unten, wo wir Groß-Jalta, d.h. die bekanntesten anliegenden Orte, behandeln, noch auf Massandra zurückkommen werden.

Tankstellen und Reparaturwerkstätten

Moskowskaja Ul. 29 **(8)**;
Kiewskaja Ul. 22;
weitere an der Ausfallstraße nach Simferopol.

Groß-Jalta

Liwadia. Vor der Oktoberrevolution war Liwadia die Sommerresidenz der Zarenfamilie. Um 1840 ließ sie sich dort einen Palast in

italienischem Renaissancestil in einem wunderbaren Park erbauen.
Heute ist er in ein Sanatorium umgewandelt. Im Februar 1945 tagte
hier die berühmte Jalta-Friedenskonferenz mit Stalin, Roosevelt und
Churchill.

Auf **Massandra** sind nicht nur die Einwohner von Jalta, sondern die
Sowjetrussen im allgemeinen besonders stolz: Hier werden einige der
besten Weine gekeltert. Der *Krasny Kamen* (Roter Stein), ein weißer
Muskatwein, hat im Laufe der Jahre sieben Goldmedaillen auf Aus-
stellungen gewonnen. Auch sein Pineau Gris, Aleatico, Tokay und
Furmit – russische Version – können die Konkurrenz mit spanischen,
portugiesischen, französischen und italienischen Weinen aufnehmen.
Die unterirdischen Weinkeller von *Massandra* lohnen einen Besuch,
auch weil sie eine interessante Sammlung von in- und ausländischen
Weinsorten beherbergen: Da gibt es z. B. einen vor 200 Jahren gekel-
terten *Sherry de la Fontera*, einen aus dem Jahre 1837 stammenden
Ribera Secco Madeira und einen seit 1848 hier aufbewahrten französischen *Muscat Lunel*. Im ganzen umfaßt die Kollektion 300 000
Flaschen. Zweimal wurde sie im letzten Moment vor Plünderungen
gerettet: 1918, als die Weißen Garden Jalta besetzten, konnte sie
heimlich vergraben werden, und 1941, während des letzten Weltkrieges, als man sie im hintersten Teil der Keller einmauerte. Der
Hauptkeller enthält heute 4 Millionen Liter Wein in Fässern und
mehr als eine Million Flaschen. Sieben lange Tunnels münden in einer
znetralen Galerie.

Im Park von *Massandra* befinden sich die Camping-Plätze.

Anschließend an Massandra dehnt sich jener berühmte *Nikitski-Park*
aus, der in dem alten Baedeker aus dem Jahre 1834 als einzige Attrak-
tion Jaltas erwähnt wurde. 100 Jahre nach seiner Gründung, 1912,
wurde er bis zum Meer hin erweitert. Dahinter liegt das schöne,
schon von Puschkin besungene *Gurzuf* ein wenig höher.

Auf der Westseite von Jalta ist *Alupka* zu erwähnen; heute gehen die
Parks ineinander über. Hier ließ sich der allmächtige Gouverneur von
Neu-Rußland, Graf Woronzow, eine prachtvolle Residenz bauen,
nachdem der Zar *Liwadia* zu seinem Sommersitz erkoren hatte. Er
folgte aber nicht dem italienischen Renaissance-Stil des Schlosses in
Liwadia, sondern ließ sich von einem englischen Baumeister, Edward
Blore, ein Gebilde errichten, halb Burg in englischer Gotik, halb

◁ Schloß Liwadia bei Jalta

Kopie der Alhambra von Granada. Von der Seeseite überrascht der maurische Stil; wer jedoch von Jalta kommt, steht einem scheinbar befestigten Kastell gegenüber. Heute sind die 150 Zimmer, im Gegensatz zu Liwadia, ein Museum geworden. Zu beiden Seiten der nach der oberen Terrasse führenden Treppe erblickt man eine Reihe lebensgroßer Löwen aus Carrara-Marmor, auch diese Nachbildungen des Löwen vom Grabmal Papst Clemens XII. in Rom. Die Bauarbeiten an diesem Prestigeschloß zogen sich ganze zwanzig Jahre hin.

Sotschi

Geographie und Geschichte

Sotschi ist heute fraglos der populärste Kur- und Badeort der Sowjetunion. Man könnte es das »Rimini des Schwarzen Meeres« nennen, denn auch für ausländische Besucher ist es zu einem Begriff geworden. Sotschi gehört zum Bezirk Krasnodar der FSSR und erreicht 100 000 Einwohner. Es ist eine ganz junge Stadt, kaum 80 Jahre alt, und seine schon den Griechen und Römern bekannten Schwefelquellen von Mazesta (das Wort ist griechischen Ursprungs und bedeutet soviel wie »glühende Wasser«) wurden erst in den dreißiger Jahren wirklich ausgenützt. Der erste Sanatorienkomplex, die »Kawkaskaja Riviera« **(2),** entstand 1909, als ein kluger Geschäftsmann aus Moskau, Tarnopolsky, weitsichtig die Chance Sotschis als russischen Ersatz für die italienische und französische Riviera voraussah. Er gründete die »Kawkaskaja-Riviera-Gesellschaft«, als Sotschi nur 1000 Einwohner hatte und nur 10 Ärzte für diesen ersten Sanatorien-Komplex zur Verfügung standen. 1918 wurde die Gesellschaft verstaatlicht. Heute existieren neben der erweiterten und modernisierten »Kawkaskaja-Riviera« über 50 andere Sanatorien, jedes Jahr kommen Millionen von Gästen zur Kur oder nur zur Erholung nach Sotschi, und jedes Jahr werden weitere Hotels und Sanatorien gebaut. Der wirkliche Aufschwung Sotschis begann in den zwanziger Jahren und hat im letzten Jahrzehnt so zugenommen, daß man heute von *Groß-Sotschi* spricht, das sich 146 km lang am Schwarzmeerstrand hinzieht und von den Orten Lazarewskoje bis Adler und Ganitiadi reicht. Am schnellsten und bequemsten erreicht man Sotschi *per Flugzeug :* in 2 Stunden von Moskau. Mit dem *Zug* dauert es länger: 30 Stunden Fahrt für die 2000 km von der Hauptstadt. Mit dem *eigenen Wagen* oder *Leihwagen* erreicht man es, wenn man von Moskau oder von Charkow aus die sogenannte »Große Kaukasische Ringstraße« nimmt, die von Rostow am Don über Krasnodar, Sotschi, Suchumi, Tbilissi, Ordschonikidse, Pjatigorsk und

wieder nach Rostow am Don führt. Doch die schönste Art, nach
Sotschi zu gelangen, ist mit dem Schiff zu fahren. Der Dampfer, der
uns schon von Odessa nach Jalta gebracht hat, setzt von dort seine
Fahrt nach Sotschi, Suchumi und Batumi fort, und zwar kreuzt er
direkt von Jalta die Straße von Kertsch, und Kertsch selbst sozusagen
»links liegen lassend«, nimmt er Kurs auf Sotschi. Schon lange bevor
wir den charakteristischen Turm der Hafenstation **(30)** vor uns auftauchen sehen, befinden wir uns in den Gewässern von Groß-Sotschi:
Sie beginnen gleich hinter Tuapse und Makopse.

Sotschi, so schwören seine Bewohner, hat garantiert 200 Sonnentage
im Jahr, ein paar weniger als Suchumi, aber genug, um fast immer
schönes Wetter anzutreffen. Die Sommerdurchschnittstemperatur
liegt um 23 °C; das Frühjahr beginnt hier schon im Februar, und
baden kann man von Mai bis Oktober. Die beste Jahreszeit ist der
September. Auch im Winter ist das Klima mild; unter $+6\,°C$ soll die
Temperatur auch in den kältesten Monaten niemals fallen. Wie Suchumi und Batumi schützt die hohe Gebirgskette des Kaukasus vor
kalten nördlichen Winden.

Nach Sotschi kommen jedoch nicht nur Badefreudige in der Absicht,
sich am Strand zu bräunen. Seine Schwefelwasserstoffquellen sind
bei Herz- und Gefäßerkrankungen sowie Erkrankungen des Nerven-
systems, der Bewegungsorgane, bei gynäkologischen und Haut-
krankheiten angezeigt.

Kurwillige haben folgendes zu beachten: Zur Heilbehandlung müssen sie im Besitz eines medizinischen Gutachtens sein oder sich einer
Voruntersuchung in der Ortspolyklinik (Kostenpunkt ca. 52 DM)
unterziehen. Man empfiehlt die Untersuchung in Sotschi selbst;
Dolmetscher stehen immer zur Verfügung. Die Kur dauert meistens
24 Tage, die Intourist-Büros vermitteln preiswerte Kombinationen:
Aufenthalt + Kur.

Bahnhof (34)

Sotschis Bahnhof ist vom Landungspier über die Ul. Gorkowo zu
erreichen.

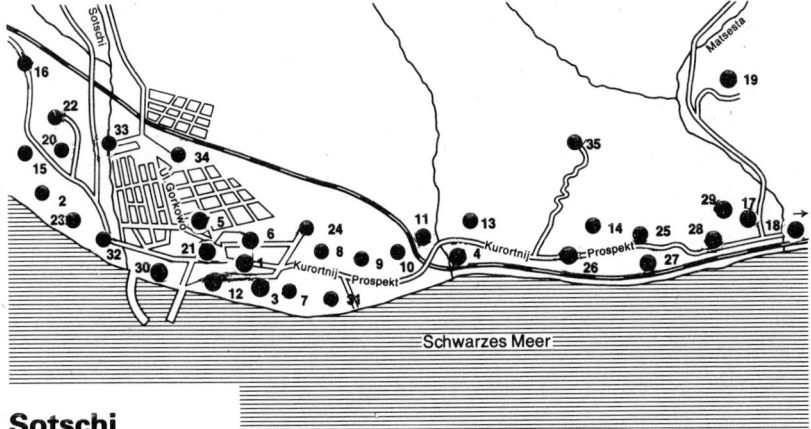

Sotschi

Flughafen

Der Flughafen liegt bei dem in Groß-Sotschi eingemeindeten Ort
Adler und ist mit den Bussen 10 und 11 zu erreichen. Das Büro der
Aeroflot hingegen befindet sich in der Ul. Worowkij 1.

Hafenstation (30)

Sotschis Hafenstation wurde von dem Architekten Karo Alabyan in den dreißiger Jahren erbaut, und die Einwohner sind sehr stolz auf sie. Sie hat wie die Leningrader Admiralität einen spitzen Turm, der auf einem neuklassischen Säulenunterbau und dieser wiederum auf einem viereckigen mit Statuen geschmückten Sockel ruht. Das Ganze überragt einen Bau, der ebensogut ein Theater, ein Museum oder ein moderner Tempel sein könnte. Von strahlendem Weiß, in der Nacht von vielen Lampen erleuchtet, ist sie recht eigentlich ein Sinnbild des neuen Groß-Sotschi.

Denkmäler

Im Unterschied zu anderen russischen Städten gibt es hier wenig Denkmäler. Das bedeutendste ist ein *Denkmal Lenins* **(1)** auf dem Platz vor dem Ostrowski-Museum.

Hotels

Alle Hotels von Sotschi anzugeben ist fast unmöglich, zudem kommen jedes Jahr neue hinzu. Wir begnügen uns daher, die im allgemeinen für Ausländer in Frage kommenden zu erwähnen. Die wichtigsten *Sanatorien* hingegen sind auf dem kleinen Plan verzeichnet. Die größeren Sanatorien besitzen auch gedeckte Schwimmhallen mit gewärmtem Meerwasser.
»Intourist« **(4),** Kurortnij-Prospekt 91,
»Sotschi« **(5),** Kurortnij-Prospekt 50,
»Primorskaja« **(3),** Muzeinnaja Ul. 1,
»Kuban« **(20),** Ul. Gagarina 5,
»Schemtschushina« ist das 1977 fertiggestellte 19stöckige Luxushotel dicht am Meer mit eigenem Strand, Tschernomorskaja Ul. 3, mitten im Grünen, zwischen *Adler* und *Gantiasi* gelegen. Hotel »Sputnik« befindet sich bei dem gleichnamigen Internationalen Jugend-Campingplatz.

Intourist-Zentrale

Sie befindet sich im Hotel »Intourist« **(4),** Kurortnij-Prospekt 91, und hat Filialen in den anderen großen Hotels.

Markt

Sotschi besitzt einen sehr sehenswerten großen, gedeckten Markt dem Bahnhof **(34)** gegenüber in der Moskowskaja Ul. 30.

Museen

Außer einem **Heimatmuseum,** das sich mit dem Aufschwung der Stadt nach der Revolution befaßt, existiert noch das recht interessante **Nicolai-Ostrowsky-Museum (6).** Es ist nicht nach einem Verwandten des berühmten Alesandr, sondern einem vor allem in der sowjetischen Jugend sehr beliebten Nachrevolutionsschriftsteller benannt, der, obwohl blind geworden, dennoch den Mut und den Optimismus nicht verlor und so zum Beispiel und Vorbild wurde. Er lebte von 1928 bis 1936 in dem Haus, das jetzt zum Museum geworden ist.

Parks

Natürlich fehlt auch in Sotschi nicht der große Stadtpark (neben einer Unzahl kleinerer). Er nennt sich *Dendrarium* **(9),** wurde vor ungefähr 70 Jahren von dem damaligen Verleger der »Petersburgskaja Gazeta«, Kudiakow, angelegt und besitzt 1600 zum Teil seltene Pflanzen und Bäume aus allen Kontinenten. Der Park wird durch den breiten Kurortnij-Prospekt in zwei Hälften geteilt. Dieser Kurortnij-Prospekt ist Teil der Autostraße, die von Krasnodar nach Suchumi führt, und durchläuft Sotschi in seiner ganzen Länge. Die obere Hälfte des Parkes besitzt Springbrunnen, schattige Kolonnaden und viele Statuen, die untere ist weniger künstlich angelegt mit unzähligen Magnolienbäumen, Bambushainen und Zitrusbäumen mit unwahrscheinlich großen Früchten, die alle in dem subtropischen Klima herrlich gedeihen. Überall laden bequeme Bänke zum Sitzen ein.

Post

Das Hauptpostamt liegt in der Platanowaja-Alleja.

Souvenir-Läden

In jedem der großen Ausländerhotels gibt es Geschäfte, außerdem
im Zentrum drei große Souvenir-Läden:
»Souvenir«, Kurortnij-Prospekt 25;
»Podarki« (Geschenke), Ul. Gorkowo 40;
»Berjóska« (nur für ausländische Währung), Primorskaja Ul. 16a.

Restaurants

Alle großen Hotels haben auch Restaurants, die Nicht-Hotelgästen
offen stehen. Besonders besucht ist das Dachrestaurant des 19stöckigen
Schemtschushina-Hotels.
Am Hafendamm, von wo aus die Abfahrt und Ankunft der Schiffe zu
beobachten ist, liegen das Restaurant *»Morskoi«* und am Achun-Berg
(35) das gleichnamige Restaurant *»Achun«*. Nach einer Theater-
oder Zirkusvorstellung wird man gern in dem in der Nähe gelegenen
»Teatralny« einkehren, an der Ecke der Teatralnaja Ul. und dem Kurortnij-Prospekt.

Zentrale Polyklinik

Nabereschnaja Ul. 24.

Zirkus (31)

An der Bushaltestelle »Zirkus« auf dem Puschkinskij-Prospekt, ein
ultramoderner Bau, nicht zu verfehlen.

Ausflüge

Sotschi bietet seinen Besuchern eine Fülle von interessanten und
abwechslungsreichen Ausflügen in der näheren und ferneren Umgebung an. Wir nennen hier einige der empfehlenswertesten:

Zuerst einmal die **Stadtrundfahrt über den Achun-Berg.** Sie dauert ungefähr vier Stunden. Außer den Sehenswürdigkeiten der Stadt werden die Schwefelquellen von *Mazesta* und der 663 m hohe, 12 km von der Stadt entfernte Achun-Berg **(35)** besucht. Von der Aussichtsterrasse mit dem 30 m hohen Turm des Observatoriums des höchsten Berges des kaukasischen Küstengebirges hat man eine wunderbare Aussicht nicht nur auf das Meer und Groß-Sotschi, sondern auch auf die schneebedeckten Berge des Kaukasus.

Halbtagsausflug nach der 20 km von Sotschi entfernt gelegenen **Teesowchose »Dagomys«.** Es sind dies die nördlichsten Teeplantagen der Welt.

Ganztägiger Ausflug nach dem **Ritsa-See.** Dieser 950 m ü. d. M. gelegene Gebirgssee gilt als der schönste des Westkaukasus. Die Fahrt dorthin geht über Adler, Gantiadi, Gagra an der Schwarzmeerküste entlang bis Kap Pizunda, von dort auf gewundener Fahrbahn bis zum See, der märchenhaft grün zwischen den Wäldern eingebettet liegt. Manchmal wird dort eine Bootsfahrt in schnellen Motorbooten unternommen. Auf dem Rückweg macht man einen Kurzaufenthalt in dem schönen Badeort Gagra.

Besonders empfehlenswert ist ein anderer Ganztagesausflug mit einem **Tragflächenboot** nach **Suchumi** vor allem für solche, die vom Schwarzen Meer nur Sotschi kennen.

Wer jedoch etwas Einmaliges erleben will und die Kosten nicht scheut, kann sich von Adler aus an einem einstündigen **Flug mit dem Hubschrauber** über die Gipfel des Kaukasus beteiligen.

Suchumi

Geographie und Geschichte

Die Abchasische ASSR, autonome Republik innerhalb der Grusinskaja SSR, ist nur ein wenig größer als die Adcharische ASSR. Sie
umfaßt 8600 qkm und hat eine Bevölkerungszahl von 405 000. Auch
hier gab ein kleiner, im westlichen Kaukasus ansässiger Volksstamm
– die Abchasen – den Namen: knappe 55 000 Seelen, die zum größten
Teil noch Mohammedaner sind. Zwei Drittel des Landes bestehen
aus Bergketten. Der Dom-Bai-Ulgen ist die höchste Spitze des
westlichen Kaukasus. Man unterscheidet vier klimatische Zonen in
der Abchasischen ASSR: die subtropische in den blühenden Tälern
an der Küste mit Zitrusfrüchten, Mimosen, Magnolien und Palmen,
die gemäßigte Zone der Bergabhänge, wo Wein wächst, sich Teeplantagen ausdehnen und eine ausgezeichnete Sorte von Tabak gezogen wird; auch Eichen- und Buchenwälder gibt es dort, und etwas
höher beginnen die ausgedehnten Alpenwiesen, die dann allmählich
in kahle, felsige und eisige Schneezonen übergehen.
Dort, wo heute Suchumi liegt, befand sich einst die zwischen dem
6. und 5. Jh. v. Chr. gegründete griechische Handelsstadt Dioskuria,
die schon Strabo erwähnte (siehe auch Kapitel Georgien). Sie wurde
von einer Springflut zerstört. Später wechselten sich hier die Eroberer
ab. Im 8. Jh. wurde die Küste von den Arabern verwüstet, im 16. Jh.
kam sie unter türkische Herrschaft, von der sie erst 1810 durch die
Russen befreit wurde. Das herrliche Klima, das schon die Griechen
angezogen hatte, macht auch heute noch die Hauptattraktion Suchumis aus. Die Jahresdurchschnittstemperatur liegt bei +15 °C, und
die Suchumer behaupten, daß sie nicht nur 220 sonnige Tage im
Jahre hätten, sondern daß die Menschen hier auch länger lebten als
sonstwo.
Suchumi ist eine Gartenstadt im wahrsten Sinne des Wortes: 300 ha
der nicht allzu großen Stadt bestehen aus Gärten und Parks. Man

kann Suchumi auf verschiedene Weise erreichen: per Flugzeug, per
Bahn oder per Schiff. Am schönsten bietet es sich dar, wenn man
vom Meer kommt, seine weißen Häuser, im Grünen gebettet, hinter
dem 25 km langen Strand auftauchen, von den hohen Bergen gegen
Kälte, Winde und Unwetter geschützt. Suchumi hat heute fast 70 000
Einwohner, ist das ganze Jahr für Kuraufenthalte offen, besitzt sechs
große Sanatorien, unzählige Erholungsheime und bietet interessante
Ausflugsorte in der Umgebung an.

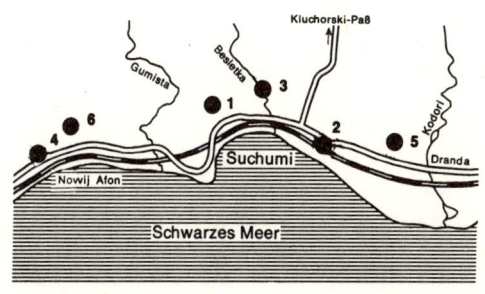

1 **Botanischer Garten – Reste des** **Schlosses von König Bagrat IV.**	4 **Kirche des Evangelisten Simon** **Kananäus, 11.–12. Jh.**
2 **Großer Turm aus dem 11. Jh.**	5 **Dranda-Kathedrale, 6.–8. Jh.**
3 **Brücke über den Besletka-Fluß, 11. Jh.**	6 **Anakopia-Stalachit-Höhlen**

Bahnhöfe

Vom »Suchumi Woksal«, auf dem gleichnamigen Platz gehen die
Züge über Sotschi, Rostow am Don nach Charkow ab;
Schiffsanlegestelle am Rustaweli Prospekt 56;
Air-Terminal mit dem Aeroflot-Büro in der Sowjetskaja Ul. 4;

Hotels

Hotel »Abchasia« auf dem breiten Rustaweli Prospekt, aber mit Eingang von der Ul. Frunze 2, ist das modernste und eleganteste Ausländerhotel Suchumis;

Hotel »Tbilissi«, Ul. Dschguburi 2;
Motel »Sinop« neben dem gleichnamigen Campingplatz auf der Aus-
fallchaussee nach Tbilissi.

Intourist

Die Zentrale des Suchumer Intourist befindet sich im Hotel »Abchasia«, Ul. Frunze 2 (Tel. 12-52-01).

Post

Das Hauptpostamt befindet sich am Prospekt Mira 92.

Restaurants

Die Küche in Suchumi ähnelt der georgischen und ist reich an Gemü-
sen, Obst und vortrefflichen Weinen, die um Suchumi wachsen. Es
gibt eine ganze Reihe ausgezeichneter Restaurants:
»Abchasia« im vierten Stock des gleichnamigen Hotels mit einer
herrlichen Aussicht auf den Hafen und die Berge;
»Tbilissi« im gleichnamigen Hotel in der Ul. Dschguburi 2;
»Amra« auf dem Prospekt Rustaweli direkt am Hafen gelegen;
»Amza« im Park auf dem »Suchumer Berg« über der Stadt.

Sehenswürdigkeiten

Zuerst einmal ist der **Botanische Garten (1)** zu erwähnen. Er ist
leicht zu erreichen: wenn man vom Rustaweli-Prospekt in die Ul.
Lenina abbiegt, befindet man sich nach wenigen Minuten am Eingang
des Gartens. Er dehnt sich auf 4 ha Terrain aus und soll 800 verschiedene Pflanzenarten besitzen. Eine besondere Anziehungskraft übt
immer der mit blühenden Lotosblumen bedeckte zentrale Teich aus.
Man wird dort auf einen Teebaum aufmerksam gemacht, der 1960
seinen 100. Geburtstag feierte.
In der Nähe des Botanischen Gartens befinden sich auch die **Reste
(1)** eines **Schlosses des Königs Bagrat IV.** (1027–1072), dem es

gelungen war, die Araber zu vertreiben und die einzelnen georgischen
Feudalfürsten zu vereinen.
Ebenfalls aus dem 11. Jh. stammt der **Große Turm (2)**, der von der
im 6. Jh. begonnenen großen Verteidigungsmauer übriggeblieben ist;
er ist ungefähr 3 km vom Zentrum der Stadt entfernt.
Aus demselben Jahrhundert, dem 11., stammt auch die **Brücke (3)**
über den Besletka-Fluß, ungefähr 6 km von Suchumi entfernt schon
in den Bergen gelegen.
Noch älter, aus dem 6.–8. Jh., ist die **Dranda-Kathedrale (5),** die
einst zu dem gleichnamigen Kloster gehörte.
Auf der entgegengesetzten Seite der Stadt, in der Nowij Afon be-
nannten Gegend, gibt es zwei sehenswerte Ausflugsziele:
die **Anakopia-Stalachit-Höhlen (6),** die erst 1965 von georgischen
Speläologen entdeckt wurden und zu den größten der Welt zu gehören scheinen.
Näher am Meer gelegen ist die **Simon Kananäus** (einer der 12 Apostel, die in Persien das Evangelium gepredigt haben sollen) gewidmete
Kirche **(4)** aus dem 11.–12. Jh. In der Nähe befinden sich auch die
Ruinen eines antiken Tempels.
Das von den Touristen am meisten aufgesuchte Ausflugsziel aber ist
der **Suchumi-Berg,** zu dem von der Ul. Dimitri Gulija eine breite
Basalttreppe hinaufführt. In dem herrlichen Park, der die Bucht beherrscht, befindet sich das schon erwähnte Restaurant »Amza« (was
soviel wie »Mond« bedeutet).

Museum

Es gibt in Suchumi ein auch für den Ausländer sehenswertes Museum:
»*Staatliches Museum Dimitri Gulija*« in der Ul. Lenina 20. Dieses nach
einem beliebten Volkspoeten der Abchasen benannte Museum ist
etwas mehr als ein bloßes Heimatmuseum, das die Geschichte und
die Entwicklung dieser Region erklärt. Mehr als 25 Jahre haben
Archäologen und Forscher nach der verschwundenen Stadt Dioskuria
gesucht, die von vielen griechischen und nicht-griechischen Schrift-
stellern erwähnt wurde. Endlich entdeckte man in der Bucht von
Suchumi die Mauern und andere Reste der durch eine Springflut
untergegangenen Stadt. Der bedeutendste Fund war eine Stele mit

dem Bildnis einer Frau und eines Kindes. Diese und andere Funde kann man im Museum bewundern.

In der ganzen Welt berühmt ist Suchumis *Affenaufzucht-Versuchs-station* der Russischen Akademie der Medizinwissenschaft. Augenblicklich sind es über 1500 in Suchumi geborene Affen, die dort leben und sich gut akklimatisiert haben.

Sotschi und Jalta sind sehr viel bekanntere und besuchtere Bade- und Kurorte; wer den Trubel scheut, aber die Natur liebt, kommt in Suchumi auf seine Rechnung; nur wird diese gute Idee jedes Jahr von mehr Touristen verwirklicht und der Badestrand von Suchumi wird in absehbarer Zeit ebenso besucht sein wie der der beiden obengenannten.

Batumi

Geographie und Geschichte

Batumi ist die Hauptstadt der Adscharischen ASSR an der Kaukasischen Schwarzmeerküste. Es waren die Adscharen, ein kleiner georgischer Stamm im südwestlichen Kaukasus, die diesem schmalen südlichsten Gebiet des europäischen Rußland den Namen gegeben haben. Die Adscharische ASSR umfaßt nur 3000 qkm mit einer Bevölkerung von knapp 300000 Seelen, von denen allein fast 100000 in und um Batumi leben. Dieser südlichste Hafen des Schwarzen Meeres, nur wenige Kilometer von der türkischen Grenze entfernt, gehörte im Altertum zum Königreich Kolchis. Vielleicht landeten sogar hier die sagenhaften Argonauten, mit Sicherheit aber Griechen und Römer, Venezianer und Genuesen, Türken und Russen. Im 16. Jh. kam Batumi unter türkische Herrschaft und erst 1878 unter russische. 1883 bauten die Russen die erste Eisenbahnstrecke, die den Hafen mit Poti, Tbilissi und Baku verband. Auch heute ist der Ort nur entweder mit dem Schiff oder per Bahn von Kutaissi in Georgien aus zu erreichen.

Einst auf dem letzten Platz in der Reihe der Badeorte des Schwarzen Meeres, besitzt Batumi heute in seiner nächsten Umgebung 27 Sanatorien und Kurhäuser, komfortable Hotels und einen 10 km langen herrlichen Badestrand. Wirtschaftlich ist die Stadt zu einem der bedeutendsten Häfen der Schwarzmeerküste geworden, nachdem sie eine direkte Pipeline mit Bakus Erdölproduktion verbindet. Außerdem existiert hier eine Koffein-Produktion, und die Teeplantagen Batumis sind die ausgedehntesten der Sowjetunion.

Das Klima ist im Sommer fast subtropisch zu nennen mit 2600 mm Regen im Jahr, der sich meist in kurzen Tropenregen erschöpft. Batumi kennt keinen rauhen Winter, keinen Schnee, keine kalten Winde. Im Winter ist die Durchschnittstemperatur nie tiefer als 15–17 °C, während sie im Sommer konstant um 27–29 °C liegt. Es ist

eine immergrüne, von Blumen überquellende Stadt: Hier gedeihen
Mandarinen und Zitrusfrüchte, wachsen Lorbeer, Kampfer, Tee, Tabak wie in einem Freiluft-Treibhaus.

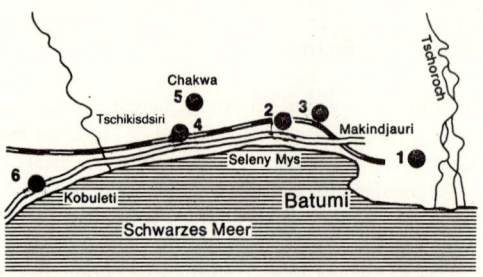

1 »Museum der Geschichte der
  Revolution« und »Museum der
  Geschichte Adscharians«
2 Botanischer Garten am »Grünen
  Kap«

3 Kurzentrum Makindjauri mit
  Schwefelheilquellen
4 Treibhaus für Zitrusfrüchte
5 Teeplantagen von Chakwa
6 Badestrand von Kobuleti

Hotels

Hotel »Intourist« mit einem Café, das der Treffpunkt aller Touristen
ist, und
Hotel »Abchasia«, beide an der Meerespromenade gelegen.

Museen

»Museum der Geschichte der Revolution« **(1),** Ul. Gorkowo 8, mit einer
interessanten Dokumentation aus den Jahren 1902 und über den
ersten Generalstreik 1905.
»Adjarian-Staats-Museum«, dem obigen Museum gegenüber gelegen,
unterrichtet ausführlich über die Geschichte der Adscharischen
ASSR.

Theater

Batumi besitzt ein *Dramentheater*, ein *Puppentheater* und ein auch über die Grenzen der Sowjetunion bekanntes *Tanz- und Gesangsensemble*.

Botanischer Garten

Es gibt Leute, die der Ansicht sind, nach Batumi lohne sich eine Reise allein seines Botanischen Gartens **(2)** wegen. Er wurde 1912 angelegt, liegt ungefähr 5 km vom Stadtzentrum entfernt am »Grünen Kap« (Seleny Mys) und ist tatsächlich einer der besten und interessantesten Botanischen Gärten der Welt. Er erstreckt sich über ein Terrain von 100 ha und umfaßt praktisch die Flora der ganzen Welt – vom Himalaya bis Neuseeland, von Mexiko bis China. Niemand möge sich, sollte er auch nur kurz in Batumi weilen, den Besuch dorthin entgehen lassen. Der Garten ist leicht über eine neuangelegte Straße per Bus oder Taxi oder auch mit der Eisenbahn, die bis Kobuleti führt, zu erreichen.

Die nähere Umgebung

Die *Kurzentren* von Batumi **(3)** befinden sich, was die Schwefelheilquellen anbetrifft, in *Makindjauri* malerisch im Grünen gelegen. Noch etwas höher liegt das etwa 14 km entfernte *Tschikisdsiri*. Wer nur Sonne und Badestrand wünscht, wird sich nach *Kobuleti* begeben; das Wasser ist hier nicht tief, also auch für Kinder geeignet, außerdem liegt direkt hinter dem Strand ein schattiger Park mit Spielplätzen. Auf den Touristenprogrammen steht meist auch ein Ausflug nach den *Teeplantagen von Chakwa* **(5)**. Die Bewirtschaftung dieser Staatsfarmen ist automatisiert: eine einzige Teepflückmaschine ersetzt hunderte von Teepflückerinnen. Manchmal ist der Ausflug mit der Besichtigung des *Treibhauses für Zitrusfrüchte* **(4)** verbunden.
Von Batumi bis zum »Grünen Kap« und Kabuleti fährt eine Schnellbahn, außerdem gibt es die schon oben erwähnte neuangelegte bequeme Straße, die auch Tschikisdsiri berührt.

Verzeichnis der Fachausdrücke

Apsis	halbkreisförmiger oder polygonaler Raumabschluß. In der christlichen Sakralbaukunst *östlicher* Abschluß des Kirchenraumes
Archivolte	Bogenlauf an Portalen und Fenstern an der Stirnseite wie im Gewände
Anapat	(armenisch) Eremit
Arkade	Bogen oder Bogenfolge auf Pfeilern, Säulen, Pilastern
Atrium	ursprünglich ungedeckter Repräsentationsraum römischer Bauten oder *Vorhof* einer Basilika, bei christlichen Basiliken auch Paradies genannt
Attika	Wand über dem Hauptgesims eine Bauwerkes z. T. mit plastischem Schmuck
Ayr	(armenisch) Höhle
Berd	(armenisch) Festung
Blend ...	der Wand als Dekoration eingegliedertes Architekturmotiv; z. B. Blendarkade = keine wirkliche Arkade, nur der Form nach, aber ohne Öffnungen; Blendfenster = nur der Form nach Fenster, als Relief in die Wand eingelassen
Basilika	(griechisch = »Königshalle«) Bauform für den Versammlungsraum einer christlichen Gemeinde, in ihrer Grundgestalt langgestrecktes, in der Apsis endendes Mittelschiff mit niedrigeren Seitenschiffen, doch gibt es keinen einheitlichen Typus
Cella	fensterloser Kultraum antiker Tempel, meist mit Götterbild
Chatschkar	(armenisch) Chatsch = Kreuz und kar = Stein; Steinplatten von oft beträchtlicher Größe, die mit Ornamenten verzierte Kreuze zeigen
Chorschranke	Brüstung aus Stein (selten aus Holz), die den Laienraum von dem Klerikerraum innerhalb der Kirche trennt
Empore	Erhöhter, von Säulen oder Pfeilern getragener, galerieähnlicher Raumteil einer Kirche, der sich mit Bögen zum Hauptraum hin öffnet
Eucharistie	(griechisch = »Danksagung«) Darstellung der Abendmahlsfeier mit den Abendmahlsgeräten
Fibel	Gewandspanne, seit der Bronzezeit bekannt

Gavit	(armenisch) viereckiger Raum, der Kirche vorgebaut, der sowohl religiösen als auch zivilen Zeremonien vorbehalten war
Gegard	(armenisch) Lanzenspitze
Kannelur	Rillen in einer Säule
Kapitell	Kopf einer Säule, eines Pfeilers oder Pilasters
Kassettendecke	flache oder auch gewölbte Decke, die in einzelne vertiefte Felder gegliedert ist
Karadam	armenisches Bauernhaus
Katogiké	(armenisch) Name für die Hauptkirche eines armenischen Klosters, wenn andere Kirchen im Klosterkomplex vorhanden sind
Katholikat	Amtsbereich des obersten Kirchenfürsten der georgischen Kirche
Katholikos	Oberster Kirchenfürst der georgischen und armenischen Kirche
Kielbogen	spitzer Bogen, dessen Schenkel leicht S-förmig aufsteigen, an Portalen und Fenstern. In der unteren Hälfte schwingen die Schenkel nach außen, in der oberen nach innen und bilden den spitzen Winkel oben
Kuppelbasilika	ein seit dem 5. Jh. verwendeter Bautyp des frühmittelalterlichen Kirchenbaus, dem eine Verschmelzung der langgestreckten Basilika mit dem kuppelgekrönten Zentralbau zugrunde liegt. In Georgien trifft man diesen Typ mit eigenständiger Besonderheit an
Kuppelhalle	Eine seit dem 9. Jh. in Georgien verwendete Bauform, die die gewölbte Hallenkirche mit einer Kuppel verbindet
Lawra	Kolonie von Einsiedlerhöhlen oder -grotten unter Leitung eines Abtes. Frühform mönchischen Gemeinschaftslebens.
Lisene	ein vertikaler, der Wandgliederung dienender flacher Mauervorsprung ohne Basis und Kapitell
Matenadaran	(armenisch) Bibliothek
Monophysitismus	(griechisch mono = eins, physis = Natur) eine besonders im vorderen Osten verbreitete christliche Glaubenslehre von der einen, unteilbaren gottmenschlichen Natur Christi
Mazdaismus	altiranische, auf Zarathustra zurückgehende Religion, die sich auf den Gegensatz von Gut und Böse gründet. Athura Mazda als der oberste Gott vertritt das Reich des Guten
Portikus	Vorbau mit offenen Bogenstellungen in der Art eines Säulenganges oder einer Säulenhallte, meit vor dem Haupteingang

	frühchristlicher Kirchen. In der georgischen Architektur seit dem 10. Jh. an der Nord-Süd- und Westseite als langrechteckiger oder quadratischer Baukörper
Tambour oder *Trommel*	Zylindrischer oder polygonaler, meits mit Fenstern ausgestatteter Unterbau der Kuppel einer Kirche
Tympanon	oder Bogenfeld. Bestandteil des rundbogig geschlossenen mittelalterlichen Kirchenportals, entweder direkt über dem Türpfosten oder über dem Türsturz. In der georgischen Architektur stets mit Reliefschmuck versehen
Vank	(armenisch) Kloster
Vardapet	(armenisch) Doktor der Theologie
Varpet	(armenisch) Architekt
Zamatun	(armenisch) ein ausschließlich als Friedhof benutzter »Gavit«

Literaturhinweise

Edith Neubauer: Altgeorgische Baukunst. Koehler & Amelang, Leipzig 1976.

Russudan Mepisaschwili & Wachtang Zinszadse: Die Kunst des alten Georgien. Edition Leipzig 1976.

Marino Omodeo Salé: Kopten und Armenier (ital.) S.T.E.M. Mucchi Modena.

Gegard-Documenti Architettura Armena (ital.-engl.). Hrsg. Fakultät für Architektur Politechnikum Mailand & Wissenschaftliche Akademie von Sowjet-Armenien.

Hermann Pörzgen: 100 mal Sowjetunion. Piper 1973.

Hans von Rimscha: Geschichte Rußlands. Rheinische Verlagsanstalt 1972.

Orts- und Sachregister

Transkaukasien